Ludwig Sütterlin

Die Lehre von der Lautbildung

Verlag
der
Wissenschaften

Ludwig Sütterlin

Die Lehre von der Lautbildung

ISBN/EAN: 9783957005458

Auflage: 1

Erscheinungsjahr: 2015

Erscheinungsort: Norderstedt, Deutschland

Hergestellt in Europa, USA, Kanada, Australien, Japan
Verlag der Wissenschaften in Hansebooks GmbH, Norderstedt

Wiſſenſchaft und Bildung

Einzeldarſtellungen aus allen Gebieten des Wiſſens
Herausgegeben von Privatdozent Dr. Paul Herre

Im Umfange von 130—180 Seiten
Geh 1 M. Originalleinenbd. 1.25 M.

Die Sammlung bringt aus der Feder unſerer be-
rufenſten Gelehrten in anregender Darſtellung und
ſyſtematiſcher Vollſtändigkeit die Ergebniſſe wiſſenſchaftlicher Forſchung aus allen Wiſſensgebieten. □ □
Sie will den Leſer ſchnell und mühelos, ohne Fach-
kenntniſſe vorauszuſetzen, in das Verſtändnis aktueller
wiſſenſchaftlicher Fragen einführen, ihn in ſtändiger
Fühlung mit den Fortſchritten der Wiſſenſchaft halten
und ihm ſo ermöglichen, ſeinen Bildungskreis zu erweitern, vorhandene Kenntniſſe zu vertiefen, ſowie neue
Anregungen für die berufliche Tätigkeit zu gewinnen.
Die Sammlung „Wiſſenſchaft und Bildung“ will
nicht nur dem Laien eine belehrende und unterhaltende
Lektüre, dem Fachmann eine bequeme Zuſammenfaſſung,
ſondern auch dem Gelehrten ein geeignetes Orien-
tierungsmittel ſein, der gern zu einer gemein-
verſtändlichen Darſtellung greift, um ſich in Kürze
über ein ſeiner Forſchung ferner liegendes Gebiet
zu unterrichten. ▫ Ein planmäßiger Ausbau der
Sammlung wird durch den Herausgeber
gewährleiſtet. ▫ Abbildungen werden
den in ſich abgeſchloſſenen und
einzeln käuflichen Bändchen
nach Bedarf in ſorg-
fältiger Auswahl
beigegeben.

❧

Über die bisher erſchienenen Bändchen vergleiche den Anhang

Die Lehre von der Lautbildung.

Wissenschaft und Bildung

Einzeldarstellungen aus allen Gebieten des Wissens

Herausgegeben von Privatdozent Dr. Paul Herre

60

Die Lehre von der Lautbildung

Von

Dr. L. Sütterlin

Professor an der Universität Heidelberg

Mit zahlreichen Abbildungen

1908

Verlag von Quelle & Meyer in Leipzig

Vorrede.

Die folgenden Vorlesungen wurden im August 1906 bei dem zweiten Heidelberger Hochschulkurs für Lehrer und Lehrerinnen frei gehalten und dabei auf Einladung des Herausgebers durch einen Kurzschriftkundigen für den späteren Druck festgehalten. Das erklärt vieles in ihrer Anlage und in ihrer Form, die nachträglich — mit Rücksicht besonders auf die durch das Vorzeigen von Präparaten, Bildern u. dergl. veranlaßten Abschweifungen — freilich einigermaßen geglättet werden mußte.

Leider konnten die zahlreichen anatomischen Präparate und Nachschöpfungen, die Bilder und Lichtbilder, die mir der Leiter der Heidelberger Universitätsohrenklinik, Herr Prof. Dr. Kümmel, und der Leiter der Universitätsklinik für Rachen- und Nasenkranke, Herr Prof. Dr. Jurasz, zuvorkommend zur Verfügung ˋstelltenˋ, ferner die an den Wandtafeln entworfenen Gaumenbilder und übrigen Zeichnungen des Umfangs und der Kosten wegen nur in sehr beschränkter Auswahl bildlich wiedergegeben werden.

Dem eigentlichen Vortrag war es darum zu tun, nicht nur in das Wesen der einzelnen Lauterzeugnisse einzuführen und ihre Art genau zu beschreiben, sondern auch ihr gegenseitiges Verhältnis und ihre Stellung auf dem Gesamtgebiet zu erläutern; daher mußte manches wiederholentlich, freilich jedesmal in anderer Beleuchtung, zur Sprache kommen, damit der einschlägige Stoff geistig möglichst durchknetet würde.

Die Leistungen der Vorgänger sind überall gebührend ver-

wertet und geschätzt worden, doch ist vieles hoffentlich schärfer
gefaßt, und manche Einzelheit neu, anders oder besser hervor=
gehoben worden; teilweise von dem ausdrücklichen Standpunkt
des Süddeutschen aus, der in diesen Fragen lange Zeit zu wenig
zu Wort gekommen ist.

Heidelberg, Juli 1908.

L. Sütterlin.

Die Lehre von der Lautbildung.

I.
Geschichtliches von der Lautwissenschaft.

Das menschliche Sprechen und der dabei hauptsächlich mitspielende äußere Vorgang der Lautbildung ist etwas so Hergebrachtes, Alltägliches und Gewohntes, daß man ihm gemeiniglich gar keine besondere Beachtung schenkt. Darum weiß man auch selten etwas Sicheres über sein Wesen, seine Entstehung und seine Bedingungen, und darum versteht man im Bedarfsfalle natürlich auch so wenig, es geschickt und haushälterisch zu verwerten, und bei Krankheit oder Schwächung das ihm dienende Werkzeug zu schonen. Diese Unkenntnis herrscht nicht nur in den weiteren Kreisen der mehr oder weniger Gebildeten, sondern auch in dem engeren Bereich der Fachleute, die das näher angeht und angehen sollte, bei Offizieren, Geistlichen und Lehrern; sie herrscht leider oft sogar in den Reihen derer, die beanspruchen, in diesen Dingen Kenntnisse zu besitzen und sie zuweilen gar noch geflissentlich zur Schau tragen, in den Reihen der Lehrer und Lehrerinnen der Gesangskunst. Gerade von Angehörigen dieses Berufes, von den Gesanglehrern, werden merkwürdige Geschichten erzählt: einer soll behauptet haben, die Töne kämen 'aus dem Hinterkopf', ein anderer 'aus der Stirne', und ein dritter 'aus der Nase'; ein vierter, ein Gesanglehrer und Konzertsänger, konnte bei dem Arzt, der sein Gehör wegen eines kleinen Leidens mit der Stimmgabel durchprüfte, keinen Ton richtig bestimmen; da fügte er beschönigend und entschuldigend hinzu: „er könne sonst sehr gut hören und von jedem gesungenen Ton sofort sagen, ob er aus der Brust komme, aus dem Kopfe oder aus der Fistel"! Und

allen Ernstes stellte schließlich ein fünfter an einen hervorragenden
Rachen- und Nasenarzt das Ansinnen, „er möge einem seiner
Schüler, damit er die Töne nicht mehr so sehr quetsche, doch
gefälligst den Kehlkopf etwas erweitern"!

Gleichwohl könnte man über diese Fragen etwas besser
unterrichtet sein. Denn mit der Lautbildung beschäftigt sich
sogar eine eigene Wissenschaft, und diese Wissenschaft, die Lautwissenschaft oder Phonetik, hat schon eine kleine Geschichte,
und eine ganze Reihe von Handbüchern verschiedenen Umfangs
liegt über sie vor.

Eine kurze Übersicht über diese Geschichte soll davon nähere
Rechenschaft geben und zugleich über das Verfahren Klarheit
schaffen, nach dem man diese Dinge betrieben hat und betreibt.

Die ersten Phonetiker, kann man sagen, waren die alten
Griechen und deren Schüler, die Römer. Schon sie haben
das Augenfällige, das Äußere an der Lautgebung festgestellt,
indem sie die Stellen und die Teile des Mundes bestimmten, die
dafür in Betracht kommen, die Lippen, die Zähne und den
Hintergrund des Mundraumes, den das Altertum kurzweg als
'Kehle' (die Römer als guttur) bezeichneten. Damit haben sie
zuerst die Begriffe geprägt, die uns allen so geläufig sind, und
ohne die man sich auf diesem Gebiete kaum mehr verständigen,
ohne die man heute hier kaum mehr arbeiten kann: die Begriffe der Lippenlaute (Labiale), der Zahnlaute (Dentale)
und — bleiben wir einmal vorläufig bei dem Ausdruck — der
'Kehllaute' (Gutturale). — Die Griechen haben aber auch
schon zwischen Selbstlautern (Stimmlauten, Vokalen) und
Mitlautern (Konsonanten) unterschieden; ebenso haben sie die
Doppelselbstlauter (die Diphthonge) in ihre Teile zerlegen
können, und sie haben als Arten der Mitlauter erkannt die
'flüssigen' Liquiden (l, r) und Nasale (m, n), sowie die
'Stummlaute' (die Muten), die sie wieder richtig in drei Abteilungen schieden, die 'dünnen' stimmlosen oder harten Verschlußlaute (Tenues, p t k), die 'dicken' behauchten Verschlüsse
(die Aspiraten, p', t', k' zu schreiben oder ph th kh) und —
in der 'Mitte' zwischen beiden — die stimmhaften, schwachen
Verschlußlaute (die Medien, b d g); ja sie haben auch schon
begriffen, daß der Buchstabe 'ξ' einen Doppellaut bezeichne (k+s),
gerade so wie 'ζ', das bei uns t+s wiedergibt und bei ihnen
stimmhaftes s+d war: kurz, sie haben für sich schon so viel

gewußt, als heute in unſeren niederen und höheren Schulen jedenfalls der Schüler — man möchte beinahe aber hinzufügen: auch der Lehrer — weiß.

Die Römer haben das von den Griechen Entdeckte im weſentlichen nur übernommen, auf ihre Sprache übertragen und — leider oft unbeſehen — weitergegeben, und dabei vor allem die griechiſchen Kunſtausdrücke in die lateiniſchen Formen überſetzt, die ·wir alle kennen und noch brauchen, als ‘Vokal’, ‘Konſonant’, ‘Labial’, ‘Dental’, ‘Guttural’, ‘Tenuis‘, ‘Media’ uſw.

Dann liegt das Feld der Phonetik Jahrhunderte lang brach. Jedenfalls kommt nichts Rechtes neu hinzu, bis ins 17. Jahrhundert. Erſt in der Mitte dieſes, des 17. Jahrhunderts, im Jahre 1653, hat ein Profeſſor der Geometrie in Oxford, John Wallis, über die Lautbildung wieder eine tüchtige Arbeit geliefert, nicht aus geometriſchen Gründen oder zu geometriſchen Zwecken, ſondern — und das iſt wichtig und weiſt auf eine Beziehung hin, die uns auch ſonſt noch entgegentritt —, weil er ſich kümmerte um den Taubſtummenunterricht; ſie ſteht in ſeiner ‘Engliſchen Grammatik’ gleich an erſter Stelle und handelt ‘vom Sprechen oder von der Lautbildung’. Wallis unterſucht darin vorurteilslos das Weſen verſchiedener Laute und Lautklaſſen und kommt trotz zahlreicher Fehlgriffe auch zu ganz achtungswerten Ergebniſſen; er unterſcheidet z. B. die gewöhnliche Sprechſtimme von der Flüſterſtimme, und die langen Konſonanten (z. B. lang angehaltenes s oder f) von den kurzen; ‘er beſtimmt die Vokale ſchon nach der Lage der ſie vornehmlich erzeugenden und geſtaltenden Mundteile und beobachtet auch ſchon die nach Völkern und Landſchaften wechſelnden kleinen Abweichungen in der allgemeinen Ordnung und der Geſamtſtellung der Sprachwerkzeuge, alſo die Schwankungen — wie man heute ſagt — in der Artikulationsbaſis.

Dann vergehen wieder 50—100 Jahre: da treten mit wichtigen Neuerungen zwei Franzoſen auf, Dodart und Ferrein. Der eine, Dodart, las im Jahre 1700 in der Naturwiſſenſchaftlichen Akademie zu Paris eine Abhandlung vor ‘über die menſchliche Stimme’, offenbar die Singſtimme, die, abgeſehen von ihrer größeren Auffälligkeit und ihrem im Einzelfall vielfach höheren Wert, ſich auch zu Beobachtungen leichter und bequemer darbot als die gewöhnliche Sprechſtimme; und der

andere, Ferrein, stellte 1741 zum ersten Male Untersuchungen
an an dem herausgeschnittenen menschlichen Kehlkopf.

Die Lautwissenschaft liegt jetzt also nicht mehr, wie im
Altertum und im Mittelalter, allein in den Händen der Welt-
weisen und der Sprachgelehrten, sondern auf ihren Ausbau
haben jetzt auch Einfluß der Taubstummenunterricht, die
Gesangskunst und die Medizin, die letztere freilich nur erst
mit ihrem Zweig der Anatomie.

Weiter gefördert worden ist die Lautwissenschaft oder Phonetik dann erst wieder im Ausgang des 18. und im ganzen Laufe
des 19. Jahrhunderts; dafür ist die Förderung jetzt aber auch
um so größer und nachhaltiger. Seitdem reißt die Entwicklung
nicht mehr ab; ein Gelehrter tritt an die Seite des andern und
steht auf den Schultern unmittelbarer Vorgänger, ein Volk
wetteifert mit dem andern, eine Wissenschaft mit der andern.

Die Begründer dieses neuen, dieses neuzeitlichen Abschnittes
sind zwei merkwürdige Charakterköpfe, ein tiefsinniger Schwabe
und ein geschickter, etwas schelmischer Österreicher.

Der Schwabe, C. F. Hellwag, veröffentlichte 1781 in
Tübingen eine Arbeit, lateinisch geschrieben und betitelt Disser-
tatio inauguralis physico-medica de formatione lo-
quelae, 'naturwissenschaftlich-medizinische Erstlingsschrift über
die Sprachbildung'. Er geht darin zwar aus von der Frage,
wie sich die Schlange im Paradies mit Eva habe unterhalten
können, trotzdem ihr alle Sprachwerkzeuge fehlten, und spricht
dann auch von Bileams Esel und von der Verschiedenheit der
menschlichen Sprachen überhaupt, die er unbedenklich von der
babylonischen Sprachverwirrung herleitet; er kommt in seinem
eigentlichen Werk aber auch zu weniger biblischen Dingen und
vor allem zu wichtigen, grundlegenden Ergebnissen in der Lautwissenschaft. Am berühmtesten ist, was er von dem Wesen der
Vokale sagt, die er scharfsinnig in eine seitdem vielfach nach-
geahmte, mustergiltige und maßgebende Ordnung bringt, das
sogenannte Vokaldreieck. Hellwag ist der Vater dieses Vokal-
dreiecks; in seiner Fassung vom Jahre 1783 — vorher hatte
es eine etwas andere Gestalt — sieht es so aus:

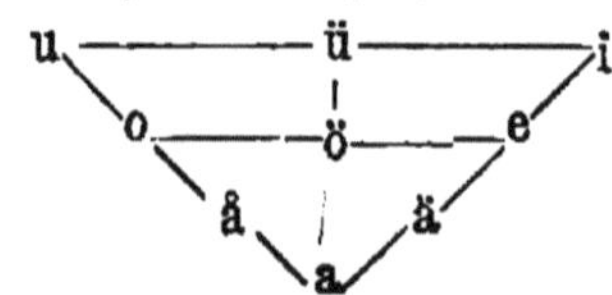

Er stellt also damals die Spitze des Dreiecks nach unten (1780 hatte er sie nach links gestellt und das Dreieck auch nicht so genau ausgeführt) und an diese Spitze das a.

Noch eigenartiger als Hellwag, vielleicht der eigenartigste unter allen Phonetikern ist Wolfgang von Kempelen, der Österreicher. Er, der k. k. Wirkliche Hofrat, ist von Haus aus Jurist und 1734 in Preßburg geboren. Er sprach deutsch und ungarisch, und das gab ihm wohl die Anregung und die Grundlage für seine späteren sprachwissenschaftlichen und phonetischen Untersuchungen. Als Jurist hat er anscheinend nicht so viel, nichts so Dauerndes geleistet wie auf andern Gebieten: für Kanalbauten hat er eine 'Feuer- und Dunstmaschine' erfunden, im Garten von Schönbrunn die Wasserkünste eingerichtet, und sich großartigen Ruhm erworben durch seinen 'Schachtürken'. 1769 trat in Wien am Hofe Maria Theresias ein Franzose auf, namens Pelletier, der sich hier durch Taschenspielerkünste großes Ansehen verschaffte und das Staunen nicht nur der Wiener, sondern aller Österreicher und Europäer erregte. Kempelen durchschaute diesen klugen Gaukler und Allerweltsbetrüger. Als man ihm nun gar sagte, ein so erleuchteter Kopf sei in Österreich unmöglich, das bringe nur ein Franzose fertig, da nahm er sich vor, sich an seinen beschränkten Landsleuten zu rächen. Er erfand eine Maschine, die Schach spielte, einen Schachautomaten mit einer Türkenfigur, seinen viel bestaunten 'Schachtürken'. Es war ein großer Kasten mit schnurrendem Räderwerk. Vor Beginn jeder Vorstellung zeigte der Erfinder seiner andächtigen, gläubigen Zuhörerschaft erst keck die ganze Einrichtung seiner Erfindung, zum angeblichen Beweis dessen, daß alles mit rechten Dingen zugehe, und erläuterte auch noch den ganzen Vorgang. Dann wurde ein Schachspieler dem Türken gegenüber gesetzt, um sich mit ihm zu messen, und der Erfolg war der, daß der Schachtürke stets siegte! Auch Friedrich der Große ließ sich den Schachtürken, diesen Wundermann, vorführen, ebenso Napoleon, und beide sonst so siegreichen Feldherrn haben sich von diesem Schachtürken auch noch schlagen lassen. — Kempelen war nun der große Mann seiner Zeit. Er reiste — im Zeitalter der Schwindler, Casanovas und Cagliostros — zwei Jahre in Europa herum, fristete damit sein Leben, erweiterte seine Kenntnisse und legte den Grund zu seinen uns mehr angehenden und mehr anziehenden lautwissenschaftlichen Untersuchungen. Natür lich saß in einem verborgenen Fach des Kastens ein geübter Schachspieler!

Wolfgang von Kempelen hat aber, wie wir schon wissen, noch etwas gemacht, was uns wichtiger ist; er hat ein inhaltsreiches Buch geschrieben über die Sprache, seinen 'Mechanismus der menschlichen Sprache': ein Buch, das 1791 herausgekommen ist, und das merkwürdig umständlich vorgeht. Es handelt nämlich 'erstens von der Sprache überhaupt, zweitens von dem Ursprung der Sprache, drittens von den Sprachwerkzeugen und ihrer Verwendung, viertens von den Lauten der europäischen Sprachen und fünftens — und damit kommen wir zu unserem Kernpunkt — von der von ihm ausgeführten Sprechmaschine.

An dieser Sprechmaschine hat Kempelen Jahre lang gearbeitet, und nur durch einen Zufall kam er überhaupt auf den richtigen Weg. Auf dem Land, in Ungarn, hörte er einmal ein Gewimmer wie das eines Kindes. Zwei Töne, zwei Vokale, schienen ihm entgegenzuhallen, dann brach es jäh ab und fing immer wieder von neuem an. Er ging dem Schall nach und fand zum Schluß, daß er von einem — Dudelsack herkam! Jetzt hatte er entdeckt, worauf es bei der Lauterzeugung ankam, er hatte wenigstens einen Leitstern auf dem Meere seiner Gedanken und Zweifel! Zunächst gab er sich große Mühe, dem Dudelsackpfeifer sein Blasgerät abzukaufen. Vergebens! Dieser wollte sich von dem Werkzeug nicht trennen, mit dem er sein Brot verdiente. Doch erreichte Kempelen am Ende wenigstens etwas: 'mit Geld und guten Worten', so sagt er, hatte er ihm eine kleine Pfeife abgehandelt!

An dem Dudelsack hatte Kempelen gesehen, daß das für die Lauterzeugung Wesentliche dreierlei ist: 1. ein Blasebalg, der die Luft liefert; 2. eine Vorrichtung, die den Laut bildet; und 3. ein Schalltrichter, der dem an sich schwachen Laut die nötige Unterlage, den kräftigen Widerhall, mit einem Wort eine Resonanz gibt. — Kempelen hat nun Jahre lang weitergearbeitet und seine Sprechmaschine mehr und mehr vervollkommnet. Anfangs vermochte er nicht viel Töne zu erzeugen: ein paar Laute, die man mit gutem Willen als Vokale ansprechen konnte, die aber im Grunde doch immer nur ein „a" waren. Späterhin konnte er freilich auch Konsonanten hervorbringen; aber auch diese blieben immer recht undeutlich und

waren mit ſtarken Nebengeräuſchen verbunden; das Wort 'Aula'
z. B. hörte man ſtets etwa als ka-ku-kl-ka. — War der
Erfolg auch nicht ganz befriedigend, grundſätzlich hat Kempelen
doch erkannt, worauf es ankommt; und das iſt für die Folge
recht wichtig geweſen.

So kommen wir zum 19. Jahrhundert. Hier bezeichnet
die Mitte, das Jahrzehnt 1850—60, einen wichtigen Einſchnitt.
Vorher hatte man ſich auch verſchiedentlich mit unſeren Fragen
abgegeben, vor allem von mediziniſcher Seite; aber um die
Mitte des Jahrhunderts kommen ganz neue Geſichtspunkte für
die Betrachtung hinzu. Einmal hatte damals ein Spanier,
Manuel Garcia (mit dem Ton auf dem „i"), den Kehlkopfſpiegel erfunden, ein Gerät, mit dem man den Kehlkopf
im Halſe des Lebenden betrachten und beobachten kann. Der
verdienſtvolle und doch ſo beſcheidene Herr, der Sohn eines berühmten Sängers und der Bruder der einſtmals gefeierten
Sängerin Maria Malibran, und ſelbſt erſt Sänger und
ſpäter Geſanglehrer, iſt dieſer Tage, im Jahre 1906, in London
geſtorben in dem beinahe Methuſalemiſchen Alter von 102 Jahren.
An ſeinem hundertjährigen Geburtstag hat man ihn hoch ge-
feiert; die Univerſität Königsberg hat ihm den Ehrendoktor,
der Deutſche Kaiſer die große goldene Medaille für Kunſt und
Wiſſenſchaft verliehen, und die Rachen- und Naſenärzte haben
ihn durch einen bedeutenden Künſtler malen laſſen. Ebenſo hat
man ihn bei ſeinem Tode wieder geprieſen und ihm Nachrufe
geſchrieben und geſprochen. — Garcia hat aber den von ihm
erfundenen Kehlkopfſpiegel, den wir ſpäter (S. 19) noch genauer
kennen lernen, ſelbſt nicht recht verwertet; den Nutzen aus ſeiner
Erfindung hat vielmehr ein berühmter, ein gerade dadurch berühmt gewordener Wiener Mediziner gezogen, J. N. Czermak,
der damals, ausgangs der fünfziger Jahre (1858 ff.) mit Garcias
Spiegel das Verhalten des Kehlkopfes bei der Lautbildung genau
unterſuchte; er hat die Ergebniſſe ſeiner Forſchungen in den
Sitzungsberichten der Wiener Akademie (in der mathematiſch-
naturwiſſenſchaftlichen Klaſſe) und in einem eigenen Buche
niedergelegt, mit dem Titel: „Der Kehlkopfſpiegel und ſeine
Verwendung für Phyſiologie und Medizin" (2. Aufl. 1863).

Garcias Kehlkopfſpiegel blieb aber nicht die einzige Förderung, die die Lautwiſſenſchaft um die Mitte des vorigen
Jahrhunderts erfuhr: an des Spaniers Seite trat vielmehr,

von einer andern Richtung kommend, gleich ein Deutscher, Hermann Helmholtz, der auch in weiteren Kreisen noch bekannte große Physiker, der damals (seit 1858) in Heidelberg lebte und Physiologie lehrte, anfangs der siebziger Jahre (1871) aber als Professor der Physik nach Berlin berufen wurde, wo er erst vor einigen Jahren verstorben ist. Dieser untersuchte die Laute, vornehmlich die Vokale, gründlich von der physikalisch-akustischen Seite auf ihre Tonhöhe hin und bediente sich dabei der Resonatoren oder Schallkugeln, d. h. einer Reihe metallener Hohlkugeln, deren jede auf einen besonderen Ton abgestimmt ist und nur diesen Ton verstärkt. — Mit diesen Resonatoren hat Helmholtz gefunden, daß jeder Vokal aus einer ganzen Anzahl von Tönen zusammengesetzt ist, einem bestimmten Haupt- oder Grundton und mehreren dazukommenden Nebentönen, den sogenannten Obertönen. Veröffentlicht hat er diese Ergebnisse 1862 in einem berühmten, auch heute noch grundlegenden, wenn auch in Nebensächlichem überholten Werke, der 'Lehre von den Tonempfindungen'.

Jetzt, in der zweiten Hälfte des 19. Jahrhunderts, entsteht reges Leben auf dem Gebiete der Phonetik, und Sprachforscher und Mediziner, gewöhnliche Sprachlehrer und Taubstummenlehrer arbeiten darin um die Wette. Es heben sich aus der Zahl dieser Arbeiten sogar schon zwei Schulen ab. Die eine legt mehr Wert auf die Anatomie, die andere mehr auf die Akustik; die eine beschreibt genau die Stellung und Bewegung der Sprachwerkzeuge bei der Erzeugung jedes Lautes, insbesondere die Lage und das Verhalten der Zunge; die andere untersucht dagegen hauptsächlich den musikalischen Wert, die Tonhöhe dieses erzeugten Lautes.

Die anatomische Seite wird vorzugsweise in England und in Skandinavien gepflegt: neben dem Kenner und Erforscher der älteren englischen Mundarten Alexander John Ellis kommt besonders ein lange Zeit in London lebender Schotte in Betracht, Alexander Melville Bell, der den Mundraum in seinem senkrechten Durchschnitt — von vorn nach hinten und von oben nach unten — in einzelne Felder teilt (S. 82), und der jedesmal feststellt, wo die Haupteinstellung stattfindet, ob im vorderen, mittleren oder hinteren, ob im oberen, mittleren oder unteren Feld: so wird nach ihm u durch eine Engenbildung im hinteren, i im vorderen Oberfelde hervorgebracht. — Neben dieſe beiden älteren engliſchen Begründer reihen ſich einige jetzt noch lebende Gelehrte, Henry Sweet in Oxford, Bells Schüler und Fortſetzer, und der Norweger Johan Storm in Kriſtiania, in gewiſſem Sinn auch der Däne Otto Jeſperſen in Kopenhagen. In Deutſchland kann als Anhänger dieſer Richtung gelten der vielſeitige und überall anregende Profeſſor für deutſche Sprache und Literatur in Leipzig, Eduard Sievers. — Die Akuſtiker ſind vorzugsweiſe in Deutſchland vorhanden; denn zu ihnen gehört der Begründer der neueren Phonetik in Deutſchland, der uns ſchon bekannte F. Hellwag, dann aber als bedeutendſter jetziger Vertreter Moritz Trautmann, der Profeſſor für engliſche Sprache und Literatur in Bonn.

Heute ſind wir auch darüber hinaus, oder — vorſichtiger ausgedrückt — glaubt man wenigſtens darüber hinaus zu ſein. In den letzten Jahren iſt nämlich eine weitere, eine noch neuere Richtung der Phonetik aufgekommen, die nach anfänglichem Widerſtreben allmählich doch mehr und mehr anerkannt wird, die auch ſchon recht Tüchtiges geleiſtet hat und ſicherlich aufmerkſame Beachtung verdient: die ſogenannte Experimentalphonetik. Begründet hat ſie in der Hauptſache ein gelehrter und erfindungsreicher franzöſiſcher Geiſtlicher, der Abbé Rouſſelot (mit ſeinem 1891 in Paris herausgekommenen Buch „Les Modifications phonétiques du Langage"). Rouſſelot hat die Laute ſeiner Heimatsmundart, die Laute des Dorfes Cellefrouin im Gebiet der Charente (nordöſtlich von Angoulême) an ſich und ſeinen Verwandten ganz in der Weiſe der Naturforſcher unterſucht; er verläßt ſich nicht, wie man das bisher meiſtens tat, allein auf ſein Auge, ſein Ohr und ſein Gefühl, ſondern bedient ſich feiner, empfindlicher Inſtrumente, die alles, was bei der Lautgebung mitſpielt, getreulich und unparteiiſch in Kurven auf einen berußten Papierſtreifen einritzen, der je nach Bedarf ſchnell oder langſam über eine kleine Trommel läuft: ſo entſteht auf dem Ruß eine gekritzelte Linie für die Atemgebung, für die Stellung und Bewegung der Lippen, der Zunge, des Gaumenſegels ſowie für die Mitarbeit der Naſe; und je nach Belieben kann man dabei alles gleichzeitig beobachten oder nur dieſe oder jene Beſonderheit für ſich. Das hängt eben davon ab, ob man alle Inſtrumente für die Arbeit mit einander einſtellt oder nicht; in dem einen Fall entſteht eben auf dem berußten Blatt eine Reihe nebeneinander herlaufender Kritzellinien, in dem andern nur eine einzige. — Nach Rousselot hat man diese Hilfsmittel mannigfach zu verbessern gesucht: man hat nicht mehr, wie es Rousselot noch tat, mehrere Einzelinstrumente bei der Gesamtbeobachtung verbunden, sondern gleich ein Hauptinstrument mit mehreren Teilen verfertigt, die unabhängig von einander arbeiten können. An dem Wesen der Sache und an dem Grundsatz ändert das aber nichts. Wir werden noch öfter auf diese Beobachtungen zurückkommen müssen (S. 35, 40, 53, 75, 81).

Ohne Zweifel liefert dieses neue Verfahren, diese Experimentalphonetik, die sicherste Erkenntnis; aber sie liefert immer nur Einzelerkenntnis. Aus dem, was der Rousselotsche Stift aufzeichnet, kann man noch keine Schlüsse für die Allgemeinheit ziehen. Dafür müßte man erst Massenuntersuchungen vornehmen und aus ihnen den Durchschnitt ziehen. Das mußte man bei der bisherigen alten Betrachtungsweise freilich auch tun, bei der ja häufige Beispiele zur Genüge gelehrt haben, daß eine Beobachtung, die ein Forscher an sich oder an einem von ihm untersuchten Zweiten gemacht hatte, nicht stimmte für die große Menge. Aber dafür war die alte Betrachtungsweise auch um so einfacher und leichter. Die Experimentalphonetik geht umständlicher zu Werke; schon dafür dürfen ihre Ergebnisse auch etwas anschaulicher, dauerhafter und unumstößlicher sein. — Dann muß man aber bei der Bewertung der Experimentalphonetik noch etwas bedenken: daß, wenn man ein derartiges Geräte am Kopf, an den Lippen, an der Brust, in der Nase oder am Hals hängen hat, man nicht mehr natürlich, nicht mehr unbeeinflußt wie sonst spricht. Seine Handhabung erfordert vielmehr eine gewisse Gewöhnung und längere Übung, bis man das Hemmnis und den von ihm verursachten Druck nicht mehr spürt. Und selbst dann ist noch die Frage, ob das Ergebnis auf dem Papierstreifen ganz genau der Wirklichkeit entspricht, ob doch nicht eine kleine Fehlerquelle noch auszuschalten ist. — Wir stehen hier eben — so wollen wir hoffen — erst am Anfang einer neuen Entwicklung. Was das Rousselotsche Verfahren bisher geleistet hat, ist schon so lehrreich und merkwürdig, daß wir es gewissenhaft beachten müssen, und darum im Lauf dieser Ausführungen auch immer beachten werden. Und von der Zukunft dürfen wir neugierig und getrost noch viel mehr erwarten!

II.

Die menschlichen Sprachwerkzeuge in Ruhe.

Nach dieser Übersicht über die Geschichte der Lautwissen=
schaft folgen wir den Spuren Ferreins und kommen zur Beschrei=
bung der menschlichen Sprachwerkzeuge, vor allem des Kehl=
kopfs. Nach Ferrein haben sich viele diesen Fragen zugewandt;
besonders im 19. Jahrhundert hat die Medizin Bau und Ver=
richtungen dieser Teile des menschlichen Leibes eingehend er=
forscht, ein besonderer Zweig der Heilwissenschaft wendet sich
jetzt diesem Gebiete allein zu und jedes medizinische Handbuch
gibt davon eine genaue Beschreibung und anschauliche Bilder.
Wir beschränken uns auf das Wichtigste, auf das für unsere
Zwecke Notwendige. Wir sehen von vornherein ab von den
Nerven, Gefäßen und Adern, und soweit es geht, auch von den
Muskeln, die wir höchstens nur im allgemeinen betrachten, und
halten uns — vor allem beim Kehlkopf — an das feste Gerüste,
die Knochen und Knorpel, sowie an einzelne wesentliche
H ä u t e.

Im großen ganzen zerfällt das menschliche Sprachwerkzeug
darnach — wie der Dudelsack, der von Kempelen so entschei=
dende Aufklärung brachte — in drei Teile: 1. den lufterzeu=
genden Teil (Lunge und Luftröhre); 2. in den lautgebenden,
eigentlich lauterzeugenden Teil (vor allem Kehlkopf, dann aber
Zäpfchen, Zunge, Lippen) und 3. in den lautgestaltenden,
schallverstärkenden Teil (die Hohlräume: Kehlraum, darüber
Rachenraum, Mundraum, Nasenraum). — Wir werden diese
gleich einzeln betrachten. Verschaffen wir uns zunächst auf
unserem Bilde eine G e s a m t ü b e r s i c h t.

Das erste Bild (Fig. 1) gibt den richtigen, genauen Durch=
schnitt eines Menschenkopfes und =Halses, und zwar senkrecht
von vorn nach hinten. Die erwähnten drei Teile sieht man
deutlich nebeneinander: bei 25 die Luftröhre, unterhalb der
die Lunge nicht mehr sichtbar, sondern nur zu denken ist; bei 23
den Kehlkopf, dann das Zäpfchen unterhalb 29, die Zunge
28 und die Lippen. Dazwischen liegen die verschiedenen Hohl=
räume: zu unterst (oberhalb 23) der Kehlraum, darüber der
Rachenraum 21, darüber wieder nach vorn der Mundraum
(27), und über diesem endlich der Nasenraum 19. Zu beachten

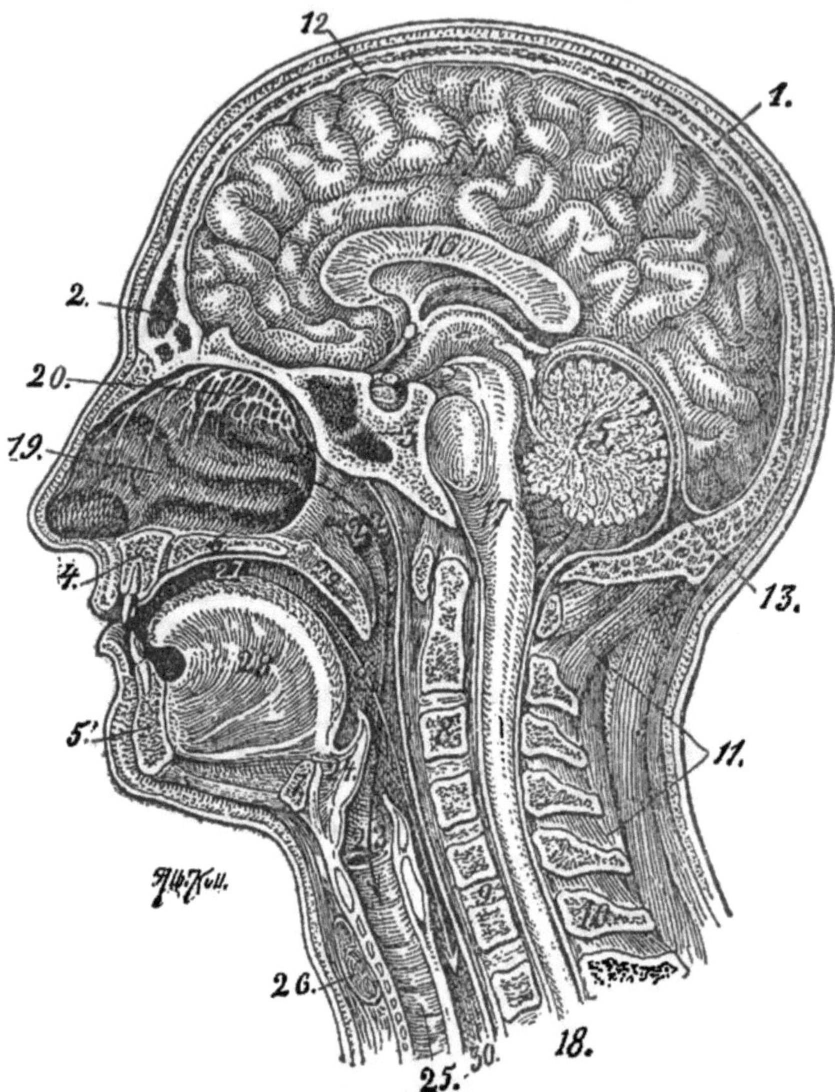

Fig. 1. Die Sprachwerkzeuge in Übersicht (Querschnitt von vorn nach hinten).
(Nach Schmeil, Der Mensch.)

ist auch — wegen der leichteren Einprägung der Lagerungsver-
hältnisse — das (mit den Ziffern 8, 9 u. 10 bezeichnete) Gerüst der
Wirbelsäule. Hinter der Luftröhre, zwischen Luftröhre und
Wirbelsäule (unten mit 30 bezeichnet), senkt sich die bisher so
genannte Speiseröhre hinab, die man jetzt aber vorschlägt

'Speiseschlauch' zu nennen, weil sich der Durchgang nur bei Hinabgleiten von Nahrung röhrenartig weitet, sonst aber schlaff zusammengeklappt dahängt, weil er also gewöhnlich einem Schlauch gleicht und nur ausnahmsweise einer Röhre.

Betrachten wir jetzt die einzelnen Teile etwas genauer, zunächst den lufterzeugenden Teil, Lunge und Luftröhre.

1. Der lufterzeugende Teil: Lunge und Luftröhre.

a) Die Lunge. Die Gestalt und das Aussehen der Tierlunge ist aus den Läden der Fleischer jedermann bekannt; davon unterscheidet sich aber die menschliche Lunge, zumal soweit sie für uns in Betracht kommt, nicht wesentlich. Wie die Tierlunge, so besteht auch die menschliche Lunge aus zwei getrennten Flügeln, einem rechten und einem linken. Diese zwei Flügel sind schwammartige, kegelförmige Gebilde, die, geschützt durch die Rippen, im Brustkasten hängen. Ihr unteres Ende, die Grundfläche der beiden Kegel, sitzt auf dem Zwerchfell auf, jener festen Haut, die — allgemein gesprochen — wagrecht mitten durch die Leibeshöhle gespannt ist, die genau genommen aber, besonders beim Ausatmen (S. 30), sich mehr oder weniger nach oben wölbt; ihr oberes Ende, die Spitzen der Kegel, reicht bis zu den obersten Rippen, bis ans Schlüsselbein heran und zum Schulterblatt. Beide Flügel, die, nebenbei bemerkt, wieder in mehrere Lappen zerfallen, sind durchzogen von lauter sich verästelnden hautigen Röhrchen: ganz fein beginnend vereinigen sich diese Röhrchen zu immer etwas dicker werdenden Ästchen, bis sie auf jeder Seite in einen einzigen, festen Bronchienast auslaufen; und die beiden Bronchienäste, der des rechtsseitigen Lungenflügels und der des linksseitigen, vereinigen sich etwa in der Höhe der vierten Rippe zu einem einzigen Schluß- und Hauptast, der Luftröhre (25 in Fig. 1).

b) Die Luftröhre. Die Luftröhre selbst wird gebildet durch etwa — es ist bei den verschiedenen Menschen ein gewisser Spielraum — 16—20 kleine knorpelige Ringe, die allerdings nicht ganz kreisförmig aussehen, sondern von hinten, von der Wirbelsäule her, nach vorn etwas zusammengedrückt sind. Überzogen sind diese Knorpelringe innen und außen von einer Haut, die sie so zusammenhält und mit ihnen eine Röhre bildet, eben die Luftröhre.

2. Der lauterzeugende Teil: Der Kehlkopf.

In dem zweiten, dem lauterzeugenden Teil ist das Hauptstück der Kehlkopf, in dessen Inneres uns fig. 2 einen Blick
tun läßt.

fig. 2. Das Innere des Kehlkopfes.

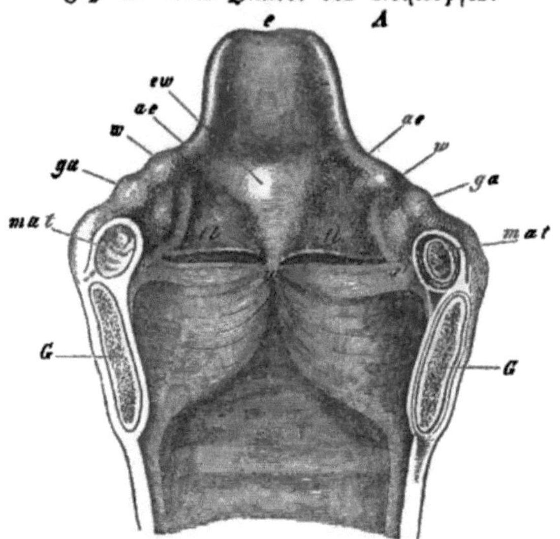

A. Der Kehlkopf hinten aufgeschnitten und aus
einander gebreitet (von hinten).

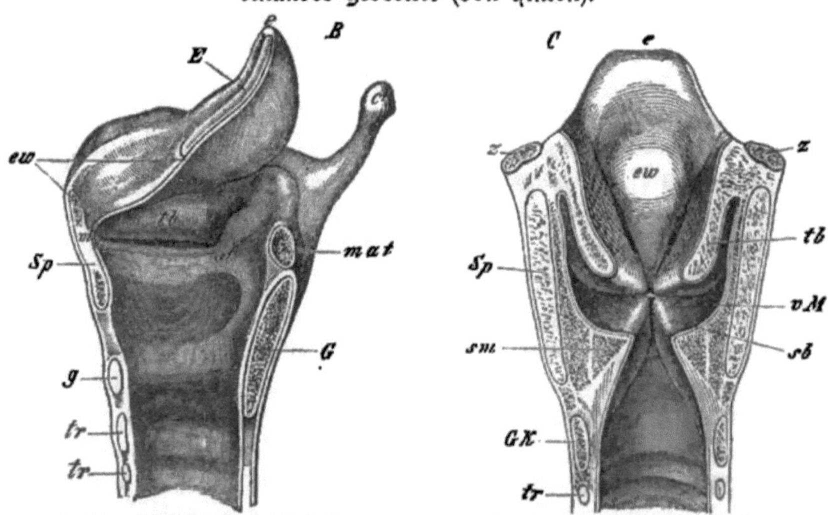

B. Rechte Hälfte des Kehlkopfs   C. Kehlkopf von rechts nach links durch-
(von innen).   schnitten (vordere Hälfte von hinten).

Aus dem Halse her-
ausgenommen und für
sich betrachtet, gleicht er
ungefähr einer Birne,
deren dickeres Ende nach
oben gekehrt ist. Sein
festes Gerüste, das uns
Figur 3 veranschaulicht,
stellen mehrere Knorpel
dar: der Ringknorpel
(cc), der Schildknorpel
(tc) und die beiden Stellknorpelchen. Darin sitzen
die Häute der Stimm-
bänder, darüber der
flache Knorpel des Kehl-
deckels (e).

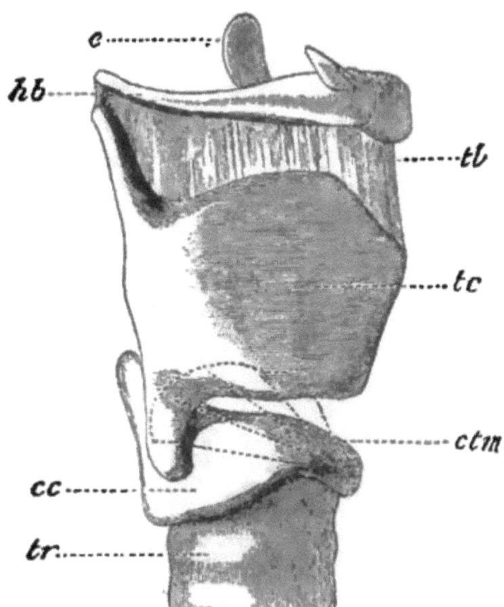

Fig. 3. Das Gerüst des Kehlkopfs (von der rechten Seite).

Der Ringknorpel,
den die Figur 4 für sich
allein wiedergibt, ist so
genannt, weil er aussieht, wie ein Siegelring; auf der einen
Seite ist er nieder, auf der andern mindestens doppelt so
hoch. Die niedere Seite liegt vorn im Hals, die höhere
hinten, gegen die Wirbelsäule zu. Dieser
Ringknorpel ist der unterste der Knorpel
des Kehlkopfes und bildet in gewissem
Sinne dessen Grundlage; daher heißt er
auch Grundknorpel. — Man kann ihn
auch an sich selbst leicht mit dem Finger
herausfühlen, wenn man an den (gleich zu
erwähnenden, aber auch so schon allgemein
bekannten) vorn herausstehenden Adamsapfel
greift und dann auf der hier befindlichen

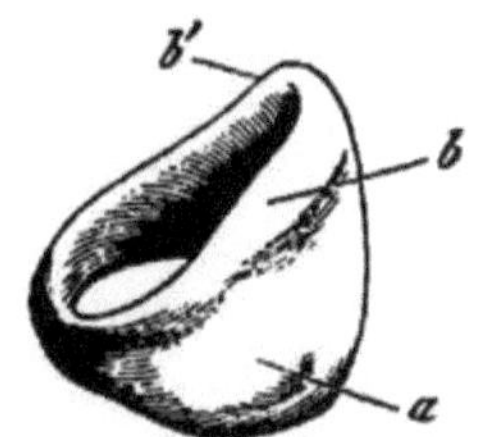

Fig. 4. Der Ringknor-
pel (v. d. linken Seite).

vorderen Kante nach abwärts fährt, bis zu der Stelle, wo
man über einen Absatz gleitet. Das unterhalb des Absatzes
liegende, zurückspringende Stück ist der gesuchte Ring- oder Grundknorpel.

Der Schildknorpel. Auf diesem Ringknorpel sitzt der
zweite Kehlkopfknorpel auf, der sogenannte Schildknorpel; es ist
das, was der Finger oberhalb des erwähnten Absatzes vom

Adamsapfel an betastet hat. Wie man (aus der Figur 5) sieht, besteht er aus zwei plattenförmigen Flügeln, die beide etwas geschweift sind, so daß sie nahezu in einem rechten Winkel und in einer scharfen Kante aufeinanderstoßen. Der eckenartige Vorsprung auf dieser Kante ist der erwähnte Adamsapfel. — Beide Flügel laufen außen, an ihrem freien Ende, nach oben

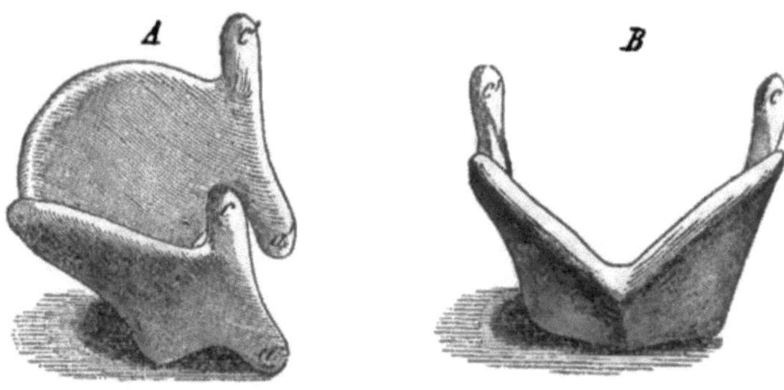

Fig. 5. Der Schildknorpel (A von der linken Seite, B von vorn).

und unten in einen Fortsatz, ein kleines Horn, aus, das zur Befestigung des Knorpels und teilweise auch des ganzen Kehlkopfs dient. Der obere Fortsatz (c und c′) ist nämlich an dem Zungenbein angewachsen (hb in Fig. 3), das so den ganzen Kehlkopf in der Schwebe und aufrecht erhält, der untere (a und a′) dagegen greift in eine kleine Vertiefung, eine 'Pfanne' auf der Oberfläche des Ringknorpels (a in Fig. 5) und verbindet damit einesteils die beiden Knorpel, anderseits ermöglicht er ihnen eine gewisse Bewegung und gegenseitige Verschiebung um ein Gelenk (S. 20) mittelst der nachgiebigen Häute, die beide Knorpel besonders vorn überspannen.

Der Kehlkopf des einen Menschen gleicht übrigens nicht immer in allen kleinen Einzelheiten dem eines andern Menschen, sondern jeder Kehlkopf ist im Grunde etwas anders gebaut. Der eine Mensch hat einen langen oder einen dicken Schildknorpel, der andere einen kurzen oder dünnen, und dieser Schildknorpel wieder bald einen großen Adamsapfel, bald einen kleinen; bei dem einen Knorpel ist die Bewegung auch stark zu fühlen, bei dem andern nicht; und der eine Hals ist mager und läßt die Oberfläche des Knorpels deutlich mit dem Auge erkennen, der andere dagegen ist etwas gepolstert und verdeckt das Darunterliegende.

Die Stellknorpel. Auf dem oberen Rande des Ringknorpels sitzen nun hinten (bei b u. b¹ in Fig. 4), mitten zwischen den beiden Flügeln des Schildknorpels, zwei weitere kleine Knorpel auf, die verschiedene Namen führen: Stellknorpel nach ihrer Beweglichkeit und Verschiebbarkeit, also ihrer 'Verstellbarkeit', Gießkannen- oder Gießbeckenknorpel nach ihrer Gestalt (Fig. 6). Wie man sieht, sind es zwei kleine, dreiseitige, nicht ganz regelmäßige Pyramiden, die an der Spitze und an der einen Grundecke in Fortsätze auslaufen: der Spitzenfortsatz hat die Gestalt eines Knöpfchens und heißt nach seinem Entdecker Santorini der Santorinische Knorpel (r und l), der andere, mehr lappenartige Fortsatz, der sich nach vorn, in die Höhlung des Kehlkopfes hinein

Fig. 6. Die beiden Stellknorpel (von der Seite).

erstreckt (s, s'), heißt dagegen Stimmfortsatz; denn er ist verwachsen mit den Stimmbändern.

Innerhalb dieses Knorpelgerüstes nämlich sitzt das Wichtigste am ganzen Kehlkopf, die eben erwähnten Stimmbänder. Es ist das ein doppelseitiger Hautwulst, der annähernd wagrecht an der ganzen Innenfläche der beiden Flügel des Schildknorpels angewachsen ist und hier rechts und links, von dem einen Stimmfortsatz bis zur Innenkante des Schildknorpels, entlang zieht. Er kann nach der Mitte der Röhre vorgeschoben und dünn gespannt werden, aber auch ganz an die Knorpelwand zurücktreten. Bildlich ausgedrückt sind die Stimmbänder eine bald mehr, bald weniger verbreiterte Galerie in dem hohlen Turm der Luftröhre und des Kehlkopfes. Deswegen, weil sie für ein Band zu massig sind, zumal wenn sie nach der Seite (zurück)treten, hat man an ihrem überlieferten Namen Anstoß genommen und für sie die Bezeich

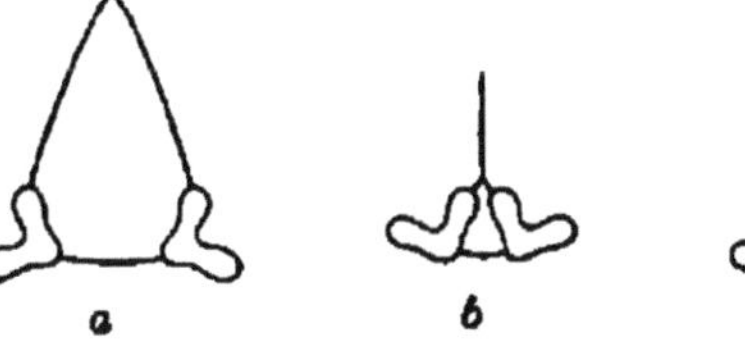

Fig. 7. 4 Hauptstellungen der Stimmbänder: a) weite Öffnung (Atemstellung), b) Bänderschluß (Flüsterstellung), c) Bänder- und Knorpelberührung (Stimmtoneinstellung, d) Bänder- u. Knorpelschluß (Knackgeräusch).

nung Stimmlippen vorgeschlagen. Der schmale Spalt, den sie
bei ihrer Anspannung zwischen sich freilassen, heißt Stimmritze.
Er kann verschiedene Gestalt annehmen, die Figur 7 in einfachen
Strichen übersichtlich wiedergibt.

Einige Bilder sollen das Gesagte noch etwas erläutern. Die
Zeichnungen 7—9
geben Blicke auf die
Stimmbänder von
oben, u. zwar 8 den
Durchschnitt ober-
halb der Stimmritze,
7 die verschiedenen
Lagen der Bänder
nach der eben er-
wähnten groben
Übersicht in ein-

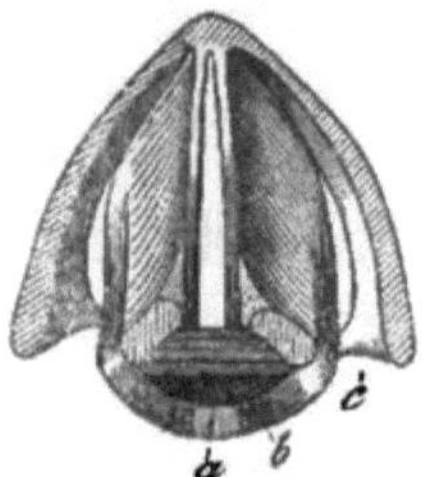
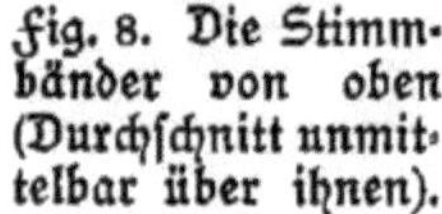

Fig. 8. Die Stimm-
bänder von oben
(Durchschnitt unmit-
telbar über ihnen).

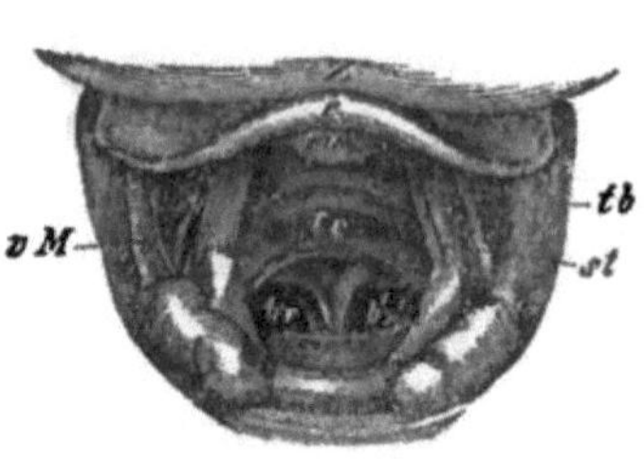

Fig. 9. Die Kehlkopfgegend
(im Kehlkopfspiegel).

fachen Strichen, 9 den Anblick bei der Betrachtung mit dem Kehlkopfspiegel (S. 19).

Die Taschenbänder. In geringer Entfernung oberhalb
der Stimmbänder findet sich ein zweiter Wulst, eine neue Verengung, die Taschenbänder. Da sie einigermaßen aussehen wie
die Stimmbänder, nennt man sie auch Stimmbänder, aber zum
Unterschied von diesen wahren Stimmbändern immer mit einem
entsprechenden Zusatz: falsche Stimmbänder. Im Einklang
damit heißt der zwischen ihnen befindliche Spalt denn auch
falsche Stimmritze. Diese falschen Stimmbänder oder Taschenbänder tönen natürlich nicht, sondern dienen nur zum Schutze
der wertvollen und empfindlichen wahren Stimmbänder. — Der
Raum zwischen den beiden Verengungen, den wahren und den
falschen Stimmbändern, ist etwas ausgebuchtet und greift seit-
lich, links und rechts, wie eine Tasche um die falschen Stimmbänder herum, die in ihn selbst etwas hineinhängen. Diese
taschenartigen Einbuchtungen heißen nach ihrem Entdecker, dem
Arzte Morgagni, die Morgagnischen Taschen. Nach
diesen Taschen sind denn auch natürlich die sie überragenden
Wulste 'Taschenbänder' genannt.

Der Kehldeckel. Wie eben erwähnt, dienen die Taschenbänder nur zum Schutze der eigentlichen Stimmbänder. Dieser
Schutz wird, besonders gegen Speisereste, wirksam verstärkt durch
einen weiteren Teil des Kehlkopfes, durch den Kehldeckel

(e in Fig. 2 und 3). Es ist das ein Knorpel, der eine birnförmige Platte darstellt, und dessen vorderes Ende durch Bänder dicht über den Taschenbändern bei der Kante des Schildknorpels angewachsen ist. Er ist sehr beweglich; gewöhnlich steht er in die Höhe; beim Essen dagegen senkt er sich über den Kehlkopf herab und deckt dessen Eingang völlig zu.

Damit haben wir die Beschreibung des Kehlkopfes beendigt. Wir haben einmal die wichtigen Knorpel kennen gelernt, die sozusagen sein äußeres festes Gerüste ausmachen, den Ring- oder Grundknorpel als die Grundlage, den Schildknorpel als die Vorderwand und den Schutz nach den drei Außenseiten, in gleicher Höhe damit die Stellknorpelchen als einen gewissen Abschluß nach hinten und endlich den Kehldeckel als aufklappbaren Schild gegen die Einflüsse von oben; wir haben sodann aber auch die innere Auskleidung des Kehlkopfes kennen gelernt in den beiden wagrechten Wülsten der eigentlichen Stimmbänder und der Taschenbänder.

Die Kehlkopfspiegelung. Zum Schluß unserer Betrachtung des Kehlkopfes vergegenwärtigen wir uns noch etwas deutlicher, welches Bild man bekommt, wenn man von oben in den Kehlkopf hinabsieht.

Man verschafft sich diesen Einblick, wie wir schon wissen, durch den von Manuel Garcia erfundenen Kehlkopfspiegel. Dieses Gerät besteht aus einem kleinen, schwachgewölbten Hohlspiegelchen von etwa 1 cm Durchmesser, das kreisrund, länglich oder viereckig sein kann und unter einem Winkel von 135° am Ende eines langen Stieles sitzt. — Bei der Handhabung des Kehlkopfspiegels setzt man sich mit dem Rücken gegen die Sonne (oder eine andere Lichtquelle), nimmt zur Beleuchtung der Mundhöhle (wenn man nicht wie der Arzt einen größeren Hohlspiegel an die Stirne schnallen kann) in die linke Hand einen Handspiegel, den man natürlich so gegen die Sonne kehrt, daß er deren Strahlen in das Innere der Mundhöhle wirft, und führt dann mit der rechten Hand den Kehlkopfspiegel ein, über die Zunge hinein und unter dem in die Höhe gedrückten Zäpfchen hinweg bis etwa an die hintere Rachenwand, also zu der Stelle, wo es aufwärts hinten in die Nase und abwärts in den Kehlkopf geht. Dabei muß die Zunge etwas gesenkt, also etwa eingestellt werden, als wollte man a oder ä sagen. Bei geschickter Bewegung der beiden Spiegel, die man mit einigen Versuchen

leicht herausfindet, wird das Sonnenlicht durch den Handspiegel
auf den Kehlkopfspiegel und von diesem wieder in den Kehlkopf gelenkt und der Kehlkopf damit beleuchtet. Umgekehrt
aber wird das Bild des Kehlkopfes über den Kehlkopfspiegel
hinweg auf den Handspiegel und von da in das Auge des
Beobachters geworfen.

Auf diese Weise kann man leicht seinen eigenen Kehlkopf
im Spiegel sehen; ebenso leicht aber auch den eines andern.
Was sich dem Auge bei diesen Einblicken darbietet, sieht man
auf dem Bilde in Figur 9, das infolge der Hohlwölbung des
Spiegels die Verhältnisse umkehrt, also oben und unten ver-
tauscht und deshalb am besten zum Betrachten umgedreht
wird. Auf diesem Bild ist oben z die Zungenwurzel, e der
Kehldeckel, e w der Wulst dieses Kehldeckels, t b das rechte
Taschenband, s t das rechte Stimmband, v M die linke Mor-
gagnische Tasche, t r die Luftröhre, b r und b′ r′ die zwei Bronchienäste. Die beiden Wülste unten bergen an ihrem inneren
Ende die beiden Stellknorpel.

Die Bewegungen der Kehlkopfteile. Dieser Kehlkopf
ruht nun nicht starr und unverrückbar im Halse, sondern ist als
Ganzes und mit seinen verschiedenen Teilen sehr beweglich.

Als Ganzes hebt und senkt er sich zusammen mit der Hinterzunge infolge einer Verschiebung des Zungenbeins, an das
er ja durch die oberen Hörner des Schildknorpels angewachsen
ist. Noch mannigfaltiger wechseln aber die Kehlkopfteile
ihre Lage. Zunächst verschieben sich Ringknorpel und Schildknorpel gegeneinander, indem sich der Schildknorpel hinten um
das Gelenk dreht, das ihn auf dem Ringknorpel befestigt (bei a in
Fig. 4); die Vorderkante des Schildknorpels mit dem Adamsapfel
steigt so auf und ab. Dann aber verschieben sich die Stellknorpel und die mit ihnen verbundenen Stimmbänder. Die Stellknorpel
sind überhaupt die beweglichsten Teile des ganzen Kehlkopfes,
schon deshalb, weil sie eine doppelte Bewegung zu vollführen
haben. Einmal drehen sie sich um die senkrechte Achse; dann
bewegt sich der Stimmfortsatz ziemlich weit im Bogen um sie
herum. Daneben aber drehen sich die Stellknorpel noch um
eine wagrechte Achse, indem sie sich nach vorn neigen und
wieder zurücklehnen; auch hier legt das Ende des Stimmfort-
satzes einen großen Weg zurück.

Diese beiden Stellknorpelbewegungen verändern nun auch

die Lage der Stimmbänder in doppelter Weise. Die Bewegung um die senkrechte Achse läßt sie auseinander- und wieder zusammentreten, erweitert die Stimmritze also oder verengt sie. Dabei sind noch verschiedene Sonderfälle zu unterscheiden. Die Entfernung ist entweder ganz groß, so daß sich die beiden Stimmbänder ganz an der Kehlkopfwand halten und kaum mehr sichtbar sind (Fig. 7a); oder sie ist mäßig (Fig. 8), oder sie ist drittens gar so gering, daß sich die Stimmbänder mehr oder weniger berühren (Fig. 7b). Ferner können — bei der Berührung der Stimmbänder, also bei Schluß der Stimmritze — die Stellknorpel selbst von einander entfernt bleiben und sich nur an den Enden der Stimmfortsätze berühren, also eine dreieckige Öffnung zwischen sich lassen 'für den Atem' (Fig. 7b); diese Öffnung heißt Atemritze. Es können sich aber — gleichzeitig mit den Stimmbändern — auch die Stellknorpel einander ganz nähern (7c) oder gar so fest berühren, daß kein Zwischenraum mehr zwischen ihnen bleibt, ja daß nicht einmal Luft zwischen ihnen hindurchstreichen kann, daß also auch die Atemritze geschlossen ist (Fig. 7d).

Durch die andere Drehung der Stellknorpel dagegen, durch die Neigung und Zurückbiegung um die wagrechte Achse, wird die Entfernung zwischen dem Ende der Stimmfortsätze und der gegenüberliegenden Kante des Schildknorpels entweder verkleinert oder vergrößert, und damit die beiden Stimmbänder gelockert oder angespannt.

Dieser An- und Abspannung der Stimmbänder dient aber auch die Verschiebung der Ringknorpel, die also mit der Hebung und Senkung der Stellknorpel Hand in Hand geht und ihre Wirkung verstärkt. — Aber auch sonst sind einzelne Teile des Kehlkopfes beweglich. Wie bei den wahren Stimmbändern Stimmritze und Atemritze verschiedene Gestalt und Größe annehmen können, so können auch die falschen Stimmbänder oder Taschenbänder verschoben werden: sie können sich nähern und den Durchgang bei sich verengern. Und zwar geschieht das bald in ganz wagrechter Richtung von beiden Seiten aus, also in einer und derselben Ebene, bald auch so, daß der eine Lappen über den andern hinwegragt, die Luft sich also zwischen ihnen bricht und hindurchwindet. — Dann bewegt sich schließlich aber auch der Kehldeckel auf und ab. Beim Sprechen ist er gehoben, beim Essen, wo nichts in die 'letze Gurgel' kommen darf, dagegen gesenkt; dann gleitet die Nahrung über ihn hin-

weg nach hinten, in die hinter der Luftröhre befindliche Speiseröhre und dadurch in den Magen, während sie von der Luftröhre in die Lungen befördert würde, aus denen man sie aber
im Fall ihrer Verirrung schleunigst wieder hinaushustet.

Lehrreich ist gegenüber diesen Verhältnissen des menschlichen
Kehlkopfes übrigens die Betrachtung des Kehlkopfes von Tieren,
z. B. eines Schweines. Hier sieht man an sich die gleichen
Teile wie bei dem Menschen, unten den Ringknorpel, daneben
den Schildknorpel, der ziemlich groß ist, dann die Stellknorpel,
die ebenfalls auf der hinteren Seite des Ringknorpels angewachsen sind, und endlich den Kehldeckel. Bemerkenswert sind
aber die Stimmbänder. Sie sind auch in der Zweizahl vorhanden, aber sie laufen anders. Sie gehen nicht von den
Stimmfortsätzen der Stellknorpel zu der Kante des Schildknorpels
hinüber, sondern sind vielmehr gegenüber, am Ringknorpel
selbst angewachsen. Ihre Beweglichkeit ist natürlich dadurch
sehr vermindert, da hier nur die Verstellbarkeit der Stellknorpel
die Stimmbänder lockern und anspannen kann, nicht mehr auch
die gegenseitige Verschiebung von Ringknorpel und Schildknorpel.

Wir kommen damit zu dem dritten Teil des Sprechwerkzeugs, der hauptsächlich die im Kehlkopf erzeugten Laute gestaltet und verstärkt, zu dem mit einem Ausdruck der Orgelbau-
kunst bezeichneten sogenannten Ansatzrohr.

3. Der vorwiegend schallgestaltende Teil.

(Das Ansatzrohr.)

1. Noch innerhalb des Kehlkopfes befindet sich ein Hohlraum, der schon für die Schallgestaltung wichtig ist: der Kehlraum; er liegt zwischen Schildknorpel und Stellknorpeln einerseits und zwischen den Stimmbändern und dem Kehldeckel
andererseits; die Morgagnischen Taschen bilden einen Teil von
ihm, und die Taschenbänder zerlegen ihn in gewissem Sinn in
einen kleinen unteren Abschnitt und in einen größeren oberen.

Über dem Kehlraum beginnt das eigentliche Ansatzrohr.

Wir beschreiben seine Teile in der Reihenfolge ihrer Lage.

Wenn wir uns vom Kehlkopf weiter aufwärts bewegen,
so geraten wir gleich oberhalb des Kehldeckels in einen Raum,
der begrenzt wird von den oberen Endteilen des Kehlkopfes,
also etwa der Oberfläche der Stellknorpel, des Kehldeckels und

der Hinter- oder Innenseite des Schildknorpels, dann aber von der hinteren Zungenwand und der ihr gegenüberliegenden hinteren Rachenwand, deren oberes Stück man bei einem Blick in den Hintergrund der Mundhöhle ja schon von außen wahrnimmt; es ist der Raum hinter der Zunge abwärts, und er heißt Schlundkopf oder Rachenraum, auch Rachenhöhle; den obersten Teil davon hat man auch noch besonders Rachenkopf genannt. Auf der Figur 1 ist er mit 21 bezeichnet.

2. Von dem eben behandelten Rachenraum aus stehen uns zwei Wege offen, einer nach vorn und einer nach oben.

Wir gehen zunächst den vorderen, der uns nach dem Munde führt, und kommen dabei gleich an ein Muskelpaar, das man auch von außen beim Hineinschauen in den Mund leicht bemerkt, und das wie eine Art Tor den Mundraum von dem Rachenraum trennt: es ist das Gaumentor. Genau genommen ist dieses Gaumentor ein Doppeltor; denn es besteht nicht aus einem, sondern aus zwei Muskeln, die hinten an der rechten und linken Mundwand nebeneinander von der Decke nach der Gegend der Hinterzunge herablaufen. Jeder dieser Muskeln heißt für sich Gaumenbogen, und im einzelnen unterscheidet man wieder den hinteren, den Schlundgaumenbogen, von dem vorderen, dem Zungengaumenbogen. Die Vertiefung zwischen diesen beiden Gaumenbogen nennt man Gaumennische; in ihr liegen unten eingebettet die beiden Mandeln.

Für die Lautbildung ist das Gaumentor anscheinend sehr wichtig, da es sich verengern und erweitern kann; aber Genaueres hat man darüber noch nicht sicher festgestellt. Vor einigen Jahren wollte zwar ein Berliner Arzt, namens Scheier, mit Hilfe der Röntgenstrahlen Veränderungen in der Öffnung des Gaumentores bei der Vokalbildung entdeckt haben; aber damit hat es wohl seine Schwierigkeit, weil die Röntgenstrahlen an sich doch nur feste Teile, vor allem Knochen erscheinen lassen und nicht die Fleischteile, zu denen die Gaumenbogen doch gehören. Jedenfalls kann aber durch die Bewegung der Gaumenbogen die Eingangspforte aus dem Rachen in den Mund wirksam vergrößert oder verkleinert und dadurch die Resonanz bedeutend verschoben und der Klang der Vokale empfindlich verändert werden.

3. Der Mundraum, zu dem wir unmittelbar durch das Gaumentor gelangen, wird, wie jedermann weiß und immer

wieder beobachten kann, begrenzt von der Zunge unten und
vom Gaumendach oben; hinten — soweit er nicht durch das
Gaumentor gerade in den Rachenraum übergeht — von dem
hintersten Teil des weichen Gaumens mit dem Zäpfchen, vorn
dagegen von den Lippen. Man gliedert ihn wieder in drei
Teile: die eigentliche Mundhöhle innerhalb des Geheges
der Zähne, die Lippenhöhle zwischen den Vorderzähnen und
den Lippen und die Backenhöhle zwischen Backen- und Seiten-
zähnen.

Einzelne dieser Stücke müssen wir etwas näher betrachten;
vor allem kommt es uns an auf die obere Wand und auf die
Zunge.

a) Die obere Wand, die Decke der Mundhöhle (6 in Fig. 1) — sie
heißt bekanntlich Gaumen — zerlegt ihr anatomischer Bau von
selbst in zwei scharf getrennte Abschnitte. Von den Zähnen zieht
nach hinten ein Knochen, der leicht mit dem Finger bis zu
seinem Ende fühlbar ist; dieser Knochen, — der genauer, wie
wir sehen werden, ein Knochenblatt ist, zumal an seinem hinteren Ende, — heißt harter Gaumen. Wo der Knochen dagegen aufhört, wird die Decke fleischig und gibt bei Druck leicht
nach: das ist der weiche Gaumen oder das Gaumensegel
(lateinisch das Velum). Hinten läuft das Gaumensegel (29 in
Fig. 1) in ein traubenförmiges, herabhängendes Gebilde aus,
das leicht nach hinten zurückgeschlagen werden kann, so daß es
die Rachenwand fest berührt und den da befindlichen Eingang
in die Nase verschließt; man nennt es nach seiner Gestalt
Zäpfchen (im Lateinischen ähnlich 'Träubchen', uvula). In
der Figur 1 erscheint es unterhalb der Zahl 29.

Nach seiner Lage heißt übrigens der harte Gaumen auch
Vordergaumen, der weiche Gaumen dagegen Hintergaumen.

Zwecks leichterer Bestimmung und Benennung der Laut-
erzeugungsstelle (S. 56) gliedert man aber die beiden Gaumenstrecken,
den harten Gaumen und den weichen, wieder in Unterabteilungen von vorn nach hinten, entweder in zwei oder in drei, und
unterscheidet der Reihe nach einen vorderen, einen mittleren
und einen hinteren Hartgaumen, und ebenso einen vorderen,
mittleren und hinteren Weichgaumen. Tatsächlich hat man auch
beide Arten der Teilung mit einander verbunden und den Vordergaumen dreifach geteilt, den Hintergaumen zweifach.

Wie schon kurz angedeutet wurde, und wie man auch leicht

mit dem Finger und mit dem Spiegel an sich selbst beobachten
kann, ist dieser Weichgaumen sehr biegsam und beweglich. Das
ist für die Lautgebung äußerst wichtig. Dennoch hat man ihm
in den bisherigen phonetischen Beobachtungen und Darstellungen
nicht die nötige Beachtung geschenkt; man redet wenig von der
Bewegung des weichen Gaumens oder der Gaumenbogen und
läßt immer nur die Zunge die für einen Laut wichtigen Bewegungen vollführen, also sich heben oder senken, während —
worauf die Mediziner viel eher aufmerksam geworden sind —
doch wahrscheinlich weicher Gaumen und Zunge zusammen-
arbeiten.

Bei Vergleichung verschiedener Gaumen, schon nach dem
Bild, drängen sich einem merkwürdige Beobachtungen auf. Bei
dem einen Menschen ist die Decke stark gewölbt, bei dem andern
ganz flach, bei dem einen ganz gleich auf beiden Seiten, bei
dem andern links anders als rechts.

Entsprechend verschieden sind auch die andern Mundteile
gebaut, vor allem aber die Nase.

b) Das wichtigste Stück des ganzen Mundraumes ist die
Zunge. Es ist das ein verwickelter, kräftiger Muskel, der
eigentlich aus einem Bündel von mehreren, ganz verschieden-
artigen Muskeln zusammengesetzt ist, und der auch an mehreren
Stellen angewachsen ist: vorn unten am Unterkieferbein (5 in Fig. I),
hinten unten am Zungenbein (7 in Fig. I), hinten oben aber am
Schläfenbein.

Dieser Zungenmuskel kann nun in mannigfacher Weise
verändert und bewegt werden: bald wird er dick wie eine
Walze, bald hohl wie ein Löffel; bald krampft er sich zu einem
Ballen zusammen, bald legt er sich dünn und flach nieder; bald
hebt er sich in diesem oder jenem Teil, sei es vorn, sei es in
der Mitte, sei es hinten; und diese Hebung selbst kann wieder
stark sein oder mäßig.

Zur Erleichterung der Übersicht hat man auch bei der
Zunge verschiedenen Teilen besondere Namen verliehen: so redet
man ohne weiteres von der Vorder-, Mittel- und Hinterzunge, sowie von der Zungenspitze, und ebenso von ihrer
gesamten Oberfläche als der Zungenfläche; hinten, wo die
Zunge entspringt, oder zu entspringen scheint, ist die Zungenwurzel, und der äußere Rand, rechts, links und vorn, heißt
der Zungensaum; den vorderen Teil der Zungenoberfläche,

in der Nähe der Spitze, nennen die englischen Gelehrten das Zungenblatt, und die deutschen haben diesen Ausdruck übernommen, weil er geschickt ist.

c) Wir haben jetzt beim Ansatzrohr noch die vorderen Teile zu besprechen, die Zähne und die Lippen.

Wir beginnen mit den Zähnen.

Jede der beiden Zahnreihen ist eingebettet in einen Wulst, der besonders oben ab und zu für die Lautbildung wichtig wird; er heißt Zahndamm oder (mit einem mehrzahligen lateinischen Ausdruck) die Alveolen, d. h. 'die kleinen Mulden' (nämlich der Zahnhöhlen). In der Phonetik unterscheidet man auch daran mehrere Streifen und redet von vorderen, mittleren und hinteren Alveolen. Wie es scheint, halten aber die Ärzte (und Zahnärzte) diese Unterscheidung nicht alle für wichtig und vielleicht auch gar nicht für richtig, weil das nach ihrer Auffassung eine einheitliche und so kurze Strecke ist, die man nicht mehr besonders zu gliedern braucht.

Bei den Zähnen selbst hebt man wieder hervor: die Kante der oberen Zahnreihe und die der unteren, die hintere oder Innenfläche (die Rückseite) der beiden Zahnreihen und die vordere oder Außenfläche, sodann den Zwischenraum, der die einzelnen Zähne voneinander trennt. Für die Sprachbildung kommen — außer dem Zahndamm oben und unten — davon vornehmlich die Rückseite und die Kante der Oberzähne in Betracht, weniger Kante und Rückseite der Unterzähne.

d) Und nun zu den Lippen!

Beide Lippen, die Oberlippe und die Unterlippe, bestehen aus einem verschlungenen Gewebe mehrerer sehr beweglicher Muskelstreifen, die ineinander- und übereinandergreifen und sich so gegenseitig hin- und herziehen.

Beide Lippen sind bekanntlich sehr beweglich, und zwar in der verschiedensten Weise. Sie können einmal vorgestülpt und zurückgezogen werden; sodann kann die Öffnung einen schmalen Spalt oder ein rundes Loch bilden; und des weiteren kann das erste auch mit dem zweiten verbunden werden: man kann die Lippen vorstülpen ohne Rundung, aber auch mit Rundung, und man kann sie zurückziehen mit Spalt oder ohne Spaltbildung. Freilich kommen diese vier Fälle nicht alle gleich häufig vor. Wir haben das alles noch im einzelnen vorzuführen bei der Darstellung der Vokalbildung.

4. Der Nasenraum. Wir kehren jetzt zurück in den Rachenraum, von dem wir unsere Wanderung durch den Mundraum angetreten haben, und steigen nunmehr von da gerade aufwärts. Auf diesem Wege kommen wir an dem Zäpfchen vorbei in den Nasenraum.

a) Das schon vorhin (S. 24) erwähnte Zäpfchen ist ein sehr wichtiges Stück des Ansatzrohres. Denn es regelt den Verkehr zwischen dem Rachenraum einerseits und dem Mundraum und dem Nasenraum andererseits, indem es die Verbindung zwischen diesen drei Räumen öffnet oder sperrt. Zu diesem Zweck nimmt es abwechselnd drei verschiedene Stellungen ein: 1. es schlägt fest an die hintere Rachenwand an und schließt damit den Eingang aus dem Rachen in die Nase; dann muß sich die aus der Luftröhre und dem Kehlkopf kommende Luft nach vorn wenden und durch den Mund hindurch ins Freie streichen; 2. das Zäpfchen kann aber auch schlaff herunterhängen, so daß gleichzeitig zwei Öffnungen frei sind, die in die Nase und die in den Mund. Die Kehlkopfluft teilt sich dann und streicht durch Mund und Nase zugleich und kommt auch vorn in schwachem Strom aus beiden heraus; 3. das Zäpfchen kann sich aber auch der hintern Zungenwand nähern, dadurch den Mundraum völlig abschließen und die Luft nur durch den Nasenraum streichen lassen.

Folgen wir dieser Luft einmal durch die Nase und sehen uns die Nasenhöhle genauer an.

b) Die Nasenhöhle liegt etwa in der Mitte der vorderen Schädelhälfte, zwischen der vorderen Gehirnhöhle und dem Mundraum, und ist großenteils, besonders nach innen und oben, nach dem Gehirn zu, umschlossen von festen Knochen; von der Mundhöhle trennt sie der harte Gaumen (das Gaumenbein und der Oberkieferknochen) vorn, nnd der weiche Gaumen (das Gaumensegel) hinten.

Diese Höhle ist mannigfach gegliedert. Von dem Rachen aus kommt man zuerst in einen weiten, ungeteilten Raum mit kugelartig gebogenen Wänden, der so weit nach vorn reicht wie der weiche Gaumen; ungefähr an der Stelle, wo der weiche Gaumen·in den harten übergeht, wird die Höhle durch eine senkrechte, glatte, knorpelige Längswand, die Nasenscheidewand, in zwei nebeneinander hinlaufende Gänge geteilt, die sich bis zum Nasenbein fortsetzen und vorn, im Gesicht, durch die beiden

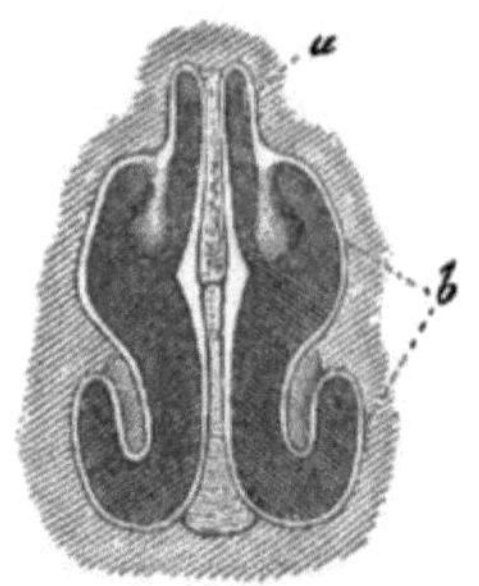

Fig. 10. Die Nasen-
höhle (Durchschnitt
mitten von rechts
nach links).

Nasenlöcher ins Freie münden. Beide Gänge sind, wie vorn, so auch hinten stets offen; entsprechend dem Namen der vorderen Öffnungen hat man auch die hinteren Eingänge Nasenlöcher genannt, und man redet so wenigstens im Deutschen von den vorderen und den hinteren Nasenlöchern, während die ärztliche Fachsprache für die hinteren Eingänge den Ausdruck Choanen braucht.

Beachtenswert ist in der Nasenhöhle noch besonders die Gestalt der Seitenwände. Während, wie erwähnt, die Mittelwand glatt ist und senkrecht heruntergeht, sind die Seitenwände nicht einfache Kugel- oder Ellipsenflächen, sondern mannigfaltig gegliedert; vor allem enthalten sie einige taschen- oder muldenförmige Vertiefungen, zwischen denen sich drei Wülste muschelartig emporheben, die man nach ihrer Bildung denn auch Nasenmuscheln genannt hat.

Das Nähere läßt die angefügte Figur 10 ersehen. Sie ist ein Querschnitt durch die Nase, etwa in der Tiefe der Ohren, der besonders die Nasenscheidewand (S. 27) und die Gliederung der Seitenwände hübsch zu Tage treten läßt.

III.

Die Tätigkeit der Sprachwerkzeuge.

Im Vorhergehenden haben wir die menschlichen Sprachwerkzeuge rein an sich betrachtet und keine Rücksicht darauf genommen, wie sie ihrem Zwecke dienen. Jetzt, da wir ihre äußerliche Beschaffenheit kennen, untersuchen wir ihre Verwendung, ihre Tätigkeit.

1. Die Sprechstelle. Geregelt wird diese Tätigkeit vom Gehirn aus, von einer Gegend, die man Sprechstelle oder Sprechzentrum genannt hat.

Man hat nämlich im Lauf der letzten Jahrzehnte verschiedentlich versucht, im Gehirn bestimmte Stellen herauszufinden, die die einzelnen körperlichen und geistigen Verrichtungen des Menschen zu leiten und zu besorgen haben, z. B. das Hören, das Sehen, das Riechen, das Gehen. So hat man auch für das

Sprechen einen Ausgangspunkt festgestellt. Man ging bei diesen Untersuchungen aus von zufällig eingetretenen Störungen in diesen Tätigkeiten. Wenn die Sprache z. B. in irgend einer Weise nicht mehr in der Ordnung war, wenn man z. B. einen gewissen Laut nicht mehr aussprechen oder sich auf ein bestimmtes Wort nicht mehr besinnen konnte, schrieb man dies zunächst nur vermutungsweise der Beschädigung, Verletzung oder Veränderung einer Stelle des Gehirns zu, die für diese Verrichtung maßgebend sein konnte, und suchte erst später, bei der Leichenöffnung, im Gehirne nach, ob und wo etwa eine Geschwulst, ein Geschwür oder etwas Ähnliches vorhanden sei, das man als Ursache der zuerst beobachteten Störung anzusprechen habe.

So hat man denn auch wirklich durch Beobachtung von Leuten, die am Sprechen so oder so behindert waren, allmählich ein Sprechzentrum entdeckt. Genau genommen kommen allerdings mehrere Stellen in Betracht; eine, die der französische Forscher Broca im Jahre 1861 zuerst aufgefunden hat, dient dazu, die für das Sprechen nötigen Körperbewegungen anzuordnen; es ist das berühmte Brocasche Sprechzentrum; eine andere, nach Wernicke benannte Stelle, das Gehörzentrum, vermittelt zugleich das Verständnis gehörter Wörter. Im einzelnen sind die hier zuständigen Gelehrten über die genaue Anordnung unter sich noch nicht ganz einig; aber man kann doch soviel sagen, daß für Rechtshänder, d. h. die Menschen, die vorzugsweise die rechte Hand gebrauchen, die Sprechbewegungsstelle, das sogenannte motorische Sprachzentrum, in dem hinteren Teile der linken unteren Stirnwindung liegt, der sogenannten Brocaschen Windung.

2. Die Artikulationsbasis. Nun wenden wir uns aber endlich wieder zu den Sprechwerkzeugen selbst!

Die Aufgabe dieser Sprechwerkzeuge ist, we jedermann weiß, doppelter Art: sie bewerkstelligen nicht bloß das Sprechen, sondern ermöglichen auch das Atmen. Und die Anordnung bei der Atmung, die Atemstellung, ist sozusagen die Ausgangsstelle, die Grund- und Ruhelage für die Sprechstelluug. Aus der Atemstellung gehen die einzelnen Sprechwerkzeuge in die jeweils beim Sprechen erforderlichen Stellungen, und nach Erfüllung ihrer Aufgabe, wenn sie die beabsichtigten Laute erzeugt haben, kehren sie wieder in diese Atemstellung zurück. Danach hat man diese Atemstellung denn auch dreifach benannt: Ruhelage ist der einfachste und natürlichste Ausdruck für den Begriff; ein anderer, Indifferenzlage, soll bezeichnen, daß die Werkzeuge darin gleichsam gleichgültig, natürlich verharren, wenn sie keine zur Lauterzeugung notwendige ausgeprägte Stellung einnehmen; drittens hat man diese Urstellung aber auch Artikulationsbasis genannt, natürlich, weil sie die Grundlage abgibt für die verschiedenen Lauteinstellungen oder Artikulationen.

Wie sieht nun aber diese Artikulationsbasis, diese Indifferenzlage oder Ruhelage aus?

Die Atemstellung (Ruhelage). Das Atmen wird bewerkstelligt in der Brusthöhle. Dadurch, daß das in der natürlichen Lage nach oben gewölbte Zwerchfell infolge der entsprechenden Bewegung seiner Muskeln sich abflacht, erweitern sich die unmittelbar vorher nach oben zusammengedrückten Lungen wieder und saugen Luft ein von außen durch Mund oder Nase, Kehlkopf und Luftröhre; die Brust erweitert sich dabei. Gleich nachher kehrt das Zwerchfell wieder zurück, wölbt sich nach oben, drückt die Lungen zusammen und stößt die in ihnen enthaltene Luft wieder aus, durch Luftröhre, Kehlkopf, Mund oder Nase. Dadurch sinkt die Brust wieder etwas zusammen.

Durch Mund oder Nase geschehe die Einatmung und die Ausatmung, ist eben gesagt worden. Das ist aber nicht der natürliche Vorgang nach der Ansicht der Ärzte. Eigentlich sollte die Luft in diesem Fall nur durch die Nase ein und ausgeführt werden; und so beschreiben die Erscheinung auch alle Gewährsmänner, auch die Ärzte. Tatsächlich stimmt ihre Angabe aber nicht immer mit der Wirklichkeit; denn sehr viele Leute, auch solche, die nicht an einer Nasenverengung leiden, atmen stets mit dem Munde; unter Lehrern, bei denen ich zweimal darüber Umfrage anstellte, verfuhr sogar die überwiegende Hälfte auf diese unvorschriftsmäßige Art.

Von der Leibeshöhle wird beim Atmen hauptsächlich der untere Teil in Anspruch genommen, wie man sich leicht bei sich selbst überzeugen kann; es heben und senken sich namentlich die weichen Teile unterhalb des Brustkorbes. Nur bei größerem Luftbedürfnis zieht man auch den oberen Teil, die Brusthöhle, zur Hilfe herbei; dann werden auch die Rippen gehoben und der Brustkorb erweitert; das geschieht z. B. beim Bergsteigen, Springen und Tanzen.

Aber es ist in dieser Hinsicht bei der Atmung ein kleiner

Unterschied zu bemerken bei den beiden Geschlechtern. Der Mann arbeitet vornehmlich mit dem unteren Teil des Leibes, die Frau dagegen — natürlich in erster Linie wohl infolge des beengenden Zwangs ihrer Kleidung — mehr mit dem oberen, dem Brustkorbe.

Oberhalb des Brustkorbs liegt der Kehlkopf. Dieser ist beim Atmen weit geöffnet; die Stellknorpel und die Stimmfortsätze treten auseinander, und die Stimmbänder werden ganz auf die Seite an die Knorpelwand geschoben, so daß die Luft zwischen ihnen geräuschlos hindurchstreicht. Desgleichen sind auch die Taschenbänder ganz voneinander entfernt, und der Kehldeckel — soweit man in dem Augenblicke nicht gerade etwas ißt oder schlingt —, stark gehoben. Das Zäpfchen hängt schlaff herunter, so daß der Luft Mund und Nase offensteht, gleichviel ob nur durch die Nase wirklich geatmet wird oder auch durch den Mund. Die Zunge ferner liegt breit, flach und ruhig im Mund zwischen den Unterzähnen oder berührt höchstens ein wenig die Oberzähne, die beiden Kiefer sind einander ganz genähert, die Zahnreihen berühren sich leicht oder — bei Mundatmung — wenigstens annähernd, und die Lippen können geschlossen sein; natürlich auch etwas geöffnet, wie es die Mundatmung verlangt.

Diese Ruhelage ist im einzelnen aber nicht überall die gleiche. Die verschiedenen Völker unterscheiden sich darin beträchtlich, der Franzose z. B. vom Engländer, der Deutsche vom Franzosen: der Engländer läßt seinen Kehlkopf tief unten liegen, schiebt den Unterkiefer etwas vor und zieht die Zunge dafür zurück, die schlaff bleibt, gesenkt wird und abgeflacht, in ihrem vorderen Teile aber vertieft; der Franzose dagegen zieht den Unterkiefer eher zurück und schiebt dafür die Zunge vor, die er auch straff anspannt. Aber auch schon die einzelnen Gegenden eines und desselben Landes weisen darin kleinere Unterschiede auf, ja sogar die Bewohner eines und desselben Dorfes und die Glieder eines und desselben Hauses. Im großen und ganzen aber ist doch wichtiger, daß wieder überall eine gewisse Gleichheit stattfindet; denn auf dieser Übereinstimmung beruht. ja die Einheitlichkeit und Gleichheit der landschaftlichen Aussprache, kurz alles Mundartlichen. Ein Sachse hat zwar eine andere Mundbildung und Artikulationsbasis als der Rheinländer, der Berliner eine andere als der Wiener oder

Basler, aber alle Berliner — wenn man so sagen darf —
und alle Wiener haben doch unter sich wieder etwas Gemein-
sames, was sie zusammenhält gegenüber andern Gruppen, so
sehr sie sich auch bei genauerer Betrachtung bis auf die Einzel-
wesen untereinander unterscheiden.

Wenn man will, kann man den Begriff und den Ausdruck
Artikulationsbasis freilich auch noch in etwas weiterem Sinne
gebrauchen, nicht bloß von den verschiedenen vorher beschriebenen
äußeren Teilen der Sprachwerkzeuge, vom Kehlkopf, dem Mund,
der Nase, dem oder jenem Muskel, sondern überhaupt von
allen, auch den kleinsten Teilen, den vielen Muskeln und Nerven,
ja schließlich von der ganzen Grundlage der Sprechtätigkeit, die
Gehirnstellen eingeschlossen, weil doch alles miteinander zusammen-
hängt und eines immer das andere bedingt.

3. Die Sprechtätigkeit. Wie vollzieht sich nun — gegenüber dem bisher behandelten Atmen — das uns hier eigentlich
Angehende, das Sprechen? Das Sprechen geschieht — allgemein
betrachtet — dadurch, daß durch den Druck von Muskeln aus
der Lunge Luft hinausgestoßen wird durch die Sprachwerkzeuge
hindurch, und daß dieser Luft hier, in den Sprachwerkzeugen, an bestimmten Stellen ein willkürlicher Widerstand entgegengesetzt wird, daß ihr Durchzug mit andern
Worten im Kehlkopf oder im Ansatzrohr — beim Eingang in
die Nase oder irgendwo weiter vorn im Mund — willkürlich
gehemmt wird. Wenn ich „a" sage, setze ich der Luft Widerstand entgegen im Kehlkopf und zwar dadurch, daß ich die
beiden Stimmbänder sich berühren lasse; wenn ich χ sage (χ bezeichnet den von der gewöhnlichen Schrift mit ch umschriebenen
Endlaut des Wortes „ach"), so drängt sich die Luft durch eine
künstlich erzeugte Enge zwischen der Hinterzunge und dem
hinteren Gaumen; und wenn ich sage „s" (der s-Laut in
'Wasser' oder in 'was'), setze ich der sonst überall, auch im
Kehlkopf ungehindert hindurchstreichenden Luft einen Widerstand
entgegen zwischen der erhobenen Zungenspitze und dem Vordergaumen; und wenn ich schließlich sage „w", so hemme ich die
Luft ziemlich gleichzeitig an zwei Stellen: im Kehlkopf wieder
durch Annäherung der Stimmbänder, und vorn im Mundraum
bei den Lippen, die dieselbe Enge bilden, wie etwa bei dem
ohne Kehlkopfwiderstand erzeugten 'f'.

a) Schnaufen, Schluchzen usw. Es hat vorhin absichtlich

geheißen, das Sprechen werde durch einen willkürlichen Widerstand hervorgerufen. Denn es gibt auch Geräusche, die eine unwillkürliche Hemmung in den Sprachwerkzeugen hervorgerufen hat, und diese rechnet niemand zu den Sprachlauten.

Solcher unwillkürlich entstandener Geräusche unterscheidet man sogar zwei Gruppen: zur einen gehört das Schnaufen und Keuchen, sowie das Schnarchen, zur andern das Schluchzen, Gähnen und Niesen.

Wir betrachten beide Gruppen etwas genauer.

Einmal kann man nämlich durch seine Sprechwerkzeuge die Luft so kräftig hindurchpumpen, daß ihr selbst bei breitester Öffnung der Atemwege der zur Verfügung stehende Raum nicht genügt, sondern daß sie sich eben wegen ihrer Masse an den Wänden reibt und dabei ein kleines Geräusch erzeugt. Besonders wenn dabei die Nase abgesperrt bleibt, vernimmt man dieses Geräusch als Schnaufen oder Keuchen. — Ist dagegen die Nase geöffnet, so kann es vorkommen, daß schon der gewöhnliche Atemstrom .das schlaff herabhängende Zäpfchen so stark in Schwingungen versetzt, daß ein deutliches Geräusch entsteht: dieses Geräusch nennt man Schnarchen. Es klingt besonders kräftig beim Einatmen und bei Offenstehen des Mundes, ist aber an beide Voraussetzungen nicht unbedingt gebunden.

Die andere Gruppe unwillkürlicher Geräusche ist die Folge einer krampfhaften Spannung gewisser Teile der Atemwerkzeuge: ein einmaliger heftiger Krampf des Zwerchfells ruft das Schluchzen hervor, eine schwächere krampfhafte Tätigkeit des Zwerchfells und der Brustmuskeln das Gähnen; das Niesen dagegen beruht auf einer einmaligen heftigen Zusammenziehung der Atmungsmuskeln. Mit allen dreien brauchen wir uns hier nicht weiter zu beschäftigen. Wir gehen vielmehr gleich über zu den willkürlichen Hemmungen, .die das Sprechen verursachen.

b) Das Sprechen. Bei dem Sprechvorgang, der auf den willkürlichen Hemmungen beruht, haben wir insgesamt zweierlei ins Auge zu fassen: 1. die Erzeugung des Schalles an sich, und 2. die Veränderung und Zurichtung dieses Schalles durch den Widerhall der Räume, in die er dringt.

Das erste kennen und verstehen wir schon. Das Sprechen geschieht ja zunächst dadurch, daß ein aus den Lungen kommender Luftstrom einen willkürlichen Widerstand erfährt im Kehlkopf oder im Ansatzrohr oder in beiden. Auf diese Weise wird eben wie überhaupt so auch hier ein Schall erzeugt. Und das erwähnte zweite, das dazu kommt, versteht sich nach der Lage der Dinge nur von selbst; daß das einmal erzeugte Gebilde dann noch umgestaltet und verstärkt wird durch die Räume des Ansatzrohres, nämlich durch Kehle, Rachen, Mund- und Nasenhöhle. Im ganzen ergibt sich also, wenn man so will, auch dreierlei als zu betrachten: 1. das Verhalten des Atems, 2. die Bildung der Widerstände, und 3. die Vorgänge bei der Schallgestaltung.

Wir halten uns zuerst an das Atmen, das sonst nicht immer gebührend berücksichtigt wird, und nennen es für unsere Zwecke genauer die Atemgebung, zum Unterschied vom gewöhnlichen, ruhigen Atmen.

A. Die Atemgebung.

1. Das Wesen der Atemgebung. Beim gewöhnlichen, ruhigen Atmen sind Einatmen und Ausatmen sich vollständig gleich, man braucht zu dem einen genau so viel Zeit wie zu dem andern. Veranschaulicht man das im Bilde, so bietet sich einem ungesucht dieselbe Zeichnung, die auch das tote Geräte liefert, mit dem man die Atmungsbewegungen seines Brustkorbes beobachtet (S. 35 f.): es entstehen ganz gleichmäßig auf- und absteigende Kurven, die Atemkurven.

Beim Sprechen atmet man anders: man saugt die Luft möglichst rasch in die Lunge ein und verteilt sie beim Ausatmen haushälterisch durch entsprechende Anweisung an das zuständige Muskelwerk. Wollte man diesen Verlauf der Sprechatmung im Bilde darstellen, so müßte eine gerade, steile Senkung der Kurve die starke, beschleunigte Einatmung bezeichnen, die darauf folgende gegliederte und sich verjüngende Strecke dagegen die langsamere allmähliche Wiederausstoßung der Atemluft und ihre Verteilung auf eine ganze Folge von Lauten. Die verschiedene Anzahl der Bogen einer solchen Ausatmungsstrecke soll natürlich andeuten, daß man viele Silben mit einer einzigen Ausatmung aussprechen kann und wenige, und die verschiedene Höhe und Stärke dieser Bogen bekundet, daß solche Silben bald stärker und bald schwächer hervorgestoßen werden. Man kann mit einem Atemhub ebensogut sagen 'Vaterlandsverteidiger', wie

'Vaterland' oder nur 'Vater', und 'Landesgewerbeamt' ebenso wie 'Landes'.

Bis jetzt ist stets nur von dem ausströmenden Atem die Rede gewesen. Tatsächlich kommt auch nur der beim Sprechen eigentlich in Betracht; der einströmende Atem wird dazu gewöhnlich nicht verwendet. Möglich ist eine solche Verwendung, und es kommen Fälle dieser Art auch ausnahmsweise vor. Nicht nur beim Berühren einer schmerzhaften Stelle sind wir versucht „f" mit Einatmung zu sprechen (die Schrift drückt das so entstandene Lauterzeugnis herkömmlicherweise mit 'uff' aus), sondern auch sonst sprechen wir manchmal 'ja' und 'so' auf diesem Wege aus, besonders wenn man diese Wörter in die Rede eines andern einwirft. Schon etwas ungewöhnlicher ist es, daß man auch bei einem Gähnanfall den eingezogenen Atem zur Lauterzeugung verwendet. Aber diese Sprechart kommt auch sonst in einigen merkwürdigen Fällen vor, die zuerst Kempelen bemerkt hat: bei geschwätzigen Weibern und bei eifrigen Betern in katholischen Kirchen.

2. Bedeutung der Atemgebung. So viel über das Wesen der Atemgebung im allgemeinen. Betrachten wir nun ihre Art und damit ihre Wirkung und Bedeutung etwas näher.

Wie wir schon wissen und immer deutlicher erkennen werden, ist die Atemgebung für die Lautbildung sehr wichtig; sie ist sogar ihre unentbehrliche Grundlage. Darum hat sich ihr die Wissenschaft auch schon aufmerksam zugewandt.

Zweierlei muß man dabei ins Auge fassen, die Anfangsseite und die Endseite; man muß sowohl untersuchen, in welcher Stärke und in welchen Absätzen die noch unverbrauchte Sprechluft aus den Lungen herausgepreßt wird, als auch in welcher Weise und in welcher Stärke diese verbrauchte Luft schließlich aus Mund und Nase heraustritt.

a) Den Anfangsdruck bestimmt nun aber wesentlich das Verhalten des ganzen Brustkorbs durch das Maß und den Wechsel seiner Erweiterung und Zusammenziehung; also muß man einfach diese Bewegung des Brustkorbs messen und aufzeichnen.

Dafür hat man denn auch zwei sinnreiche Hilfsmittel erfunden; das eine geht zurück auf den Abbé Rousselot, das andere auf Paul Bert.

Die Hauptsache des ersten, umständlicheren Hilfsmittels ist

eine Kapsel mit einem nachgiebigen, sich leicht verschiebenden Grundboden, aber sonst festen Wänden, die in einem verwickelten Gefüge von Bögen und lockeren Gelenken hängt und mit einer Schnur auf die Brust aufgesetzt und straff befestigt wird. Wenn sich nun die Brust bewegt, also aufsteigt und sich erweitert oder niedersinkt und sich zusammenzieht, so teilt sich das durch die Verschiebung der empfindlichen Gelenke dem Boden der Kapsel mit, der abwechselnd eingedrückt und wieder herausgehoben wird. Der Kapselraum (das 'Volumen' der Kapsel) wird — wenn auch gering — verkleinert oder vergrößert und ein Teil der in ihm enthaltenen Luft ausgestoßen oder neue eingesogen. Diese Veränderung des Kapselinhaltes wird durch einen Schlauch weitergeleitet in eine zweite ähnliche, nur feststehende Kapsel, hier auf einen Schreibhebel übertragen, der auf dem schwingenden hautigen Grundboden dieser zweiten Kapsel aufsitzt und selbst jetzt zitternd auf- und abfährt und dadurch mit seiner Spitze eine Linie auf einen berußten Papierstreifen kritzelt, der, wie wir gleich sehen werden, auf eine sich drehende Trommel — eine sogenannte Rothsche Trommel — aufgespannt ist und sich gleichmäßig an der Schreibspitze vorbeibewegt. Diese gekritzelte Linie stellt natürlich eine Atem- (oder Sprechatmungs-) kurve dar.

Das zweite, von P. Bert erfundene einfache, aber auch sehr genaue Beobachtungsmittel ist eine feste Röhre, die auf beiden Seiten ein hautiger und also wieder sehr beweglicher, natürlich kreisrunder Boden abschließt. Auch diese Röhre — oder Hohlwalze, wenn man so will — schnallt man leicht um die Brust, aber nur an zwei Haken, die an den beiden hautigen Endflächen aufsitzen. Die Bewegung der Brust drückt diese beiden Endflächen abwechselnd einwärts und auswärts und verändert den Rauminhalt der Walze und die darin eingeschlossene Luftmenge. Diese Veränderung des Luftinhalts der Kapsel wird nun aber wieder in der bei dem ersten Hilfsmittel beschriebenen Weise durch eine an dem Walzenmantel angebrachte kleine Seitenröhre in einen Schlauch weitergeleitet und schließlich auch wieder durch einen Schreibhebel auf einer Schreibtrommel aufgezeichnet.

Auch dieses Hilfsmittel liefert eine Zeichnung der Brustbewegung oder eine Sprechatmungskurve.

b) Die Lautstärke. Welches sind nun die Wirkungen dieser so gemessenen Druckschwankungen?

Die Stärke des aus den Lungen und der Luftröhre hervor-
dringenden Luftstromes bricht sich nun mehr oder weniger an
dem Widerstand des Kehlkopfes oder des Ansatzrohres oder
beider. Je nachdem der Widerstand stärker ist oder schwächer,
wird der Luftstrom geschwächt oder nicht, und es entstehen dadurch auch verschieden kräftige Laute.

Zunächst bedingt die Stärke des Atemdruckes auch einfach
die Stärke der erzeugten Laute. Wenn man bei der Aussprache
eines 'a' die Luft stärker herauspreßt aus der Brust, wird das
'a' auch kräftiger, als wenn ich die Luft nur schwächlich her-
vorstoße. Und das gleiche gilt von der Unterscheidung eines
starken und eines schwachen 's', eines starken und eines schwachen 'f', aber auch eines starken und eines schwachen 'k'.

Überhaupt können alle Laute mit verschiedener Stärke hervorgebracht werden.

Freilich hängt die Stärke eines Lautes auch noch ab von
der Stärke und der Art des der Sprechluft entgegengesetzten
Widerstandes. Zwar wird mit Wachsen des Atemdruckes ein
Wachsen des Widerstandes oft Hand in Hand gehen; aber das
muß es nicht. Noch weniger ist gleichgiltig, ob bei einer be-
stimmten Stärke des Atemstroms die Enge im Kehlkopf oder
Ansatzrohr breiter ist oder schmäler, größer oder kleiner, und
eine kleine Verschiebung in der Einstellung dieser Teile kann oft
eine Veränderung in der Stromstärke ohne weiteres aufwiegen.
Ebenso gut, wie es vorhin hieß, die Stärke des Lautes sei eine
Folge der Stärke des Atemdrucks, ebensogut kann man sagen,
die Verringerung des Widerstandes erhöhe auch die Kraft des
Lautes. Und am besten spricht man sich vielleicht so aus: die
Lautstärke hänge ab von dem Verhältnis, in dem die
Atemstärke stehe zur Stärke und Art des dem Atem ent-
gegengesetzten Widerstandes.

Sprachlich hat der eben geschilderte Stärkeunterschied
allerdings nicht immer Wert. In 'Kunst' ist z. B. das k stärker
als in 'Baukunst', in 'Tal' das t stärker als in 'Rheintal', in
'Wasser' der s-Laut auch wohl oft stärker als in 'Neckarwasser'.
Aber dieser Lautunterschied bezeichnet keinen Unterschied in der
Bedeutung der Wörter.

Allein es kommt auch vor, daß mit diesem Druckunterschied
wirklich ein bedeutender Sinnesunterschied verknüpft ist. So
erzeugt der Süddeutsche und Mitteldeutsche die drei Lautpaare

p : b, t : d, k : g so, daß sie sich nur im Atemdruck unterscheiden: Pein — Bein, Torf — Dorf, Keck — Geck; d. h. er bildet p t k stark, b d g schwächer, aber sonst gleich, und sein 'b' ist nur ein 'schwaches p', und sein 'p' nur ein 'starkes b'. Also der Spott, den man sonst gewöhnlich mit den Thüringern und Sachsen treibt wegen ihres 'weechen p' und 'harten b', ist überhaupt — auch außerhalb dieser Gebiete — gar nicht so unberechtigt, wenn er auch von jenen Stammesbrüdern in höherem Maße gilt als von den übrigen Hochdeutschen, weil diese die beiden Lautabschattungen noch stärker hervortreten lassen. Der Norddeutsche unterscheidet hier viel schärfer; bei ihm kommt bei b d g immer noch der Stimmton hinzu, der durch Schwingung der Stimmbänder hervorgebracht wird, und sein 'b' ist höchstens ein 'schwaches, stimmhaftes p', und sein p demgemäß ein 'starkes, stimmloses b' (S. 137).

Wichtig ist der Druckunterschied in sonst gleichen Lauten oft auch auf dem Gebiet der Mundart oder der mundartlich gefärbten Umgangssprache. So hält der Schweizer scharf auseinander starkes f und schwaches f (das starke in schaffə = 'schaffen', wo das umgekehrte e den schwachen e-Laut bezeichnet in der Endsilbe, das schwache in Häfə = 'Hafen'), oder starkes s und schwaches s (in ęssə = 'essen' und Bęsə = 'Besen').

Das sind also die Unterschiede in der Stärke des Atemdruckes und in der Lautstärke.

Nun hat man, wie die Stärke des beginnenden Atems, so auch die Lautstärke an sich zu messen gesucht, und zwar maß man dafür eben die Stärke des Hauches, der nach der Bildung des Lautes aus Mund und Nase herausströmt. Tatsächlich ist ja ein Unterschied in der Ausatmung, je nachdem ich b spreche oder p; um das zu spüren, braucht man nur die Hand vor den Mund zu halten.

Beobachtungsmittel. Wie soll man diese Stärke aber messen? Auch dafür hat man schon mehrere Verfahren vorgeschlagen:

1. Das einfachste ist die Beurteilung durch das Muskelgefühl. Wir wissen ja, daß wir bei der Hervorbringung eines kräftigen k viel mehr Druck aufwenden, als wenn wir ein g sprechen. Der Alltagssprecher gibt sich davon sicherlich keine Rechenschaft; aber bei der leisesten Selbstbeobachtung springt jedem der Unterschied gleich in die Augen. Dennoch ist das

Muskelgefühl kein zuverlässiges Mittel; es trügt gerade in den Fällen, wo man seiner am nötigsten bedarf, bei den Lauten, die sich nur wenig von einander unterscheiden. Ein feines Urteil vermag es also nie zu liefern, sowohl an und für sich wegen der Unzulänglichkeit unseres Gefühlsvermögens überhaupt, als auch besonders darum, weil bekanntlich jede Selbstbeobachtung bei längerer Dauer oder bei Wiederholung den Beobachter mehr und mehr verwirrt. Wegen dieses Mangels des Muskelgefühls hat man mehrere äußerliche Beobachtungsmittel erfunden, zunächst die U-Röhre.

2. Eine u-förmig gebogene Glasröhre wird zu einem Drittel mit Wasser gefüllt und an dem einen Ende mit einem — womöglich etwas dickeren — Schlauche verbunden, den man etwa in den Mund nimmt. Schließt man nun die Lippen fest um den Schlauch und erzeugt erst ein g und dann ein k, so wird das Wasser der Röhre beide Male durch den Druck der Mundluft nach dem schlauchfreien Röhrenarm getrieben; bei der Erzeugung des g sieht man es aber in dem freien Röhrenarm nur wenig steigen, bei der Erzeugung des k viel stärker. Folglich ist bei k der Druck der Endluft viel stärker als bei g. Ebenso überzeugt man sich von dem Unterschied zwischen t und d sowie zwischen p und b; jedes Mal wird bei dem einen Laut die Wassersäule stärker in die Höhe schnellen als bei der andern, der schwächeren Spielart. Will man sich mit dieser oberflächlichen Betrachtung des Spiels der Wassersäule nicht begnügen, so braucht man nur einen Maßstab mit einer Maßteilung neben dem einen Röhrenarm zu befestigen oder die Röhre von vornherein mit einer Gradeinteilung versehen zu lassen; dann kann man die Steigungshöhe der Wassersäule gleich bei der Beobachtung entweder bequem selbst ablesen oder noch besser durch einen Gehilfen ablesen lassen.

Allerdings den Schlauch so in den Mund zu nehmen, hat seine Mißlichkeit, auch wenn man ihn mit einem gläsernen Mundstück versieht. Ganz abgesehen von der Reinlichkeit, kann man nicht alle Laute in dieser bequemen Art mit Mundschluß erzeugen, z. B. nicht s oder f. Dann wird aber die Sprechluft nicht gehörig aufgefangen, ihr Druck verpufft im Freien, und das Wasser in der Röhre gibt keinen deutlichen, merklichen Ausschlag. Zu dem Zweck hat man das Mundende des Schlauches auch mit einem Glastrichter versehen, in den man bei der Beobachtung hineinspricht, und der nun als Schalltrichter dient. Aber auch so geht noch viel Luft unbeobachtet verloren, die Vorrichtung arbeitet also nicht pünktlich und nicht empfindlich genug.

3. Marey- Grützner'sches Verfahren. Genauer und darum viel besser als diese u-Röhre ist eine Vorrichtung, die zurückgeht auf den Pariser Gelehrten Marey und den deutschen Professor Grützner. Das Wesentliche ihrer Erfindung kennen wir schon, da wir es bereits bei Rousselot in Verwendung gefunden haben (S. 35 f.).

Kurz gesagt, besteht die Marey-Grütznersche Vorrichtung aus zwei Hauptteilen, einer Beobachtungs- oder Sprechkapsel und einer Schreibtrommel (oder Rothschen Trommel). Die Beobachtungskapsel hat (wie wir schon kurz gesehen haben) einen festen Mantel und einen festen Unterboden (Grundboden), aber einen nachgiebigen, aus einer Haut gearbeiteten Oberboden (oder Deckboden), auf dessen Mitte ein feines Eisenplättchen sitzt mit einem davon aufragenden dünnen Stift, der selbst wieder oben in einen kleinen Bügel endet. Über diesen Bügel läuft ein langer, dünner, aus Binse geschnittener Schreibhebel, der sich hinten in dem leichten Gelenk eines von der Kapsel in die Höhe stehenden Metallarmes dreht. Der vordere Teil dieses Hebels (vom Bügel bis zur Schreibspitze) muß 20—25 mal länger sein als der hintere (zwischen Bügel und Gelenk), damit der Ausschlag der Bügelbewegung recht kräftig in die Erscheinung tritt. Spricht man nämlich — mittelst eines gläsernen Schalltrichters und eines davon zur Kapsel laufenden Schlauches — in die Kapsel hinein, so erschüttert das deren Deckboden und bewegt den Schreibhebel, der auf eine daneben stehende und sich drehende Schreibtrommel eine Kurve kritzelt.

Diese Schreibtrommel ist der zweite Teil der ganzen Vorrichtung. Sie wird durch ein elektrisches Uhrwerk umgetrieben und ist mit einer glatten Papierrolle — gewöhnlichem Schreibpapier — überzogen, die man vorher über eine rußende Unschlittkerze oder eine zu hoch geschraubte Erdöllampe gehalten hat, bis sie gleichmäßig rußig geworden ist. Auf diesen Rußstreifen kritzelt die aus einem Federkiel bestehende Spitze des Binsenhebels ihre Kurven.

Um die sich ergebenden Kurven aufbewahren zu können, löst man in einer flachen Schale ein bißchen weißen Schellack

in mehr oder weniger reinem Weingeist auf und zieht den ab-
genommenen Papierstreifen da langsam hindurch, so daß er sich
mit einer ganz dünnen Lackschicht bedeckt, die den Ruß festhält
und vor dem Verwischen schützt.

B. Der Kehlkopfwiderstand.

Das Bisherige handelte alles von der Atemgebung. Nun
gehen wir über zu der Tätigkeit des Kehlkopfs. Den Bau des
Kehlkopfs kennen wir ja schon (S. 14 ff.). Hier haben wir zu
untersuchen, wie dieser Kehlkopf im einzelnen zur Sprachbildung
eingestellt wird, und welche Lautgebilde diese einzelnen Stellungen
hervorbringen.

Wenn die aus den Lungen emporsteigende Luft durch den
Kehlkopf hindurchzieht, verhält sich dieser ihr gegenüber in
fünferlei Art. Alles hängt nur davon ab, wie weit die Stellknorpel und die Stimmbänder voneinander entfernt sind. Wir
unterscheiden fünf Stellungen:

1. Atemstellung oder vollständige Öffnung. Die Stellknorpel treten auseinander, drehen ihre Stimmfortsätze voneinander ab nach außen, und die Stimmbänder liegen ganz an
den Wänden des Schildknorpels an, wie es die Figur 7a zeigt.
Die Luft erfährt gar keinen besonderen Widerstand, sondern tritt
ungehemmt hindurch. Laute werden bei dieser Einstellung im
Kehlkopf nicht erzeugt, möglicherweise aber im Ansatzrohr, wenn
dieses entsprechend eingestellt ist, z. B. f und s, p und t.

2. Ritzennäherung. Die zweite Stellung wollen wir
Ritzennäherung nennen. Die Stimmbänder werden durch die
Drehung der Stellknorpel etwas nach der Mitte zu bewegt,
aber nur so wenig, daß sie noch einen breiten Spalt zwischen
sich lassen. Die durchstreichende Luft reibt sich dann an dem
vorgeschobenen Wulst und erzeugt ein Geräusch, das wir als 'h'
hören. Wenn ich 'h' sage, reibt sich also die Sprechluft an den
etwas nach der Mitte zu gerückten Stimmlippen. Darum heißt
'h' ein Kehlkopfreibelaut, eine Kehlkopfspirans. Und
da bei der Hervorbringung des h kein eigentlicher Ton mit-
klingt, — den man, wie wir gleich hören, 'Stimme' oder
'Stimmton' nennt (S. 42), — da es vielmehr ein einfaches Geräusch ist, heißt es genauer 'stimmloser' Laut, stimmloser
Kehlkopfreibelaut.

Freilich kann man als Ausnahme auch ein 'stimmhaftes h' hervorbringen. Dessen Vorhandensein hat man schon früher vermutet, aber erst vor ein paar Jahren in Upsala durch Versuche sicher festgestellt. Bei dieser Abart des h sind die Stimmbänder offenbar etwas mehr genähert als bei dem gewöhnlichen h, so daß etwa der Rand leicht schwingen kann.

Stimmlos ist übrigens das h in Haus, Roheit, aha; stimmhaft können wir es wenigstens erzeugen, wenn wir es beabsichtigen, am leichtesten zwischen Vokalen, wie in aha; aber es klingt durchweg — von diesem einen Beispiel vielleicht abgesehen — im Deutschen recht unnatürlich. Und die Verhältnisse in fremden Sprachen gehen uns hier nichts an.

3. Ritzenenge. Bei der zuerst erwähnten Möglichkeit hatten wir völlige Öffnung, bei der zweiten Annäherung der Stimmbänder. Als dritter Fall tritt uns jetzt vollständige Berührung der Stimmbänder entgegen. Wir könnten diese Stellung also genauer Stimmbänderberührung nennen, anstatt Ritzenenge. Die Stellknorpel und die Stimmfortsätze treten aneinander, und die beiden Stimmbänder verschließen den Durchgang, so wie es etwa die Figur 7 c darstellt. Dadurch werden sie von der Sprechluft in Schwingung versetzt und tönen. Was erzeugt wird, nennt man Stimmton oder kurz Ton, auch mit einem nicht empfehlenswerten, weil mehrdeutigen Ausdruck 'Stimme'. Es ist das, was wir beim Gesang vor allem heraushören und so lieben. Deshalb bezeichnet man diese Einstellung auch als Gesangstellung.

Der Stimmton. An dem Ton ist verschiedenes ins Auge zu fassen.

Woraus besteht vor allem der Ton, den ich als Vokal spreche, z. B. als ein a oder ein i oder ein u, den ich aber auch erzeuge, wenn ich ein deutliches w spreche oder ein stimmhaftes s (das man in der Wissenschaft kurz und genau nur mit einem Zeichen wiedergibt, nämlich mit z)? Der als Vokal auftretende Ton ist nichts als der reine Stimmton, während bei den andern stimmhaften Gebilden der Stimmton nur Begleiterscheinung, nur Beimischung ist. Denn diese andern Gebilde entspringen, wie wir noch genugsam hören werden (S. 90, 94), aus der Verbindung von Geräusch und Stimmton, stimmhaftes s (wir schreiben dafür von jetzt ab immer nur z) also von stimmlosem s (in deutsch was, Kasten) und Stimmton. Aber jedes-

mal hören wir den Stimmton nicht, wie er an sich ist, sondern
verstärkt und verändert durch den Hall des Ansatzrohres. Den
Stimmton an sich würde man nur hören, wenn man bei seiner
Erzeugung den Kopf gleich oberhalb der Stimmbänder ab-
heben könnte.

Die Richtigkeit dieser Auffassung von der Tätigkeit der
Stimmbänder und von der Entstehung des Stimmtons beweist —
abgesehen von dem unmittelbaren Einblick, den der Kehlkopfspiegel ermöglicht — auch vor allem die Tatsache, daß man
den Kehlkopf künstlich nachgemacht und auch eine Art Stimmton
erzeugt hat. Man spannt dann (Fig. 11) nur ein Stück Kaut-
schukschlauch über den Rand
einer Röhre und zieht sein
freies Ende in die Länge,
so daß es einen schmalen
Schlitz bildet; durchgetrie-
bene Luft bringt dann den
Schlitz zum Tönen.

Der Stimmton entsteht
also auf einem ähnlichen
Wege wie der Wimmerton,
den das Kinderspielzeug
hervorbringt, das man all-
jährlich auf der Messe ver-
kauft: jene kleine rote Blase,
die über ein auch rot an-
gestrichenes dünnes Holz-
röhrchen gespannt ist, durch
das Röhrchen hindurch ohne

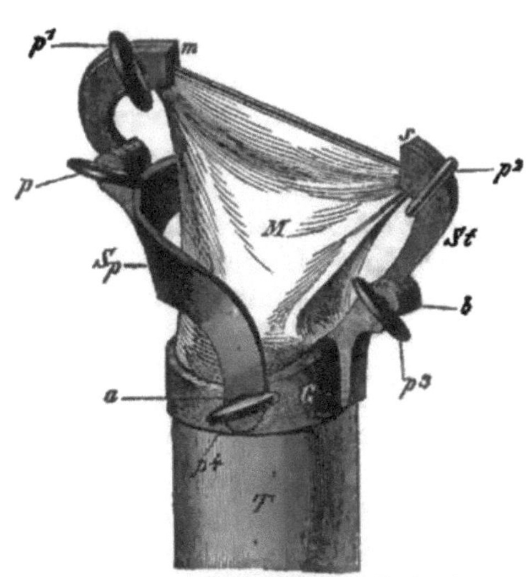

Fig. 11. Künstlicher Kehlkopf.

Ton aufgeblasen wird und beim Zusammenfallen die Luft an
einem über dem Röhreneingang befestigten Gummibändchen
vorbei in die Röhre drängt und dieses Bändchen zum Tönen
bringt.

Im einzelnen kommt bei dem Stimmton dann aber noch
viererlei in Betracht: seine Stärke, seine Höhe, seine Register
und seine Klangfarbe.

a) Die Tonstärke. Von der Stärke des Stimmtons
brauchen wir hier nur wenig zu sagen, weil wir das meiste
schon bei der Behandlung der Atemgebung gehört haben. Die
Luft, wissen wir z. B., kann stärker oder schwächer durch die

Stimmritze hindurchgezwängt und die Stimmbänder dadurch mehr oder minder stark zum Tönen gebracht werden. So aber entstehen starke Töne und schwache, z. B. ein starker Vokal wie a oder ein schwacher wie a. Diesen Stärkeunterschied fühlt man ja selbst leicht und hört man ja selbst leicht. Die Erzeugung starker Töne ermüdet natürlich viel eher als die schwacher, weil sie die Stimmbänder mehr anstrengt mit ihrem ganzen Zubehör, und Leute mit schwacher Brust können in der Regel auch nur schwache Töne hervorbringen. Aber Übung macht auch hier den Meister. Wer viel spricht, wie Geistliche, Lehrer, Offiziere, der entwickelt seinen Kehlkopf, seine Kehlkopfmuskeln und seine Stimmbänder, so daß ihn schließlich auch fortgesetzt starkes Sprechen nicht mehr angreift.

b) Die Tonhöhe. Auch bezüglich der Tonhöhe ist nicht viel zu sagen, auch hier braucht man nur an Bekanntes zu erinnern. Jedermann beinahe weiß aus eigener Erfahrung, daß eine längere Saite einen tieferen Ton gibt als eine gleich straff gespannte kurze, eine stärker gespannte Saite dagegen einen höheren Ton als eine gleich lange weniger stark gespannte. Und im Zweifelsfalle kann er ja wohl selbst einen Versuch anstellen auf einer Geige oder etwas Ähnlichem.

Wie wird also die Verschiedenheit in der Tonhöhe herbeigeführt? Einfach dadurch, daß sich Schildknorpel und Ringknorpel in der früher (S. 20) geschilderten Weise gegenseitig verschieben, die Stellknorpel sich dagegen nach rückwärts neigen und ihre Stimmfortsatzenden in die Höhe ziehen oder umgekehrt; denn dadurch werden die Stimmbänder ja angespannt oder gelockert.

Bei einem künstlichen Kehlkopf, wie er vorhin geschildert worden ist (S. 43), kann man das leicht nachmachen.

Im einzelnen schwankt die Höhe der Stimme bei den verschiedenen Menschen beträchtlich; im großen ganzen aber erreicht ihr Umfang meist 2—2½ Oktaven. Doch gibt es Menschen, die annähernd das Doppelte, 4 Oktaven, umspannen sollen.

Nach der Höhe teilt man die Stimme, besonders die Singstimme, der Menschen wieder ein in Baß und Tenor beim Manne, und in Alt und Sopran bei der Frau; darüber und über eine weitergehende Unterscheidung braucht hier nicht weiter geredet zu werden.

Bekanntlich liegt die Männerstimme tiefer als die Frauen-
stimme; das bedarf aber auch keiner langen Erklärung. Die
Männer haben eben einen etwas längeren Kehlkopf und etwas
längere Stimmbänder als die Frauen; und längere Saiten, ist
schon oben vorausgeschickt worden, geben bei sonst gleicher
Spannung ja tiefere Töne als kürzere.

c) Die Register. Bei der menschlichen Stimme unterscheidet man aber auch mehrere Register, z. B. Brust- und Kopfstimme, Fistelstimme und Falsettstimme. Wir betreten damit ein
schwierigeres Gebiet, über das nicht nur viel Unklarheit und
Unwissenheit herrscht in weiteren Kreisen, sondern auch Meinungsverschiedenheiten bei den berufensten Fachgelehrten.

Landläufig hält man zunächst einmal auseinander Bruststimme und Fistelstimme, und deren Wesen ist anscheinend
auch nicht mehr sehr rätselhaft. Die Bruststimme kommt ja
dadurch zustande, daß die Stimmbänder in ihrer ganzen Länge
aneinandertreten, sich berühren und durch den Durchzug der
Sprechluft in Schwingung kommen. Dadurch wird offenbar die
Brusthöhle stark mitverwendet als Resonanzraum. Demgegenüber
hat die Fistelstimme nach neueren gelehrten Beobachtungen die
Eigenheit, daß bei ihrer Erzeugung die Stimmbänder hinten geschlossen, vorn aber etwas voneinander entfernt gehalten werden.
Sie bilden hier also einen kleinen eiförmigen (elliptischen)
Spalt und schwingen deswegen nicht als Gesamtheit, als
Ganzes, sondern nur mit einem Teil oder einzelnen Teilen.

Was ist aber die Kopfstimme? Darüber gibt es einen
ganzen Wirrwarr von Ansichten. Fernerstehende — aber auch
Sänger und Gesanglehrer, wie wir noch aus der Einleitung
behalten haben (S. 1) — glauben und behaupten, hie und da
durch den Wortklang verleitet, die Kopfstimme käme 'aus dem
Kopf', und sie haben auch insofern ganz recht, — als der Mund
zum Kopf gehört.

Aber was ist im Ernst das Wesentliche an der Sache?
Wenn wir drei der zuverlässigsten Forscher der Reihe nach um
Rat fragen, gibt uns jeder eine andere Auskunft. E. Sievers
faßt die Kopfstimme und die Fistelstimme als eines auf, und
nimmt auch einen dritten Ausdruck noch in demselben Sinne,
Falsettstimme; F. Techmer dagegen nennt 'Kopfstimme' die
höchste Fistelstimme und setzt ihr entgegen die tiefste Bruststimme,
den Kontrabaß; er unterscheidet also vier Abarten, die sich von

oben nach unten so aneinanderreihen: Kopf- und Fistelstimme, Bruststimme und Kontrabaß. W. Vietor, der dritte Gewährs-mann, vermutet zweifelnd, das, was die Sänger Kopfstimme nennten, sei vielleicht nur eine gequetschte Bruststimme, und ver-gleicht sie zögernd mit dem Leutnantston beim Sprechen. Sie entstehe, meint er, dadurch, daß der hintere Teil des Mund-raums verengt werde, daß das Gaumentor sich etwas schließe, und daß die Taschenbänder zusammenrückten; kurz und gut, er vermutet, daß der Luft überall, wo sie durchkomme, Widerstand entgegengesetzt werde, und daß nur die dadurch herbeigeführte Erhöhung der Resonanz die gewöhnliche Bruststimme in die Fistelstimme umwandle.

Übersichtlich geordnet liegen also folgende Auffassungen und Einteilungen nebeneinander:

Sievers	Techmer	Vietor
Kopf- = Falsett- = Fistel-stimme	Kopfstimme — Fistelstimme	Fistelstimme
Bruststimme	Bruststimme — Kontrabaß	Bruststimme [Kopfst.]

Das Bauchreden. Bei der Betrachtung der Register der menschlichen Stimme bleiben jetzt nur noch zwei Erschei-nungen zu besprechen, das Bauchreden und die Murmel-stimme.

Das Bauchreden hat mit dem Bauch nichts zu tun, sondern ist eine Art Fistelstimme, aber sehr schwach und ge-dämpft. Bei ihrer Erzeugung werden die Stimmbänder stark aneinandergepreßt, so daß ein gewisser Quetschton herauskommt. Die Wirkung des Bauchredens beruht hauptsächlich auf dem Gegensatz der im Wechsel mit ihr ertönenden Vollstimme. Die Fistelstimme nämlich hat hohe Töne, hohe Töne dringen aber aus der Ferne besser an das menschliche Ohr als aus der Nähe; daher faßt man die hohen Töne unmittelbar neben den tiefen als aus der Ferne herkommend auf.

Die Murmelstimme. Die Murmelstimme liegt in der

Mitte zwischen der Vollstimme und der gleich darnach zu be-
sprechenden Flüsterstimme; sie erscheint bei halblautem Sprechen
und Stöhnen, aber auch an den unbetonten Stellen der lauten,
der 'Vollstimme'. Hervorgebracht wird sie dadurch, daß man
die Knorpelglottis offen läßt und auch die Stimmbänder nur
annähernd einstellt, also einen kleinen Zwischenraum zwischen
ihnen läßt und den Atem nur schwach hindurchstößt, so daß die
Bänder nur ganz leise ansprechen. Dabei werden flüsterartige
Nebengeräusche erzeugt.

d. Die Klangfarbe. Neben Stärke, Höhe und Register
kommt bei der menschlichen Stimme als viertes und letztes in
Frage die Klangfarbe. Der Unterschied in der Klangfarbe beruht auf der verschiedenen Form und der verschiedenen Art der
den Schall erzeugenden Schwingungen. Im gewöhnlichen Leben
redet man ja auch von dem Klang der verschiedenen Musik-
instrumente, z. B. von dem Klang des Klaviers im Gegensatz
zu dem Klang des Waldhorns oder der Geige. Ähnlich kommt
bei der menschlichen Stimme in Betracht: die Rauheit, Hohlheit,
die Glätte, das Metall und ähnliches. Alle diese Eigenheiten
beruhen auf mannigfaltigen Einzelheiten in der Stellung des
Kehlkopfs, im Bau seiner einzelnen Teile, wie seiner Knorpel,
Muskeln und Häute, auf ihrer Rauheit oder Glätte, auf ihrer
Sprödigkeit oder Geschmeidigkeit u. a. m.

4. Stimmritzenschluß (Bänderschluß) mit Knorpelöffnung. Mit Stimmritzenschluß, aber Knorpelöffnung wird
im allgemeinen das Flüstern hervorgebracht. Die Flüsterstimme setzt also mit anderen Worten voraus, daß die Stimmritze
oder eigentliche Glottis geschlossen ist, die Atemritze dagegen oder
Knorpelglottis offen (Fig. 7 b). Dabei ist die Atemgebung schwach.
Ein Wechsel in der Tonhöhe ist bei der Flüsterstimme nicht
möglich, da die Stimmbänder nicht beweglich sind, ein Anspannen oder eine Lockerung also ausgeschlossen ist. Die Flüsterstimme bewegt sich also immer in der gleichen Höhe. Daß sie
überhaupt Vokale erzeugt, hat mit der Höhe nichts zu tun,
sondern ist die Wirkung des Eigentons der dabei gebildeten
Mundräume, die Folge also ihrer Resonanz; die geflüsterten
'Vokale' sind eben 'stimmlos', was freilich wörtlich ein Widerspruch ist.

Arten der Flüsterstimme. Im einzelnen unterscheidet
man doch noch verschiedene Arten von Flüstern, je nach der

Stärke und Rauheit; und diese Eigenschaften wieder hängen ab von dem Verhältnis zwischen Atemdruck und Kehlkopfwiderständen.

Für uns kommen — nach dem Vorgang von E. Sievers — drei Arten von Flüstern in Betracht, ein sanftes, ein mittleres und ein heiseres.

a) Bei der schwächsten Abart, dem sanften Flüstern, sind die Stimmbänder nicht ganz genähert, sondern es bleibt zwischen ihnen ein schwacher Spalt, und die Ränder der Stimmbänder werden nur durch einen leisen Atemstrom in Bewegung gesetzt, so daß sie nicht schwingen, sondern die Luft nur aufhalten, die sich so an ihnen reibt und ein Geräusch erzeugt.

b) Die zweite Abart, bei der das Geräusch schon etwas stärker und rauher ist, wird durch die schon früher gegebene Figur 7b verdeutlicht. Es ist das mittlere oder Durchschnittsflüstern; bei ihm bleibt nur die Knorpelglottis offen.

c) Ganz eigenartig ist die dritte Abart, das heisere, krächzende Flüstern. Bei diesem werden nicht nur die Stimmbänder geschlossen, sondern oberhalb der Stimmbänder auch der vordere Teil der Taschenbänder. Vorn ist also der Luft der Durchzug doppelt versperrt, unten durch die Stimmbänder, und darüber durch die Taschenbänder. Hinten dagegen sind Knorpelglottis und Taschenbänderenge geöffnet; ist aber die Luft durch diesen schmalen Doppelspalt hindurch, so findet sie nochmals Widerstand am Kehldeckel, der auch etwas gesenkt ist. Gerade daß der Weg so eng ist und die Luft so oft abgelenkt und eingezwängt wird, verleiht dieser Flüsterart ihre ausgeprägte Rauheit.

Natürlich strengt dieses heisere Flüstern die Sprachwerkzeuge sehr an, zumal da es einen starken Atemdruck verlangt; wer in diesen hinteren Gegenden empfindlich ist, wird sich hüten, Versuche in dieser Flüsterform zu lange auszudehnen.

5. Bänder und Knorpelschluß. Wir kommen jetzt zur letzten Möglichkeit der Stimmbänder und Kehlkopfeinstellung: Verschluß der Stimmritze und der Atemritze, also völliger Verschluß. Auf diese Weise wird der Luftdurchzug ganz gehemmt. Es kann keine Luft aus der Luftröhre in den Kehlraum hinaufdringen, aber auch keine hinabsteigen in die Lungen. Selbstverständlich kann man diese Einstellung nicht lange aufrecht erhalten, des gewöhnlichen Atmens wegen.

Angewandt wird diese Verschlußstellung vorübergehend bei

lautlosem Husten oder lautlosem Lachen, und zwar bei Husten gewöhnlich nur einmal, bei Lachen gleich mehrere Male hintereinander: hier schließen sich Stimmbänder und Stellknorpel mehrmals hintereinander und werden ebenso oft wieder auseinandergepreßt.

Aber auch in der landläufigen Sprache kommt ein solcher Verschluß vor; und für das bei seiner Brechung entstehende Geräusch hat man sogar einen eigenen passenden Namen gefunden: Knackgeräusch. Dieses Knackgeräusch ist also ein Kehlkopfverschlußlaut.

Als regelmäßiges Lautgebilde kommt das Knackgeräusch nur im Deutschen vor; fremde Völker, Franzosen und Engländer z. B., kennen es so nicht. Aber auch im Deutschen ist seine Anwendung mehr beschränkt, als man gewöhnlich glaubt und lehrt; wenigstens scheint es, als ob der Süd- und Mitteldeutsche daran viel ärmer sei als der Norddeutsche.

Wo kommt nun dieses Knackgeräusch überhaupt vor in der Sprache? Überall z. B. vor alleinstehenden Vokalen. Wenn man 'a' sagt, erzeugt man nicht bloß ein a, sondern davor noch einen kaum hörbaren, aber sicher vorhandenen andern Laut, eben das Knackgeräusch. Man geht also bei der Aussprache eines Vokals mit den Stimmbändern nicht etwa von der Atemstellung gleich zur Berührungsstellung über, sondern läßt aufeinander folgen: Atemstellung, Verschluß, Berührung. Darum heißt das Gebilde auch fester Vokaleinsatz, im Gegensatz zu dem ohne Knackgeräusch erfolgenden leisen Vokaleinsatz. Man hat sich gewöhnt, dieses Erzeugnis in der Wissenschaft durch ein Gänsefüßchen, genauer durch den der griechischen Schrift entlehnten Spiritus lenis, zu bezeichnen; man spricht also: 'a, 'Abend, 'Essen, 'ist, 'Oder, 'Ufer; und es heißt lautwissenschaftlich genau: 'Es 'ist 'aber 'oben 'unruhig. Beobachten kann man das Knackgeräusch und sich von seinem Vorhandensein überzeugen beim Flüstern: hier tritt es deutlich in die Erscheinung. Sonst fällt uns eher sein Fehlen auf als sein Vorhandensein. Wenn ein Ausländer deutsch spricht, stört es uns, daß seinen Vokalen das eröffnende Knackgeräusch fehlt; seine Wörter verschwimmen für unser Gefühl zu sehr ineinander. Besonders gilt das von dem Franzosen, dem die Angewöhnung des festen Vokaleinsatzes die größte Mühe macht, umgekehrt wie es uns beim Gebrauch einer fremden Sprache schwer nachgeht, daß wir uns dieses Einsatzes bedienen und ihn nur mit Mühe ablegen können.

Wir Deutsche gebrauchen nämlich das Knackgeräusch im unbedingten Anlaut, nach einer Sprechpause immer; dagegen im Satzinnern, bei Wortverbindungen, lassen wir es jedenfalls im Süden sehr oft weg. Zwar behaupten die Gelehrten, es gehöre auch hier zu der vorschriftsmäßigen guten Form der Aussprache; allein an der Richtigkeit und Begründetheit dieser Forderung darf man doch wohl zweifeln. Jedenfalls wenden Mittel- und Süddeutsche im Innern den festen Ansatz nicht an, ohne daß man sich darüber wundert oder es für geziert hält. Die Hochdeutschen verbinden die Wörter eben zu einem wie sonst fortlaufenden Ganzen, zu einer Sprechgruppe, und wenden innerhalb einer Sprechgruppe das Knackgeräusch ebensowenig an als innerhalb eines einzelnen Wortes; sie sagen also: 'ist er oft oben?

Im Innern eines Wortes, das zusammengesetzt ist, wendet man das Knackgeräusch ja überhaupt seltener an, auch wenn der zweite Teil der Zusammensetzung an sich mit einem Vokal beginnt; man sagt nur hinaus, hinüber, herein, darum, und nicht etwa hin'aus, hin'über, her'ein, dar'um. Bei ein paar Wörtern schwankt im Wortinnern der Gebrauch landschaftlich geradeso wie beim Satzinnern, nämlich bei erinnern, erobern, erübrigen, Obacht und ähnlichen. Der Süden sagt da durchgängig erinnern, erobern, Obacht, und man darf das wohl auch geradezu als erlaubt und als schriftsprachlich bezeichnen, jedenfalls mit der Hinzufügung und Einschränkung, es sei 'süddeutsch schriftsprachlich', oder auch, es sei eine nicht zu beanstandende Eigentümlichkeit der süddeutschen Umgangssprache, und die hat doch auch ihre Berechtigung.

Den festen Vokaleinsatz hat man übrigens auch schon der altdeutschen Zeit zugeschrieben und herangezogen zur Erklärung einer Eigenheit der altgermanischen Verskunst, zur Erklärung des vokalischen Stabreims. In der altgermanischen Dichtung, im Althochdeutschen, Altniederdeutschen, Altenglischen (Angelsächsischen) und Altnordischen (Altisländischen) bildeten nicht bloß gleiche Konsonanten unter sich einen Reim oder Stabreim, wie man das nannte, es reimten also nicht bloß Verbindungen, wie die aus dem Altertum in die heutige Sprache verschleppten Ausdrücke Haus und Hof, Mann und Maus, Stock und Stein, sondern es reimten auch alle Vokale beliebig untereinander; a also mit o oder mit i, sodann i mit u, endlich o mit o usf. So heißt es im altdeutschen Hildebrandsliede

der sī doh nū argōsto Ōstarliuto
"der sei doch nun der ärgste der Ostleute",

und Odo(w)akers Name (Ōtachre, der Wemfall) reimt mit dem Adjektiv irri ('irre, feind, verhaßt').

Eben diese Merkwürdigkeit suchte man mit der Annahme zu erklären, es sei vor diesen Anlautsvokalen das Knackgeräusch nicht nur schon vorhanden gewesen, sondern es sei auch so deutlich gehört und gefühlt worden, daß man es in dieser ausgeprägten Weise verwenden konnte. Ob die Annahme richtig ist, soll dahingestellt bleiben. Jedenfalls stimmt das und jenes bedenklich ihr gegenüber. Einmal will die Voraussetzung nicht ohne weiteres einleuchten, die alten Germanen hätten das Knackgeräusch kräftiger erzeugt als wir, ihre heutigen Nachkommen. Abgesehen davon, daß die Vorgeschichte und die Verwandtschaft unserer Sprache uns in dieser Hinsicht eher einen Fingerzeig dagegen gibt als dafür, muß befremden, daß kein Schriftsteller, kein deutscher Mönch des frühen Mittelalters, auch nicht einmal ein Deutsch hörender oder lernender Ausländer unter diesen Mönchen etwas von diesem kräftigen Einsatz erwähnt oder anscheinend auch nur bemerkt hat. Sodann müßten die Engländer, die in ihrer alten Dichtung, wie erwähnt, den vokalischen Stabreim auch verwerteten, danach also das Knackgeräusch besessen haben müßten, es heute dagegen nicht mehr kennen, den Vokaleinsatz im Laufe der Zeit geändert und das Knackgeräusch aufgegeben haben. Das hat man tatsächlich angenommen, und sogar den aus Frankreich herübergekommenen und in Frankreich schon verwelschten Normannen die Schuld daran zugeschrieben; diese des Knackgeräusches entwöhnten normannischen Eroberer hätten auch in England und im Englischen das Knackgeräusch aus der Übung gebracht.

Die wissenschaftliche Kehlkopfbeobachtung.

Damit ist die Betrachtung der sprachlichen Tätigkeit des Kehlkopfes erledigt. Es erhebt sich die Frage: Woher weiß man das alles? Wie hat man das herausgefunden? Diese Frage soll im folgenden Abschnitt übersichtlich beantwortet werden.

Das sicherste, untrüglichste Mittel, den tätigen Kehlkopf zu beobachten, ist natürlich der unmittelbare Einblick mit dem Kehlkopffpiegel. Der ist zwar nur unter gewissen Bedingungen möglich, z. B. nur bei Lauten, die mit Mundöffnung hervorgebracht werden können, nicht bei Mundverschluß, hat aber doch manche hübschen Ergebnisse geliefert. Die Beschreibungen, die im Vorangehenden verschiedentlich von den Kehlkopfeinstellungen gegeben wurden, sind auf diesem Wege gewonnen worden.

Es handelt sich aber darum, den Kehlkopf in allen Fällen und Möglichkeiten des wirklichen, natürlichen Sprechens zu beobachten, auch dann, wenn die Verwendung des Spiegels ausgeschlossen ist. Hauptsächlich kommt in Frage, ob die Stimmbänder bei der Erzeugung gewisser Laute mitschwingen oder nicht, ob diese Laute also stimmhaft sind oder stimmlos (S. 42).

Zur Feststellung dieser Tatsache gerade hat man nun schon verschiedene Mittel an der Hand, ein paar einfache, jedermann zugängliche, und einige schwierige, die umständliche und teure Herrichtungen voraussetzen.

a) Natürliche Mittel. 1. Betasten des Adamsapfels. Das einfachste Mittel, das darum auch hier an allererster Stelle steht, ist das Betasten des Kehlkopfes: man legt seinen Finger außen am Hals an den Schildknorpel, auf den Adamsapfel. Wenn man dann stimmhaftes und stimmloses s (also mit den lautwissenschaftlichen Zeichen geschrieben s und z) gleich nacheinander ausspricht, bemerkt man sofort an seinem Finger, daß das eine Mal, bei s, der Kehlkopf ruhig bleibt, das andere Mal dagegen, bei z, leise zittert; s ist also stimmlos, z dagegen stimmhaft. Und ebenso ist es bei f und v (dem Laut des Buchstabens 'w') oder bei χ (dem Laut der Buchstabengruppe 'ch' in 'kriechen') und 'j' (in 'Boje').

Schon schwieriger ist dieser Unterschied festzustellen bei k:g, t:d, p:b. Denn abgesehen davon, daß er hier in vielen Gegenden, z. B. in Süd- und Mitteldeutschland, gar nicht vorhanden ist, trotzdem aber — teils aus Ungenauigkeit, teils aus Unwissenheit — noch oft als unterscheidendes Merkmal angeführt wird oder wenigstens angeführt wurde, sogar in behördlichen Veröffentlichungen, ist er manchmal so schwach, daß das ungeschulte Ohr ihn kaum vernimmt: dann setzt der weniger kräftige Laut, also b d g, etwa stimmlos ein und wird erst gegen Ende mehr oder weniger stimmhaft oder umgekehrt.

2. Betasten der Kopfhaut. Gerade bei diesen schwierigen Fällen ist aber eine genaue, vorurteilslose Feststellung am nötigsten! Und dazu reicht, das müssen wir bekennen, das einfache Betasten eben nicht immer aus. Es ist deshalb schon ein Vorteil, daß man dazu noch andere Mittel zu Hilfe nehmen kann: zunächst das Befühlen des Kopfes, der Kopfhaut. Legt man nämlich, während die Stimmbänder schwingen, die flache Hand auf die Kopfhaut, so merkt man, wie der ganze Kopf leise zittert. Bei Erzeugung des stimmhaften s ist diese Erschütterung besonders fühlbar, noch fühlbarer als bei a, bei dem man das wegen seiner großen Schallfülle doch am ehesten vermuten sollte. Offenbar gestattet aber die weite Mundöffnung bei a der Luft viel zu leicht den Ausgang ins Freie, und läßt sie nicht kräftig genug an die Wände des Mundraumes anprallen.

3. Zuhalten der Ohren. Noch empfehlenswerter ist ein drittes einfaches Mittel, das recht wirksam und verständig ist, das Zuhalten der Ohren: steckt man seine Zeigefinger in die Ohren, so vernimmt man bei der Hervorbringung stimmhafter Laute ein deutliches Surren und Summen, das bei den stimmlosen Gebilden gänzlich fehlt. Dieses Verfahren ist bei Lauten wie z, w, l, r von überzeugendem Erfolge, und versagt überhaupt wohl in keinem Falle, auch beim a nicht. Belegtheit der Rachenhöhle scheint seine Wirksamkeit noch zu verstärken.

-Aber die Wissenschaft benügt sich mit diesen handgreiflichen Alltagsmitteln nicht. Sie muß vollständige Genauigkeit als ihr Ziel hinstellen und diesem nie erreichbaren Ziel stets so nahe zu kommen suchen, als nur äußerst möglich ist; vor allem muß sie darauf sehen, daß die Ergebnisse einer Beobachtung vom Beobachter ganz unabhängig, daß sie meßbar und mit andern Beobachtungen vergleichbar seien; sie will eben alles äußerlich schwarz auf weiß besitzen, in Kurven und Zahlen niederlegen.

b) Künstliche Mittel. Zu diesem Zweck hat man auch für die Untersuchung der Stimmhaftigkeit der Laute zwei eigene feine Geräte gebaut.

1. Rosapelly. Das erste geht zurück auf die Angaben eines Freundes von Rousselot, des Doktor Rosapelly, und ist sehr empfindlich, leider in dem doppelten Sinne dieses Wortes: es arbeitet sehr zuverlässig, verlangt aber auch große Vorsicht bei der Handhabung. Die ganze Vorrichtung beruht darauf, daß ein kleines Gewicht zwischen den Enden einer elektrischen

Stromleitung im Gleichgewicht gehalten wird. Zur Beobachtung legt man sie außen auf den Schildknorpel auf; bewegt sich nun der Kehlkopf beim Sprechen infolge der Stimmbandtätigkeit auch nur ganz leise, so wird das Gewichtchen aus der Ruhelage gebracht, der elektrische Strom geschlossen und eine kleine Klingel dadurch zum Tönen gebracht. Natürlich muß man sich sonst völlig ruhig verhalten, womöglich gar ruhig liegen.

2. Rousselot. Deswegen hat Rousselot selbst ein anderes Hilfsmittel vorgeschlagen und verwendet, das viel einfacher und doch genau ist. Es gleicht dem Hörrohr (Stethoskop) der Ärzte und ist eine niedere offene Kapsel, in deren oberer, fester Decke zur Ableitung der eingeschlossenen Luft eine Röhre sitzt, die durch einen Schlauch mit einer Beobachtungskapsel und mit einer Rothschen Schreibtrommel in Verbindung steht, wie wir sie beide schon kennen. Die offene Seite der Kapsel, deren Durchmesser übrigens anderthalb Zentimeter beträgt, wird beim Sprechen wieder außen auf den Kehlkopf aufgelegt; die Schwingung der Stimmbänder erschüttert dann durch den Schildknorpel hindurch die in der Kapsel eingeschlossene Luft, deren Bewegungen durch die Ableitungsröhre und den Schlauch in die Beobachtungskapsel fortgepflanzt werden, die nun wieder auf die Rothsche Trommel ihre Kurve zeichnet.

Damit ist die Betrachtung des Kehlkopfs zu Ende, und wir können uns gleich zum Ansatzrohr wenden.

C. Das Ansatzrohr.

Das Ansatzrohr hat, wie schon erwähnt, eine doppelte Aufgabe: es ist sowohl Schallerzeuger als auch Schallverstärker (Schallgestalter, Schalltrichter). Dadurch unterscheidet es sich vom Kehlkopf, der eigentlich nur Gebilde erzeugt, sie aber nicht wesentlich umgestaltet.

Freilich sind dafür die Schälle des Kehlkopfs wieder etwas mannigfaltiger als die des Ansatzrohrs.

Schälle sind nämlich entweder Klänge oder Geräusche; der Unterschied zwischen beiden ist erfahrungsmäßig jedermann bekannt und auch wissenschaftlich leicht festzustellen: der Ton wird durch regelmäßige Schwingungen erzeugt, das Geräusch durch unregelmäßige. Und der Kehlkopf erzeugt nun sowohl Klänge (den Stimmton), als auch Geräusche (Knackgeräusch und

stimmloses h), das Anſatzrohr aber nur Geräuſche (z. B. k, s). Über-
ſichtlich ſtellt ſich demgemäß die Tätigkeit beider Teile des
Sprechwerkzeugs etwa ſo dar:

des	Tätigkeit			
	erzeugt		verſtärkt	
Kehlkopfs	Klänge	Geräuſche	—	—
Anſatzrohrs	—	Geräuſche	Klänge	Geräuſche

Wir bleiben jetzt beim Anſatzrohr. Wir wiſſen ſchon, welche
'Rohrteile', welche Hohlräume für uns in Betracht kommen:
Rachen-, Mund- und Naſenraum; wenn wir wollen, auch noch
der Kehlraum (S. 22). Wir erinnern uns auch, wie ihr Verhalten geregelt wird durch einige bewegliche Teile: außer dem
Kehldeckel von dem Gaumentor, das ſich vergrößern oder
verkleinern kann, von dem Zäpfchen, das Naſe oder Mund
verſchließen oder offen laſſen kann; ſodann von der Zunge,
die ſich vorſchiebt oder zurückzieht, und die ſich hebt oder ſenkt,
und zwar in allen ihren Unterteilen, vorn, mitten oder hinten;
ſchließlich aber auch von den Lippen, die einen Spalt bilden
oder eine Rundung, die ſich vorſchieben oder zurück, und die
ſich weit öffnen oder wenig, die ſich aber auch verſchiedentlich
mit Ober- oder Unterzähnen berühren können. Auch die Bewegung des Unterkiefers zieht man ab und zu in Rechnung;
dann unterſcheidet man, ob er ſich weit entfernt von dem Ober-
kiefer, wie bei der Hervorbringung eines a, oder ob er nahe
bei ihm bleibt, wie bei der Bildung eines i. Dieſe Entfernung
bezeichnet man dann durch den Kieferwinkel, der natürlich
am kleinſten, gleich Null iſt, wenn die beiden Zahnreihen ſich
berühren.

I. Das Anſatzrohr als Schallerreger.

Wir wenden unſere Aufmerkſamkeit zunächſt der Frage zu,
wie das Anſatzrohr ſelbſt Schälle hervorbringt, betrachten alſo ſeine
Tätigkeit als Schallerreger oder Schallerzeuger; erſt ſpäter unter-
ſuchen wir ſeine Aufgabe als Schalltrichter oder Schallverſtärker.
Bei dieſer Schallerregung kommt wieder zweierlei ins Spiel:
1. der Ort der Erzeugung, die Geräuſchſtelle, und 2. die

Art der Einstellung an diesem Ort, die Beschaffenheit der Geräuschstelle. Mit andern Worten: man unterscheidet die Artikulationsstelle von der Artikulationsart. Wir machen zuerst das Örtliche ab, reden also von der Geräuschstelle.

A. Die Erzeugungsstelle (die Geräuschstelle).

Schon in früheren Zeiten, wissen wir (S. 2), hat man als Erzeugungsstellen unterschieden Lippen, Zähne und 'Kehle', um den alten Ausdruck zu gebrauchen, und darum die an diesen Stellen hervorgebrachten Laute bezeichnet als Lippenlaute oder Labiale (p b f w), als Zahnlaute oder Dentale (t d s z), und als Kehllaute oder Gutturale (k g χ j). Das ist aber nur eine oberflächliche Einteilung, die sicherlich für die Volksschule und für weitere Kreise genügt, nicht aber für Lehrer und für die Wissenschaft.

Genau genommen ist von der äußersten Lippenspitze bis hinunter zu den Stimmbändern so ziemlich jeder Punkt im Stande, der aus den Lungen kommenden Luft einen willkürlichen Widerstand entgegenzusetzen, also Geräuschstelle zu werden. Das gilt sicherlich von dem Mundraum und dem Rachenraum, nicht von dem Nasenraum, dessen Wände ja immer in der gleichen Lage verharren. Darnach gäbe es also unzählige Erzeugungsstellen. Alle einzelnen Punkte dieser langen Reihe braucht man nicht gerade ins Auge zu fassen, sondern man kann sich schon mit längeren Strecken begnügen: aber solcher Strecken muß man jedenfalls mehrere hervorheben, nicht bloß nach der Weise der Alten drei.

Nur von den hintersten Teilen kann man ohne weiteres absehen. Die Zunge kann zwar auch mit der hinteren Rachenwand zusammentreten und 'Zungenrachenlaute' hervorbringen, wie sie z. B. die semitischen Sprachen kennen. Und ebenso erzeugt das Zäpfchen, sowohl wenn es sich zur Rachenwand hinbewegt und den Naseneingang schließt, als auch wenn es sich zurückbewegt und diesen Eingang offen läßt, deutliche Laute, die man bei einer genaueren Darstellung nicht vernachlässigen darf und auch als 'Zäpfchenrachenlaute' wirklich in Betracht zieht. Wir aber wollen uns hier über beide Arten von Gebilden hinwegsetzen, über die Zungenrachenlaute, weil sie in der uns hier in erster Linie angehenden Muttersprache nicht vorkommen, und über die Zäpfchenrachenlaute, weil sie keine selbständigen Laute sind, sondern immer nur unwillkürlich als Nebenlaute zwischen bestimmten Hauptlauten in Erscheinung treten, z. B. in Wörtern wie At°na, ab°machen, Lan°de, Lam°pe.

Wir berücksichtigen nur die vorderen Stellen, vom Zäpfchen bis zum Saum der Lippen. Für diese gibt es verschiedene Einteilungen. Am einfachsten und auch ziemlich im Einklang mit dem Herkommen ist es, wenn man zunächst nach Lippen, Zähnen und Gaumen unterscheidet und jede dieser drei Abteilungen wieder unter sich gliedert.

Wir sehen uns diese Möglichkeiten etwas genauer an.

1. Lippeneinstellungen. Bei den Lippen kommt schon ein Doppeltes in Frage: nicht nur die Stelle zwischen Oberlippe und Unterlippe, sondern auch die Berührung einer Lippe mit der gegenüberliegenden Zahnreihe. An sich sind bei der letzten Möglichkeit aber gleich wieder zwei Unterfälle denkbar: die Oberlippe tritt zu den Unterzähnen in Beziehung, oder die Unterlippe zu den Oberzähnen. Laute mit dieser Verwendung der Oberlippe kommen aber bei uns in der wirklichen Sprache nicht vor; wir können sie daher außer Acht lassen und uns auf zwei Arten von Lippenlauten beschränken, auf die doppellippigen (bilabialen) und diejenigen zahnlippigen (labiodentalen), die durch Annäherung der Unterlippe an die Oberzähne zu Stande kommen.

Welches sind aber diese Laute im einzelnen? Es kommt ihrer an beiden Stellen eine ganze Reihe in Betracht, aber sie sind nicht alle gleich üblich; die üblicheren bezeichnen wir deshalb jeweils mit den kleinen Buchstaben des lateinischen Abc, die weniger üblichen mit den großen.

a) Doppellippenlaute. Zwischen Ober- und Unterlippe entstehen nun p, b, F, w. Davon sind p und b die gewöhnlichen deutschen Laute, z. B. in den Wörtern 'Pein' und 'Bein'; F ist der Laut, der entsteht, wenn man eine zu heiße Flüssigkeit kalt bläst, den wir daher scherzhaft 'Suppen-F' nennen können; er stellt sich aber zuweilen auch in der gewöhnlichen Sprache ein hinter p, also etwa in dem Wort 'Dampf', das darnach genauer dampF zu schreiben wäre; w ist dazu die stimmhafte Entsprechung, also der mit Schwingung der Stimmbänder in einem schmalen Spalt zwischen beiden Lippen erzeugte W-Laut, wie man ihn etwa im Englischen kennt in Wörtern wie well, where, wie er aber auch im Süd- und Mitteldeutschen ab und zu für das geschriebene 'w' vorkommt, z. B. in Fällen wie 'wo',

'wund'. Hier kommt aber auch noch in Betracht ein zweifaches
m, einmal der gewöhnliche stimmhafte Laut in einem Wort wie
'lahme', dann aber dessen schon der Vollständigkeit wegen zu
berücksichtigende seltenere stimmlose Nebenform, die wir m̥ schreiben wollen.

b) Zahnlippenlaute. Die zahnlippigen (labiodentalen) Entsprechungen wären der Reihe nach P B f v M M̥. Davon kommen die ersten, P B, nur mißbräuchlich bei nachlässiger
Aussprache leicht in Lautgruppen vor wie pf oder pv, also in
Wörtern wie Klippfisch, Lebwohl. Dagegen ist f der in den
meisten Gegenden Deutschlands, besonders in Norddeutschland,
dann aber auch in England und in Frankreich übliche und
regelrechte f-Laut, also das f in deutschem Fuß, Vater, Hafen,
englisch four '4', französisch frère 'Bruder'; und v ist die dazu
gehörige stimmhafte Nebenform, die wir, zumal im Norden,
bei Wörtern anwenden wie wohl, Löwe u. dgl. Zuletzt kann
so auch ein doppeltes M entstehen: stimmhaftes M und stimmloses
M̥, z. B. in Lautungen wie Baumwolle. Doch ist das gegenüber dem doppellippigen m m̥ immerhin die Ausnahme.

2. Zahn- und Gaumeneinstellungen. I. Allgemeine
Unterschiede. Schwieriger wird die Sache, wenn wir uns
weiter in den Mund hineinbewegen. Wie soll man da zunächst
einteilen? Wo soll man das Zahngebiet z. B. abschließen und
das Gaumengebiet anfangen lassen? Soll man vor allem den
Zahndamm noch zu den Zähnen rechnen oder schon zu dem
Gaumen? An sich ist die Sache ja gleichgültig; es handelt sich
nur um die Zweckmäßigkeit, und wichtig ist allein die genaue
und deutliche Feststellung, wo ein Laut jeweils erzeugt wird,
nicht die Gesamteinteilung oder die Namengebung.

Aber bei dieser einen Schwierigkeit hat es nicht einmal
sein Bewenden. Gerade in dieser Gegend des Mundes kommen
noch zwei wichtige Unterschiede in Betracht bei der Erzeugung
der Laute, die jedesmal genannt werden müssen.

Mitten- und Seiteneinstellung. Einmal kann der
Laut sowohl in der Mitte des Mundraumes und der Zunge erzeugt werden, als auch an deren beiden Seiten, und man unterscheidet danach Innenlaute (oder Mediallaute), die auf der
von vorn nach hinten durchziehenden Mitte dieses Gebietes entstehen, und Seitenlaute (oder Laterallaute), die rechts und
links von dieser Mitte hervorgebracht werden.

Doppelseitige und einseitige Einstellung. An diesen Seitenlauten — es sind das hauptsächlich die l-Laute — ist aber gleich noch eine Eigenheit erwähnenswert. Genau genommen müßten alle hierhergehörigen Gebilde gleichmäßig auf beiden Seiten, also gleichmäßig rechts und links, hervorgebracht werden, also doppelseitig sein; in Wirklichkeit sind sie aber häufig nur einseitig, werden also entweder nur rechts oder nur links hervorgebracht, ohne daß man das für einen Sprachfehler ausgeben dürfte. Man versuche das selbst an seinem l, und zwar an einem stimmlosen, ohne Schwingung der Stimmbänder erzeugten l, weil man dann die Reibung der Luft besser an der Zunge fühlt: vorschriftsmäßig müßte dieses l so gebildet werden, daß der Luftstrom rechts und links zwischen Zungenwand und mittlerem Gaumen vorbeistreicht. Man bemerkt mit dem Gehör aber kaum einen Unterschied, wenn man die Luft nur rechts oder nur links hindurchstreichen läßt und die andere Seite ganz absperrt, und ist sich meist auch gar nicht bewußt, wie man gewöhnlich oder im Einzelfall sein l hervorbringt, linksseitig, oder rechtsseitig, oder doppelseitig.

Zungenrücken- und Zungenspitzeneinstellung. Sodann kommt aber gerade an diesen Innenlauten selbst noch etwas in Betracht: das Verhalten der Zunge. Es kann bei der Erzeugung dieser Laute nämlich sowohl der Zungenrücken mitarbeiten wie die Zungenspitze mit ihrem Saum; ein t kann man z. B. erzeugen, indem man die Zungenspitze an die Hinterseite der Oberzähne heranbringt; man kann aber die Zungenspitze ebensogut hinter die Unterzähne legen und dafür den vorderen Zungenrücken an die Oberzähne schieben. Trotz dieser Verschiedenheit sind sich die beiden t-Laute meist so ähnlich, daß die eine oder die andere Art ihrer Einstellung gewöhnlich gar nicht auffällt, und daß man selbst bei näherem Zusehen einige Mühe hat, den Tatbestand festzustellen.

Mit einem Fremdwort nennt man die Zungensaumlaute koronal, die Zungenrückenlaute dorsal.

Es ergeben sich also allein für den Ort der Einstellung von vorn nach hinten zwei Hauptgebiete (Zähne und Gaumen), und ebenso von rechts nach links wieder zwei Hauptmöglichkeiten (Mittellinie und Seiten), von denen die Mitteleinstellung wieder zwei Untermöglichkeiten umfaßt (Saum oder Rücken der Zunge).

II. Die Einzellaute. Faßt man dies alles gleichzeitig ins Auge, so hat man schon mit einer ganzen Reihe von Laut‑gruppen und natürlich mit entsprechend noch mehr Einzellauten zu rechnen.

Wir zählen sie in Kürze nacheinander auf.

1. Zahngebiet. In der Zahngegend kommen zunächst schon drei Untergebiete in Frage:

a) Zahnspaltenlaute. Zuerst der Zwischenraum vorn zwischen den beiden Zahnreihen, die sogenannte Zahnspalte, wobei die Zungenspitze ein wenig unter der oberen Zahnreihe vorgeschoben werden kann. So entstehen nicht nur gelispelte s (stimmloses s und stimmhaftes z), sondern auch t‑, d‑ u. n‑Laute (man könnte sie unterscheidend etwa mit t´ d´ n´ n̦´ bezeichnen), kaum mehr ein j´ oder š´ (wobei š´ den Laut der deutschen Buch‑stabengruppe ‚sch‘ ausdrückt). Mit einem Fremdwort nennt man diese Zahnspaltenlaute interdental.

b) Zahnrückenlaute. Ungefähr ganz dieselben Laute können aber auch hinter den Oberzähnen erzeugt werden, und zwar gleich in doppelter Weise, entweder koronal, so daß man die Spitze der Zunge an die Hinterseite der Oberzähne heran‑bringt, oder dorsal, indem man die Zungenspitze der Hinter‑seite der Unterzähne nähert und mit dem Zungenrücken die Oberzähne mehr oder weniger berührt. Alle diese hier ent‑stehenden Laute nennt man Zahnrückenlaute oder postdental.

c) Zahndammlaute. Dann sind etwa ganz die gleichen Laute auch am Zahndamm möglich, dadurch, daß man die Zun‑genspitze — der Zungenrücken wird kaum in Betracht kommen — an den Zahndamm anlegt oder annähert. Diese Gebilde heißen Zahndammlaute oder supradental oder alveolar.

Wir haben also zu scheiden Zahnspaltenlaute (oder Inter‑dentale), Zahnrückenlaute (oder Postdentale) und Zahndamm‑laute (oder Supradentale oder Alveolare). Und zwar sind alle diese Spielarten nicht nur in der Voraussetzung denkbar, sondern sie kommen alle wirklich vor, auch schon im Deutschen, und hier bilden sie ein wichtiges Merkmal landschaftlicher Aussprache, wie wir noch später näher erfahren werden (S. 125, 133, 155).

Zungen‑r. Hierher, in die Zahngegend, gehört auch das vordere oder Zungen‑r. Auch dieses kann verschieden ge‑bildet werden, mindestens hinter den Oberzähnen, also hinter ihrem Rücken oder noch weiter aufwärts an dem oberen Zahn‑

damm, kaum mehr zwischen den beiden Zahnreihen und gar nicht mehr unter Beteiligung der Unterzähne. Denn die Zungenspitze muß frei schwingen im Bereich des Luftstroms, der aus dem Mundraum kommend über die Kante der Unterzähne hinwegbläst.

2. Gaumengebiet. Der Gaumen (lat. palatum) zerfällt bekanntlich in den vorderen Hartgaumen und den hinteren Weichgaumen (S. 24): und den vorderen Teil zerlegen wir dann wieder in drei, den hinteren in zwei Querstreifen. Für die Lautbildung wichtig ist nur das mittlere und hintere Gebiet dieses gesamten Gaumens, also das mittlere und das hintere Querstück des Hartgaumens sowie der ganze Weichgaumen, vornehmlich dessen vorderes Querstück und in noch höherem Grade die Grenze zwischen hartem und weichem Gaumen. Denn auf diesem ganzen Abschnitt entstehen allein die uns geläufigen und darum uns näher angehenden Laute. Wir nennen sie Vordergaumenlaute oder Palatale, soweit sie an dem Hartgaumen erzeugt werden, dagegen Hintergaumenlaute oder Gutturale, wenn sie noch der Gegend des Weichgaumens angehören.

Das vorderste Stück des Hartgaumens gleich hinter dem Zahndamm kommt für uns Deutsche nicht sehr in Betracht, wenigstens nicht in der guten Aussprache der Erwachsenen. Für die Laute dieses Mundgebietes gebraucht die Wissenschaft die falsche Übersetzung eines indischen Ausdrucks, zerebral; geschickter würde man diese Erzeugnisse vorderste Hartgaumenlaute nennen, wie wir es an den paar Stellen tun wollen, wo wir dazu Gelegenheit haben. Diese Laute sind wohl durchgängig mit der zurückgebogenen Zungenspitze gebildet, also koronal, während unmittelbar dahinter, in der Palatalgegend, wieder nur der Zungenrücken in Tätigkeit treten kann, also dorsale Gebilde entstehen.

Was bietet das Deutsche nun alles an Hierhergehörigem? Im wesentlichen unsere k-Laute, sowie die Laute, die unsere Schrift mit 'ch' wiedergibt in Wörtern wie ach und ich. Diese sind im Grunde aber in doppelter Form vorhanden, als Hintergaumenerzeugnisse und als Vordergaumenerzeugnisse. Unsere Schrift verwendet zwar in kund und konnte sowie kannte ganz dasselbe Zeichen wie in kennt und Kind; und ebenso steht es in den Wortreihen Gulden, Gold, galt, Geld, gilt, ferner Tuch, doch, Dach, Lech, dich und endlich in trugen, trogen, tragen, trägen, trügen, wenn hier das 'g' in der norddeutschen Form als stimmhaftes Gegenstück von 'ch' ausgesprochen wird. Aber diese Gleichheit der Buchstaben ist eine der vielen Ungenauigkeiten unserer herrschenden Schrift und darf uns in der Beurteilung der Laute nicht irre machen. Tatsächlich erzeugt man das k vor e oder i viel weiter vorn im Munde als das k vor o oder u, oder auch vor a. Vor e und i ist das k palatal, vor u, o und auch vor a schon guttural.

Aber es ist auch schon innerhalb einer jeden dieser beiden Gruppen ein kleiner Unterschied; in der Verbindung ki liegt das k auch schon etwas weiter nach vorn als bei ke, und ähnlich wird bei ku der k-Laut nicht an der gleichen Stelle hervorgebracht wie bei ko oder ka, sondern etwas weiter hinten, so daß sich nach der Erzeugungsstelle des k die erwähnten Laut-gruppen so in eine Reihe ordnen: ki ke — ka — ko ku. Aber trotz alledem sind die k der beiden ersten Gruppen doch immer noch mittlere oder hintere Palatale, die k der beiden letzten Gruppen (ko ku) immer noch vordere Gutturale. Alle Erzeugungsstellen liegen also verhältnismäßig noch in der Nach-barschaft der Grenze des harten und des weichen Gaumens, indes die beiden äußersten Endstücke des Gesamtgaumens, der vordere Hartgaumen und der hintere Weichgaumen, weniger zur Lautbildung benutzt werden. Ganz ausgeschaltet sind sie freilich nicht. Die Einstellung am hintersten Weichgaumen ist eine Besonderheit der Alemannen, hauptsächlich der Schweizer, die hier die bekannten und oft bespöttelten kratzenden 'ch' er-zeugen, indem sie den hintersten Zungenrücken dem Hinterstücke des weichen Gaumens annähern. Nach dem lateinischen Namen des Gaumensegels (S. 24) kann man diese ganz hintere Gruppe auch noch besonders nennen, nämlich Velare.

Laute dagegen an der vordersten Stelle des Hartgaumens, also sogenannte Zerebrallaute, kommen bei uns vor allem in der Kin-dersprache vor, anstelle der Gutturale und mehr noch der Palatale der Erwachsenen: Kinder, die ihre Zunge noch nicht an die Mitte oder an den hinteren Teil des Gaumens emporheben können, nähern sie dafür eben dem vordersten Teil und erzeugen damit einen Laut, der zwischen t und k in der Mitte steht; sie sagen Tind, tomm, dut für gewöhnliches 'Kind, komm, gut'.

Hier, an dieser Stelle des Mundes, erzeugen viele Mittel-deutsche zuweilen aber auch wohl einen Reibelaut, wenn sie 'ich' oder 'weg' sagen. Dieses 'ich' und 'weg' wird dann meist

als 'iſch' und 'weſch' aufgefaßt, der in Rede ſtehende Reibelaut
alſo für 'ſch' (š) gehalten. Doch fällt er gewöhnlich nicht ganz
mit š zuſammen; denn er wird dann doch etwas weiter nach
hinten und mit etwas ſtärkerer Hebung der Zunge erzeugt als
das herkömmliche 'ſch', und manchmal kommt als unterſcheiden-
des wichtiges Merkmal auch noch die Lippenſtellung hinzu; bei
dem gewöhnlichen š ſchiebt man die Lippen fühlbar und ſicht-
barlich vor, bei dem zerebralen Gebilde dagegen nicht. Gerade
dieſe Lippentätigkeit verleiht dem 'ſch' in dieſen Landſchaften,
z. B. im Südfränkiſchen, ſeine Eigentümlichkeit.

Zäpfchen-R. In das Gaumengebiet gehört aber ſchließlich auch noch ein r-Laut, das hintere oder Zäpfchen-R.
Wie ſchon ſein Name vermuten läßt, entſteht dieſes Zäpfchen-r
dadurch, daß ſich das Zäpfchen gegen die Rinne in der Mitte
der hinteren Zunge bewegt und gegen die Zunge hin- und zu-
rückſchwingt. Zum Unterſchied von dem Zungen-r, das mit
dem kleinen Buchſtaben wiedergegeben wird (r), bezeichnet man
das hintere r mit dem großen Buchſtaben (R). Aus der Nachbarſchaft der Erzeugungsſtelle begreift ſich, daß ſich das Zäpfchen-R nahe berührt mit dem gewöhnlichen Hintergaumenreibe-
laut, mit ſtimmloſem χ (dem 'ch' der gewöhnlichen Schrift in
Bach) und mit ſtimmhaftem ʒ (dem 'g' der gewöhnlichen Schrift
im norddeutſchen tragen). So kann es in Schulen bei An-
fertigung von Rechtſchreibübungen vorkommen, daß warten
vom Lehrer vorgeſagt und wachten von den Schülern geſchrieben wird, oder daß der Lehrer Wagen vorſagt und die
Kinder dafür Waren ſchreiben.

Überſicht. Eine kurze Überſicht ſoll das Geſagte ver-
ſtändlich zuſammenfaſſen:

		Mittelgebiet		Seiten-laute
1. Lippengebiet				
a) Doppellippenlaute	p b F w m			
b) Zahnlippenlaute .	P B f v M			
2. Zahngebiet		Zungenſaum	Zungenrücken	laute
a) Zahnſpaltenlaute .		t d þ ð s z š ž n		1
b) Zahnrückenlaute .		t d þ ð s z š ž n	r t d þ ð s z š ž n	1
c) Zahndammlaute .		t d þ ð s z š ž n	r t d þ ð s z š ž n	1

3. Gaumengebiet	Mittelgebiet		Seiten-laute
	Zungensaum	Zungenrücken	
a) Vorderhartgau-menlaute (zere-brale)	t d s z š ž n		l
b) Hinterhartgau-menlaute (Pala-tale)		k^i g^i χ' j	l
c) Vorderweichgau-menlaute (Guttu-rale)		k^u g^u χ ᷡ	l
d) Hinterweichgau-menlaute (Velare)		schweiz. χ	R

B. Die Erzeugungsart (das Durchgangstor).

Nach Besprechung der Erzeugungsstelle betrachten wir die bei der Lautbildung übliche Erzeugungsart. Es handelt sich dabei um die Feststellung, in welcher Weise an dem einmal in Betracht kommenden Ort des Ansatzrohres der Sprechluft ein Widerstand entgegengesetzt wird.

Dabei kommen drei Möglichkeiten in Frage: 1. Verschluß. Entweder wird der Luft an dieser oder jener Stelle des Mund-raumes der Durchgang ganz gesperrt; man bildet dann im Mundraum einen Verschluß, so daß die aus der Lunge kommende Sprechluft gezwungen ist, sich ihren Weg gewaltsam zu bahnen, indem sie diesen Verschluß eben durch ihren Anprall bricht und öffnet. Auf diese Weise werden z. B. p t k hervorgebracht. Bei der Erzeugung des p z. B. schließt man die Lippen fest aufeinander, läßt dann die Luft kräftig auf sie losprallen, öffnet sie dann plötzlich und läßt die Luft ins Freie hinauspuffen. Bei der Bildung des t verfährt man ähnlich in der Zahngegend, indem man etwa die Zungenspitze an die Rückseite der Ober-zähne anpreßt oder auch an den Zahndamm, und bei der Hervor-bringung eines k hebt man den mittleren oder hinteren Zungen-rücken so weit, bis er den Gaumen erreicht und sich fest an dessen Wölbung anschmiegt.

Die auf diesem Wege entstehenden Laute nennt man nach

dem einen oder anderen hier wesentlichen Merkmale bald Verschlußlaute, bald Explosiv- (oder Platzlaute), auch Stoßlaute, bald — im Hinblick auf ihre Dauer — Augenblicks-
oder Momentanlaute.

2. Enge. Man kann die beiden gegenüberliegenden Teile
des Mundes an einer bestimmten Stelle aber auch nur einander
nähern, so daß sie der Luft zwar den Durchgang gestatten, aber
nur so spärlich, daß sie sich durch die Öffnung so durchzwängen
muß, wie das Wasser bei der Verengung eines Flußbettes. Das
Ansatzrohr bildet also eine Enge. Auf diese Weise werden vornehmlich f v s z š ž χ und j hervorgebracht. Beim χ (dem
Laut der gewöhnlichen Buchstabenverbindung ch in Bach) hebt
sich die Hinterzunge ziemlich nahe gegen den weichen Gaumen,
so daß nur noch eine kleine Öffnung bleibt; presse ich dann
die Sprechluft dadurch, so entsteht durch ihr Reiben an den
Rändern und Kanten dieser Verengung gleichsam ein Lautstrudel,
dessen Sausen wir als das Geräusch des χ empfinden. Ebenso
entsteht s durch eine Annäherung der Zungenspitze (oder auch
des vorderen Zungenrückens) an die Oberzähne oder ihren
Damm, und f (F) entweder durch eine gegenseitige Annäherung der
beiden Lippen oder auch in einem Spalt, den man bildet zwischen
Oberzähnen und Unterlippe. Alle diese Laute sind also im
Grunde nur das Geräusch, das hörbar wird, wenn die
Sprechluft durch eine im Mundraum künstlich erzeugte Enge
hindurchgestoßen wird. Nach diesem ihrem Wesen werden sie
auch so oder so genannt: Engelaute oder Reibelaute (lateinisch Frikativae, oder mit etwas anderer Auffassung Spiranten
d. h. ʻHaucher, Blaserʼ); nach der Zeit ihrer Hörbarkeit heißen
sie endlich Dauerlaute (lat. Kontinuae).

3. Öffnungsstellung (Weitung). Nun kann aber die
an einer bestimmten Stelle erzeugte Öffnung noch größer werden,
und zwar so groß, daß es dem durchziehenden Luftstrom nicht
mehr möglich ist, eine hörbare Reibung zu verursachen. Man
kann diese Stellung der Mundwerkzeuge, um einen Namen zu
haben gegenüber Enge und Verschluß, Öffnungsstellung oder
Weitung nennen. Dann geht der Luftstrom anscheinend ungehindert hindurch, und der Raum des Ansatzrohres oder —
besser gesagt — die Räume des Ansatzrohres dienen nur zur
Verstärkung des Halles, als Resonanzräume. Und zwar verstärken sie alle Schälle ohne Ausnahme, mögen sie beschaffen sein,

wie sie wollen, also Klänge oder Geräusche sein, und mögen sie erzeugt sein, an welchem Ort sie wollen, im Kehlkopf oder im Mundraum: sie verstärken die Klänge des Kehlkopfs und die Geräusche des Kehlkopfs also genau ebenso, wie die Geräusche des Ansatzrohrs. Wenn man z. B. 'a' sagt, steht das Sprachwerkzeug oben vollkommen offen; der Luftstrom, der im Kehlkopf die Stimmbänder in Schwingung gebracht hat, wird sonst nirgends mehr gehemmt, und der Stimmton des Kehlkopfs wird nicht mehr wesentlich verändert; jedenfalls kommt kein Geräusch mehr zu ihm hinzu.

Wie aus dem Gesagten schon teilweise hervorgeht, und wie später noch weiter ausgeführt werden muß (S. 70), ist es gleichgültig, ob der Schall hinter dem Hohlraume erzeugt wird oder vor ihm; der Hohlraum verstärkt ihn doch: für die Töne des Kehlkopfs wie das 'a' liegt der Schallraum oberhalb und nach vorn, für das in der Zahngegend erzeugte s vor den Zähnen und hinter ihnen, und für das bei den Lippen erzeugte f hinter den Lippen.

Nach dieser Dreiteilung hätten wir also zu unterscheiden Verschlußlaute, Engenlaute und Öffnungslaute. Und die letzteren wären vom Standpunkt des Mundraumes aus betrachtet ungefähr dasselbe, was man sonst Selbstlauter oder mit dem altüberkommenen lateinischen Worte Vokale genannt hat.

4. l und rLaute. Nun müssen wir aber gleich hinzufügen, daß diese Dreiteilung nicht alle Möglichkeiten erschöpft; denn es kommen noch Mittelstellungen vor, die aus Verbindungen der bisher beschriebenen Grundeinstellungen bestehen; es sind Verbindungen von Enge und Verschluß.

Wie geht das zu?

Verschlußstellung kann man mit Engenstellung in doppelter Weise verbinden: entweder gleichzeitig oder nacheinander. Um es kurz zu sagen: auf die eine Weise entstehen die lLaute, auf die andere die rLaute.

l. Wenn ich gleichzeitig einen Verschluß und eine Enge erzeuge, so bilde ich einen lLaut. Die Zungenspitze legt sich vorn fest an die Rückwand der Oberzähne an oder an den Zahndamm, ihre Ränder dahinter sind dagegen auf beiden Seiten frei; die Luft streicht dann hier durch, zwischen dem Saum der Zunge und der Kante der oberen Backenzähne. Man hat also sozusagen nebeneinander Zungenspitzenverschluß und doppelseitige —

sehr oft auch nur einseitige (S. 59) — Zungensaumenge. Deshalb ist
l gleichzeitig Verschlußlaut vorn, und Engenlaut rechts und links
auf der Seite, und die Grundlage seines Wesens ist das Geräusch, das die Luft meist erzeugt, wenn sie sich durch diese
mehrfach gewundene Doppelenge durchzwängt. Man kann dieses
Geräusch sehr leicht und sehr deutlich für sich allein hervorbringen,
ohne Beimischung des Stimmtones: dieses Geräusch allein stellt
das stimmlose l dar, in Verbindung mit dem Stimmton das
stimmhafte l.

r. Wie gesagt, können Verschluß und Enge aber auch
gleich nacheinander hergestellt werden, und gerade das Zusammenwirken der auf diese doppelte Weise erzeugten Schälle bildet das
Wesen des Lautes. Es ist das der r-Laut. R kommt, gleichviel wo es gebildet wird, immer nur dadurch zustande, daß man
erst einen Augenblick einen Verschluß erzeugt, dann aber gleich
wieder aufhebt und eine kleine Enge bildet, durch die die Sprechluft rasch durchstreichen kann: spreche ich das vordere oder
Zungen-r, so schlage ich mit der Zungenspitze leicht an die
Rückwand der Oberzähne oder an den Zahndamm und stoße
gleichzeitig Luft an dieser Stelle durch; diese Luft bringt die
Zungenspitze in Schwingung. Ebenso schlägt bei der Hervorbringung des hinteren oder Zäpfchen-R das Zäpfchen gegen die
Längsrinne in der Mitte der Hinterzunge und schwingt in dieser
Rinne unter dem Druck der aufsteigenden Sprechluft hin und her.

Von diesem Wesen des R bekommt man wieder am besten
einen Begriff, wenn man es ohne Schwingung der Stimmbänder,
also stimmlos erzeugt; dann fühlt man die Zitterbewegung des
gerade tätigen Mundteils deutlich und vernimmt auch das Geräusch gut. Von diesem stimmlosen R aus gelangt man dann
auch leicht zu einem überzeugenden Verständnis des stimmhaften R, über dessen Natur man sonst durch den stark summenden
Stimmton unter Umständen getäuscht wird.

Gerolltes und ungerolltes R. Abgesehen von der Zu-
gabe oder Nichtzugabe des Stimmtons kann das R aber auch
sonst noch in doppelter Weise hervorgebracht werden: gerollt
und ungerollt. Gerollt ist das R, wenn die Verschluß- und
Engenbildung mehrmals oder doch mindestens einmal wiederholt
wird, ungerollt, wenn sie nur einmal stattfindet. Natürlich kann
sowohl das Zungen-r wie das Zäpfchen-R in dieser doppelten
Gestalt auftreten, und wir haben, wenn wir alles rechnen,

Erzeugungsort, Stimmton und Rollen, im ganzen acht verschiedene R.

5. Die Nasenlaute. Es kommt in diesem Zusammenhang aber noch etwas in Betracht, die Nasenlaute oder Nasale.
Auch die Nasenlaute sind gleichzeitig Verschluß- und Engenlaute,
aber im Unterschied zu l und r nur dann, wenn man neben dem
Mundraum gleichzeitig auch den Nasenraum ins Auge faßt.
r und l werden nur im Mundraum erzeugt, wenigstens in ihrer
bekanntesten und von uns bisher allein berücksichtigten Form
(S. 66), die drei Nasenlaute m, n, η (geschrieben 'ng') — von
diesem dritten werden wir gleich weiter hören — dagegen dadurch,
daß der Mund an einer bestimmten Stelle völlig abgesperrt, also
geschlossen wird und die Sprechluft durch die Nase ins Freie
strömt, wobei dann der Mund oder dessen gerade in Betracht
kommendes hinteres Teilstück nur als Hallraum dient.

Wie unterscheiden sich aber die drei Nasenlaute voneinander? Beim m, dem Mundnasenlaut (bilabialen Nasal),
werden nur die beiden Lippen geschlossen, sonst aber der ganze
Mundraum unverändert gelassen, so daß seine ganze weite Höhlung und der dahinter liegende Rachenraum beinahe ein un-
geteiltes Ganzes bilden, das nur das lose herabhängende, den
Naseneingang freigebende Zäpfchen mit den Gaumenbogen an
einer Stelle etwas einschnürt und einengt. Beim n, dem Zahn-
nasenlaut (dentalen Nasal) tritt dagegen die Zunge mit ihrer
Spitze oder ihrem Blatt an die Rückwand der Oberzähne oder
an den Zahndamm und schließt dadurch den vordersten Teil des
Mundraumes von der Mitwirkung aus, sperrt also eine etwas
kleinere Höhlung als Hallraum ab, als das m ihn braucht. Bei
dem dritten Nasenlaut, dem Hintergaumennasal, den die
deutsche Schrift irreleitender und unbequemer Weise durch die
Doppelbuchstaben ng wiedergibt, tritt die Hinterzunge fest mit
dem weichen Gaumen und dem Zäpfchen zusammen; als Hallraum wirkt also beinahe nur die Rachenhöhle, zusammen mit
dem hintersten Abschnitt des Mundes, dem Teil besonders
zwischen den Gaumenbogen. Diesen Laut bezeichnet man in
der Lautwissenschaft mit einem besonderen neuen Buchstaben,
einem n mit einem verlängerten Endstrich: η.

Auch hier fällt der Unterschied zwischen stimmlos und
stimmhaft ins Gewicht. Das stimmlose Gebilde (umschrieben
m n η) klingt beinahe nur wie eine bestimmte Art eines kräf-

tigen Schnaufens, das stimmhafte dagegen dringt mächtig ins Ohr, weil die großen Hallräume dem Stimmton eine breite Unterlage geben.

II. Das Ansatzrohr als Schallverstärker.

Die Darstellung der Nasenlaute hat uns von selbst und ganz unmerklich zu einem neuen Abschnitt hinübergeführt, zur Betrachtung des Ansatzrohrs als Schallgestalter, Schallverstärker, Schalltrichter oder Hallraum, wie wir — gleich gut — der Reihe nach sagen können.

Davon wissen wir auch sonst schon das Wesentliche. Wenn das Ansatzrohr an keiner Stelle allzusehr verengt wird, geht die aus den Lungen kommende Luft ungehindert hindurch; es wird ihr kein nennenswerter Widerstand geleistet, und sie erzeugt darum auch kein Geräusch. Aber der Raum an sich wirkt schon auf alle Schälle, die in seinen Bereich kommen, indem er sie in ihrer Stärke verändert oder in ihrem Klang. Das Ansatzrohr verhält sich hier wie jeder beliebige Hohlraum.

Bekanntlich ist jeder Hohlraum auf einen bestimmten Ton abgestimmt, hat, wie man sagt, einen bestimmten Eigenton und verstärkt eben diesen Ton, sowie sich dessen Schwingungen seinem eigenen Luftraum mitteilen und die in ihm enthaltene Luft auch zum Schwingen bringen. Das hört man unter Umständen ja an dem Widerhall in jedem engen Tal, in einem Kellergewölbe oder unter einem Brückenbogen.

Bekanntlich hängt nun ferner die Art und Höhe dieses Eigentons nicht nur von der Größe des Hohlraums ab, sondern auch von seiner Gestalt. Fülle ich eine Wasserflasche mehr oder minder mit Wasser, so ruft ein Darüberblasen oder Darüberpfeifen ganz verschiedene Töne hervor, je nach der Menge des darin enthaltenen Wassers: ist der leer bleibende Raum klein, so ist der entstehende Klang hoch, ist dieser Raum dagegen groß, so wird sein Hall hohl und tief. So merkt man nach dem Liede ja auch 'am leeren Fasse, wie viel's geschlagen hat'. Nehme ich neben der Wasserflasche zu dem Versuch noch andere Gefäße verschiedenster Gestalt, enge Röhren und weite, oder flache Becken und gewundene Kolben, die sich verjüngen oder gleich weit bleiben oder weiter werden, dann ist jedesmal der Widerhall ganz verschieden, auch wenn der freibleibende, den Hall verursachende Raum genau gleich ist.

Das Anſatzrohr im allgemeinen. Bei dem Anſatzrohr kommt in dieſer Hinſicht nun mehreres in Betracht.
Einmal beſteht es aus einigen Einzelräumen, die alle bei der
Schallgeſtaltung mitwirken: Kehlraum, Rachenraum, Naſenraum,
Mundraum mit Lippenraum und Backenhöhlen. Dadurch wird
der Hall ſowieſo ſchon in der mannigfachſten Weiſe beeinflußt.
Dann aber kann faſt jeder dieſer Räume durch die Umſtellung
der hier vorhandenen beweglichen Teile, wie Kehldeckel, Zäpfchen,
weicher Gaumen, Gaumenbogen, Zunge, Lippen, noch eine wech-
ſelnde Geſtalt bekommen. Das verſtärkt die Grundwirkung unendlich.

Es ſpielt aber noch ein Drittes mit, das ſchon früher angedeutet worden iſt: die Räume wirken in doppelter Richtung,
vorwärts und rückwärts. Man pflegt zwar allgemein hervor-
zuheben, die hinteren Laute hätten eine ſtärkere Hallfähigkeit
als die vorderen, k z. B. eine größere als p, und unleugbar
fällt der hier unzweifelhaft auch vorhandene Unterſchied leicht
ins Ohr, ebenſo wie er auch gleich in die Augen ſpringt. Aber
man darf den Unterſchied auch nicht übertreiben: das vorn erzeugte i ſteht in dieſer Hinſicht doch nicht etwa zurück hinter
dem ganz innen erzeugten u. Und man darf vor allem nicht
vergeſſen, daß auch der rückwärtige Hohlraum den Schall merklich verändern kann.

Um das zu beweiſen, darf man keine Laute miteinander
vergleichen, die verſchieden weit vorn erzeugt werden, wie etwa
f und s oder p und t. Es wirkt zwar ſicherlich hinter f und p
ein größerer Hallraum als bei s und t; aber es fehlt hier eben
die Grundlage zum Vergleiche. Anders ſteht es, wenn man
einen und denſelben Laut als Vergleichsgegenſtand wählt und
dann dem hinteren Hohlraum verſchiedene Geſtalt verleiht. Da
ſpringt ſeine Wichtigkeit gleich verblüffend in die Augen. Das
gewöhnliche deutſche l erzeugt man mit alleiniger Hebung der
Vorderzunge, durch Annäherung der Zungenſpitze an die Rückwand oder auch den Damm der Oberzähne; die Hinterzunge
bleibt geſenkt. Hebt man nun aber auch dieſe Hinterzunge,
und bringt man ſie ungefähr in die Lage, in der man ein u
hervorbringt, ſo bekommt man gleich ein ganz anderes l, etwa
ein ſolches, wie es bei Ruſſen und Engländern zuweilen auffällt, und wie es in geringerer Ausgeprägtheit auch Weſtfalen
und Mecklenburgern eigen iſt; mit andern Worten ein l, das
beinahe ganz wie u klingt oder doch wenigſtens ſehr an u er-

innert. Wir haben hier also ein sogenanntes gutturales l (das man nach dem Vorgang der Polen, denen dieser Laut auch eigen ist, genauer ł schreibt) mit Hebung der Hinterzunge neben dem gewöhnlichen sogenannten palatalen l (das man genauer mit l′ bezeichnen kann) mit alleiniger Hebung der Vorderzunge. Ganz das gleiche gilt von dem doppellippigen w: auch dieses kann ich entweder guttural erzeugen, mit Hebung der Hinterzunge, wie es die Engländer in der Regel tun (in Wörtern wie well, wolf), oder palatal, mit Hebung der Vorderzunge, wie es der Franzose macht in Wörtern wie muet, nuit (= mwë, nwï, wo ẅ eben dieses palatalisierte w bezeichnet), oder auch ohne jede Hebung, mit Ruhelage der Zunge, wie wir es in unseren deutschen Wörtern belieben, z. B. in 'wo', 'was'.

In geringerem Maße ist ein solcher Unterschied aber auch sonst häufig vorhanden; bei l z. B., wenn ich verschiedene Vokale vorher spreche oder nachher: also in dem Nebeneinander von il und ul, oder li und lu; il und li haben ein mehr palatales l, dagegen ul und lu ein mehr gutturales, so daß genauer in diesem Fall zu schreiben wäre il′ und l′i, neben uł und łu. Aber auch bei p ist die Verschiedenheit zu spüren, je nachdem man pi sagt oder pu, und ip oder up. Jedenfalls kann ich die beiden p unterscheiden, wenn ich es auch nicht muß; es kommt eben darauf an, wie ich den hinteren Hallraum gestalte, und den kann ich bald so gestalten und bald anders. Aber sein Einfluß und seine Wichtigkeit sind damit wohl bewiesen.

Die Nase im besonderen als Schallraum. Einer besonderen Erwähnung bedarf als Schallgestalter nur noch die Nase. Wir haben schon gesehen (S. 68), daß sie mitwirkt bei der Bildung der Nasenlaute m n η; darauf ist ihre Tätigkeit aber nicht beschränkt. Sie kann auch sonst in aller Form zur Gestaltung von Lauten mit verwandt werden und tritt häufig auch unbewußt mit in Tätigkeit.

Im Grunde können überhaupt alle Laute, deren das menschliche Sprachwerkzeug fähig ist, in doppelter Weise erzeugt werden, mit Absperrung der Nase und mit Öffnung des hinteren Naseneingangs; auf die eine Art entstehen die ungenäselten Formen, auf die andere ihre genäselte Abart. Beide gehen aber immer nebeneinander, so daß jedes Erzeugnis in doppelter Spielart vorhanden ist. Vor allem gibt es von allen Klassen der reinen Mundlaute ohne Ausnahme genäselte Verwandte,

72   Die Lehre von der Lautbildung.

also von den Mundverschlußlauten (k t p und g d b) und von
den Mundengenlauten (χ s š þ f und j z ž ð v) ebenso wie von
den reinen Mundöffnungslauten (a e i o u ö ü, h mit dem Knackgeräusch). Die landläufige Lautlehre übergeht zwar diese Gebilde durchweg und erwähnt nur die allbekannten Nasenlaute
m n η; aber eine allgemeine Darstellung muß sie herbeiziehen,
wenn sie vollständig und folgerichtig sein soll. Es sind diese
Gebilde nun aber folgende:

    a) genäselte Mundverschlußlaute: p̃ t̃ k, b d̃ g̃;

    b) genäselte Mundengenlaute: f̃ þ̃ s̃ š̃ χ̃ ṽ ð̃ z̃ ž̃ j̃ ȝ̃;

    c) genäselte Mundöffnungslaute: die Nasalvokale ã ẽ ĩ õ
ũ ö̃ ü̃, genäseltes h und — der Vollständigkeit wegen — genäseltes
Knackgeräusch ˀ.

Wie man sieht, sind die bisherigen Nasenlaute m n η unter
diesen drei Klassen noch gar nicht mit einbegriffen; vor allem
decken sie sich nicht, woran man zunächst denken könnte, mit
den genäselten Mundverschlußlauten; also m ist nicht gleich b,
und stimmloses m nicht gleich p oder h. Denn bei m wird
der Naseneingang geöffnet, während der Mund noch geschlossen
bleibt, bei genäseltem b dagegen werden Mund und Nase gleichzeitig geöffnet. Ebenso verhalten sich natürlich n zu d, und η zu g̃.

Übersicht. Am besten stellen wir auch hier wieder die
Fälle der Möglichkeiten in einer Übersicht vor Augen, die nach
dem bisher Gesagten keiner weiteren Einführung und Erläute-
rung bedarf.

Tätigkeit des gesamten Ansatzrohrs.

Mund		Nase		
		abgesperrt	offen	
	Verschluß	k t p g d b	k̃ t̃ p̃ g̃ d̃ b̃	η n̥ m̥ η n m
	Enge	Ṛ r̥ l̥ R r l	R̃ r̃ l̥ R̃ r̃ l	
	Enge	χ þ s š f F ȝ ð z ž v w	χ̃ þ̃ s̃ š̃ f̃ F̃ ȝ̃ ð̃ z̃ ž̃ ṽ w̃	
	Weitung	[a̦ e̦ i̦ o̦ u̦ ö̦ ü̦ h̦ ˀ] a e i o u ö ü (h)	[ã ẽ ĩ õ ũ ö̃ ü̃ h ˀ] ã ẽ ĩ õ ũ ö̃ ü̃ (h)	

III. Die Beobachtungsmittel.

Die genaue Feststellung, an welcher Stelle des Ansatzrohres ein Laut erzeugt wird, ist sehr wichtig, aber nicht immer ganz leicht, zumal wenn kein völliger, fühlbarer Verschluß gebildet wird, sondern nur eine Enge oder gar eine weite unregelmäßig geformte Öffnung.

Bei dem Verschlusse handelt es sich meist nur darum, eine bestimmte feste Stelle anzugeben, die man leicht fühlen und betasten kann, selbst wenn man ihre Ausdehnung in die Länge und in die Breite berücksichtigen muß. Bei der Enge und bei der weiten Öffnung hat man dagegen genau zu untersuchen, wo der erweiterte Teil ist, und wie diese Weitung sich nach den verschiedenen Seiten verjüngt, kurz man hat es hier mit etwas viel weniger Greifbarem zu tun.

Wie geht man da zu Werke? Die Antwort auf diese Frage kann nur eine längere Darlegung geben. Denn man hat für die Feststellung des Ortes der Einstellung allein wieder verschiedene Mittel erprobt, einfache und verwickelte.

I. Die Beobachtung des Mundraums.

1. Muskelgefühl. Abgesehen natürlich vom Gesicht, das für gewisse, äußere Gebiete sehr nützlich, ja unentbehrlich werden kann, zumal wenn man einen Spiegel zu Hilfe nimmt, ist als einfaches Mittel an erster Stelle zu erwähnen das Gefühl. Auch bei weniger sichtbaren Einstellungen gibt dieses ziemlich zuverlässige Auskunft, und besonders nach einiger Übung sind die Ergebnisse dieser Selbstbeobachtung so zufriedenstellend, daß sie für allgemeinere Bedürfnisse genügen. Freilich ein Ungeübter kann damit nicht so viel anfangen, wie mit dem Gesicht, und für feinere Beobachtungen und für wissenschaftliche Zwecke ist sie umgekehrt wieder nicht genau genug.

2. Zahnstocher und Maßkeilchen. Darum bedient man sich zunächst einiger anderer einfacher Hilfsmittel, deren Handhabung übrigens auch die Ausbildung des Muskelgefühls sehr fördert und zuverlässiger macht: es sind ein gewöhnlicher Zahnstocher und ein papierenes Maßkeilchen.

Mit dem Zahnstocher betastet man im Ansatzrohr die Stelle genauer, wo gerade der Laut hervorgebracht wird, und überzeugt sich von der Lage der Zunge, der Gestalt des weichen Gaumens, der Bewegung des Zäpfchens u. dgl.

Genauer bestimmt man dann die Verhältnisse mit einem kleinen keilförmigen Maßstabe aus steifem Papier, den wir Maß⸗keilchen nennen. Schiebt man dieses in den Mund, so gibt das Maß, wie weit die keilförmige Spitze in eine Enge oder Höhlung eindringt, einen Begriff von der Größe und Gestalt dieses Raumes. Zur Erreichung einer größeren Genauigkeit braucht man die Seiten des Keiles nur mit einer Gradeinteilung zu versehen; dann kann man die Entfernungen und Größen⸗verhältnisse sogar in festen Zahlen wiedergeben. Ratsam ist die Zuhilfenahme eines Spiegels; dieser ermöglicht es, nicht nur die Bewegung des Papierchens zu überwachen und zu leiten, sondern auch noch die Zahlen an ihm abzulesen, so lange es noch an Ort und Stelle eingeführt ist. Auf diese Weise vermag man leicht zu messen, wie weit z. B. eine Erzeugungsstelle des Gaumens von der oberen Zahnkante entfernt, oder wieviel Zentimeter eine Enge breit ist oder lang.

3. Die Gaumenfärbungen. Anschaulicher und greifbarer sind die Ergebnisse eines weiteren Verfahrens, das man in der letzten Zeit in verschiedener Form versucht und empfohlen hat. Es besteht darin, daß man einen der bei der Lauterzeugung in Tätigkeit tretenden Teile des Ansatzrohres mit einem Färbemittel bestreicht, und hat den Vorzug, daß es von der jeweiligen Einstellung deutliche und dauerhafte Bilder liefert. Man hat es das Verfahren der 'Mundbeobachtung' oder das 'stomato⸗skopische' genannt. Wir ziehen als sprechender die Bezeichnung Gaumenfärbung vor, weil der Gaumen jedesmal, wenn nicht von vornherein, so doch nachträglich bei der Einstellung Farbe erhält, und weil sein Bild schließlich allein maßgebend ist für die Beurteilung.

Die ältesten Versuche dieser Art verdanken wir einem englischen Zahnarzt, J. Oakley Coles. Dieser bestreicht das Dach der Mundhöhle, den harten und weichen Gaumen, mit einer Mischung von Gummi arabicum und Mehl, erzeugt dann den zu untersuchenden Laut und betrachtet an sich dann mit dem Kehlkopfspiegel, wo die an den Gaumen herantretende Zunge den Mehlbrei abgewischt hat; das Bild, das sich ihm da bietet, zeichnet er ab, oder er photographiert gar seinen Gaumen. Auf diesem Wege erhält er ein 'Gaumenbild' oder ein 'stomato⸗skopisches Bild'.

Schwierig und umständlich an diesem Verfahren ist die

Bemalung des Gaumens. Darum hat Grützner die Sache
gewissermaßen umgekehrt. Er bestrich nicht seinen Gaumen,
sondern seine Zunge, die er vorher trocken abgewischt hatte.
Als Färbemittel benutzte er auch nicht Mehl, sondern Karmin-
rot oder chinesische Tusche. Und nach der Einstellung be-
trachtete er endlich nicht, wo die Zunge die Farbe abgewischt
hatte, sondern im Gegenteil, wo sie Farbe an den Gaumen
hingeschmiert hatte. Was er so an Bildern erhielt, ist recht
hübsch und deutlich.

Da aber bei diesen Färbemitteln die Speichelabsonderung
auf der Zunge nicht zu vermeiden ist, die das Bild leicht stört,
hat F. Techmer die Verfahren von Coles und von Grützner
derart zu einem neuen dritten verbunden, daß er seine Zunge
bestrich wie Grützner, aber mit der angenehmeren Colesschen
Mischung von Gummi arabicum und Mehl.

Aber völlig läßt sich die Speichelabsonderung niemals
unterdrücken, und ob man Tusche verwendet oder Karmin oder
Mehl, immer sind die bei diesem Verfahren verwendeten Färbemittel schmierig, und die ganze Färbung des eigenen Mundes
unschmackhaft. Deshalb hat man seine Zuflucht genommen zu
einem künstlichen Gaumen, den man nach seinem eigenen
Gaumen bauen läßt, außerhalb des Mundes bequem bestreichen
kann, zur Lauterzeugung nur eine kleine Weile in den Mund
einzuführen braucht, dann wieder herausnimmt und nun in
Ruhe betrachten, abzeichnen, photographieren oder gar so auf-
heben kann.

Zuerst hat diesen Weg eingeschlagen der amerikanische
Zahnarzt Norman W. Kingsley. Sein künstlicher Gaumen
war aus Guttapercha und wurde mit gewöhnlicher Kreide
bestrichen. Ihm ist bald nachgefolgt ein in Boston aufge-
wachsener Amerikaner belgischer Herkunft, Charles H. Grandgent; aber er hat an dem rauhen, nicht immer geruchlosen
Guttapercha Anstoß genommen und für seine Versuche einen
galvanoplastischen Gaumen fertigen lassen. Wie sich dieser
bewährt hat, soll hier dahingestellt bleiben; jedenfalls ist er —
auch abgesehen von dem kaum zu vermeidenden widerlichen
Metallgeschmack — nicht so billig wie der nur etwa vier Mark
kostende Guttaperchagaumen, den man schon mannigfach verwendet hat.

4. Rousselot. Aber mit diesen künstlichen Gaumen erhält

man zwar Bilder, aber noch keine Maßzahlen zum Vergleich und keine dauerhaften Kurven. Kingsley und Grandgent mußten also noch überboten werden und sind tatsächlich überboten worden vom Abbé Rousselot. Rousselot hat nämlich geradezu eine ganze Folterkammer von Werkzeugen erfunden für die Beobachtung des Ansatzrohres.

An die Stelle des einfachen Kautschuk- oder Metallgaumens seiner Vorgänger setzt er zunächst einmal einen Doppelgaumen oder — genauer — ein ganz dünnes Gaumenkissen. Dieses nimmt er bei der Lauterzeugung in den Mund und verwendet es als Beobachtungskapsel: jedes Andrücken der Zunge vermindert den Luftinhalt dieses kleinen Kissens, jedes Zurückweichen stellt ihn wieder in seiner früheren Größe her. Nun hängt an diesem Kissen aber ein dünner Schlauch, der alle diese Druckschwankungen wieder nach außen leitet in eine Schreibkapsel und sie damit auf eine Rothsche Trommel aufzeichnet. Damit gewinnen wir ja die ersehnte Kurve.

Außerdem hat aber Rousselot noch Mittel angegeben, wie man die Bewegungen der verschiebbaren Teile des Ansatzrohres im einzelnen genau mißt. Es handelt sich dabei ausschließlich um die Zunge und die Lippen.

Die Tätigkeit der Zunge wird beobachtet durch ein verwickeltes maulkorbartiges Werkzeug, eine kleine Beobachtungskapsel in einer mehrfachen Verbindung fester Gelenke, die man so an den Unterkiefer anschnallt oder anschraubt, daß die Kapsel außen am Hals unmittelbar mit der Zungenwurzel in Verbindung steht und die Zungenwurzel auf den Boden der Kapsel drückt. Figur 12 gibt ein Bild dieser so angeschnall-

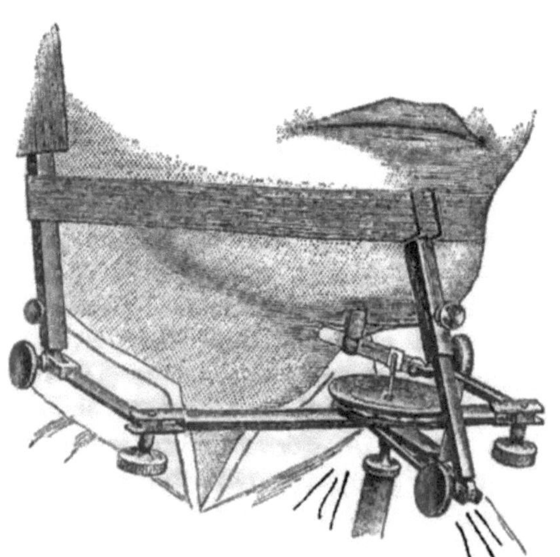

Fig. 12. Rousselots Zungenbeobachter.

ten Vorrichtung. Bewegt sich nun die Zunge und damit ihre
Wurzel, so wird die Kapsel zusammen- oder auseinandergepreßt,
dadurch mit Hilfe einer Schlauchleitung wieder eine Schreibkapsel
in Bewegung gesetzt und ihre zugehörige Schreibtrommel mit
einer Kurve versehen.

Freilich hat dieses Mittel einen großen Nachteil: die Lautbewegung ist bei seiner Verwendung nicht mehr natürlich, weil
die umständliche Vorrichtung den Sprechenden in seiner Tätigkeit
stört. Eine längere Übung und Gewöhnung kann diese Störung
wohl vermindern, aber kaum je ganz beseitigen.

Dieses Urteil gilt übrigens nicht bloß von der eben beschriebenen Zungenbeobachtung; es gilt — wenn auch in geringerem Maße — schon von dem künstlichen Gaumen, ja vielleicht auch von dem Färbeverfahren; und es gilt sicherlich auch
von den Hilfsmitteln zur Feststellung der Lippentätigkeit, denen
wir unsere Aufmerksamkeit jetzt zuzuwenden haben.

Die Bewegung der Lippen mißt Rousselot durch eine Art
Zange, deren Arme sich hinten leicht in einem Ring drehen und
vorn in zwei Schaufeln auslaufen, wie es aus Fig. 13 ersichtlich
ist. Diese Schaufeln hält man an die Lippen und läßt sie der
Auf- und Abwärtsbewegung der Lippen folgen. Eine Beobachtungskapsel, die zwischen den Armen der Zange befestigt
ist (T) und von deren Bewegungen in Mitleidenschaft gezogen wird,
leitet diese Bewegungen in der schon mehrfach beschriebenen
Weise weiter und übersetzt sie schließlich in eine Kurve.

Und nun noch das letzte
Hilfsmittel. Die eben darge-
stellte Lippenvorrichtung war
Rousselot deswegen noch zu
ungenau, weil sie beide Lippen
gleichzeitig beobachtet. Es
könnte ja vorkommen, daß sich
beide Lippen verschieden verhalten, daß sich etwa nur die
Unterlippe bewegt, während
die Oberlippe ruhig bleibt,
oder daß sich die eine stark,
die andere nur wenig ver-

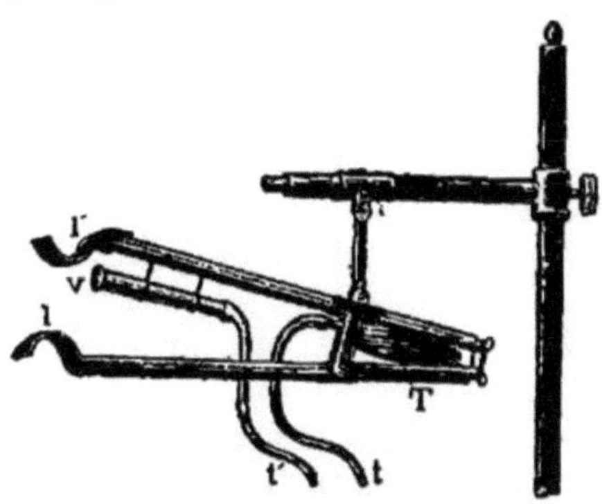

Fig. 13. Rousselots Lippenzange.

schiebt, und es kommt das auch wirklich vor. Um dies genau
festzustellen, hat Rousselot seine Vorrichtung verbessert und ver-

feinert durch Teilung des Kapselraumes. Anstelle der einen ungeteilten Beobachtungskapsel ist eine zweiteilige, 'eine Doppel-
kapsel getreten, die einen festen Mittelboden hat, an dem sie auch
aufgehängt ist, und zwei nachgiebige Außenböden, oben einen
und unten einen. Ihr unterer Teil steht mit dem Zangenarm
in Verbindung, der die Bewegungen der Oberlippe auffängt,
ihr oberer Teil mit dem Arm, der die Unterlippe bedient; dann
hat natürlich jeder Teil auch seinen Leitungsschlauch für sich,
seine Schreibkapsel und Schreibtrommel. Die Bewegung der
einen Lippe wird so durch die eine Kapsel in die eine Kurve
übertragen, die Bewegung der anderen Lippe durch die andere
Kapsel in eine zweite Kurve, die übrigens auch — bei ent-
sprechender Anordnung — auf denselben Papierstreifen wie die
erste Kurve und gleichlaufend neben diese aufgetragen werden
könnte.

Doch ermöglicht diese zweiteilige Vorrichtung auch, die
Tätigkeit beider Lippen vereinigt, in ihrer Gesamtwirkung zu
beobachten. Rousselot fügt dann nur ein gabelförmiges Sammel-
stück in seine Schlauchleitung ein, das die beiden von den zwei
Teilkapseln herführenden Teilschläuche zu einem Hauptschlauch
vereinigt; dann fließen die von den zwei Teilkapseln erzeugten
Luftströme wieder in eine Schreibkapsel zusammen und erzeugen
auch nur eine Lippenkurve, ganz so, wie die zuerst beschriebene
einteilige Vorrichtung.

Damit haben wir die höchste Genauigkeit der Beobachtung
erreicht, eine Genauigkeit, die bisher noch nicht übertroffen
worden ist.

II. Die Beobachtung der Nasentätigkeit.

Damit haben wir aber die Aufzählung der hierher gehörigen Beobachtungsmittel doch noch nicht beendigt; denn
wir haben noch kein Mittel kennen lernen, um das Verhalten
des Nasenraumes festzustellen. Und dieses Verhalten ist sehr
wichtig. Einmal an sich. Die Nase kann bekanntlich als Hallraum mitbenutzt werden: dann entsteht ein genäselter Laut
oder Nasenlaut (oder Nasal); sie kann aber auch ausgeschaltet
werden dadurch, daß sich das Zäpfchen nach hinten an die
Rachenwand anlegt und den Naseneingang absperrt; dann sind
nur ungenäselte Laute oder reine Mundlaute möglich.

Dann ist das Verhalten des Nasenraumes auch der Feststellung wert, weil seine Mitwirkung selbst wieder einen ganz

verschiedenen Umfang annehmen kann: ein Laut kann stark genäselt sein oder schwach. Alles dies muß zahlenmäßig und
mittels Kurven beobachtet werden.

Wie löst man diese Aufgabe?

Auch da verfügt man wieder über eine Reihe von Mitteln.
Wir beginnen mit den einfachsten und enden mit den verwickelten.

1. Zuhalten der Nase. Das einfachste Verfahren, sich
von dem Verhalten der Nase eine Vorstellung zu verschaffen,
ist das Zuhalten mit der Hand. Man empfiehlt in dieser Hinsicht gewöhnlich, den in Rede stehenden Laut zunächst so zu erzeugen und dann, während man ihn fortklingen lasse, die vorderen Nasenlöcher mit der Hand zu verschließeu; geeigneter
erscheint aber die umgekehrte Folge: man bringt den Laut mit
geschlossener Nase hervor und entfernt dann die Hand; denn
da sich das geschickter und sanfter ausführen läßt, greift es die
gerade in Tätigkeit befindlichen Teile nicht so sehr an und stört
ihre Arbeit weniger, verbürgt also eine größere Natürlichkeit
der Erzeugnisse.

Bei beiden Verfahren ist der Sinn der gleiche: ändert sich
der Klang des beobachteten Lautes beträchtlich, so hat der Nasenraum bei seiner Erzeugung eine Rolle gespielt; ändert er sich
nicht oder nur mäßig, so war der Nasenraum bei seiner Erzeugung nicht mit im Spiel.

An sich verhilft dieses Mittel schon zu einiger Erkenntnis:
ein gewöhnliches, ungenäseltes a verhält sich bei der Beobachtung ganz anders als das nur mit Zuhilfenahme der Nase er-
zeugbare, also genäselte ã; denn a klingt während der ganzen
Untersuchung ungefähr gleich, während das ã seinen Klang
merkbar ändert. Ebenso macht man aber mit dem ungenäselten
stimmhaften b ganz andere Erfahrungen als mit einem stimmhaften m.

Dennoch ist dieses Verfahren nur ein schwacher Notbehelf,
besonders wegen seiner Ungenauigkeit. Denn die Nase wirkt
als Hallraum auch dann sehr oft mit, wenn das Zäpfchen ihren
Eingang versperrt. Dann pflanzt eben der geschmeidige Weichgaumen die Erschütterung der Mundluft schon so genügend in
den Nasenraum fort, daß auch die Nasenluft erschüttert wird.
Eine unmittelbare Verbindung der beiden Räume ist also nicht
nötig, die mittelbare durch die feste, aber dünne Wand hindurch
kann sie ersetzen. Dieser Fall ist aber sehr häufig, besonders

in bestimmten Landschaften und bei gewissen Sprechern. Wenn vielleicht auch nicht überhaupt, so kann man doch wenigstens hier getrost sagen, jeder Laut sei genäselt, ob das Zäpfchen nun herunterhänge oder nicht.

2. **Czermaks Messerklinge.** Vor allem ist dieses Zuhalten der Nase also kein empfindliches Mittel. Darum haben verschiedene Gelehrte auch ein paar neue und bessere Vorschläge gemacht. Der Österreicher J. N. Czermak verwendet eine kalte Klinge, am einfachsten eine Messerklinge. Diese hält er vorsichtig unter die Nase, wenn er den Laut erzeugt. Beschlägt sich die Klinge dabei mit Wasserbläschen, so geht Luft und Wasserdampf aus den Lungen durch die Nase, die Nase ist also geöffnet und wirkt mit bei der Sprachbildung; bleibt die Klinge trocken und blank, so ist die Nase geschlossen, der Laut also nicht genäselt.

3. **Brückes Kerzenversuch.** Aber eine solche kalte Messerklinge muß man eben erst zur Verfügung haben und fortwährend wieder kühlen. Deswegen hat E. Brücke den Czermakschen Versuch darin verbessert, daß er an Stelle der Messerklinge eine Kerze setzte. Um gleichzeitig noch das Verhalten des Mundraumes untersuchen zu können, bedient sich Brücke sogar zweier Kerzen. Er versieht zwei dünne Schläuche mit einer Glas- oder Metallspitze; mit diesem Ende steckt er den einen Schlauch luftdicht in die Nase, den andern in den Mund; das andere Ende dagegen richtet er nach einem Paar brennender Kerzen. Bei der Lauterzeugung werden die Flammen dieser Kerzen verschieden in Bewegung gebracht, entweder nur die eine, die vom Munde aus erreicht wird; oder beide, auch die mit der Nase in Verbindung stehende. Flackert auch die Nasenkerze einigermaßen, so geht ein Luftzug auch durch die Nase, der Laut ist also genäselt.

Brücke hat aber auch das Ohr in den Stand gesetzt, über die Näselung zu urteilen, indem er den Nasenschlauch einfach ins Ohr steckte. Geht die Luft bei der Lauterzeugung durch die Nase, ist der Laut also genäselt, so klingt es stark in dem Ohre; im anderen Falle dagegen gar nicht oder nur schwach.

4. **Marey-Grützners Kapsel und Trommel.** An Stelle der Beobachtung durch die Kerzen und das Ohr, die beide nur ein im Augenblick vorübergehendes Ergebnis liefern, haben Marey und Grützner wieder ihre uns schon bekannte Schreibkapsel mit der Rothschen Trommel gesetzt. Diese Anordnung

verzeichnet die Näselung sehr hübsch und sehr fein mit einer
Kurve auf dem berußten Blatte und ermöglicht es, auch sehr
kleine, sonst kaum hörbare und kaum sichtbare Unterschiede festzustellen, so z. B. auch die Beschaffenheit der kurzen Vokale, die
vor Nasenlauten stehen in Wörtern wie Hand und Hund.
Wird hier im Einzelfalle a und u stark genäselt oder schwach
oder gar nicht genäselt? Man behauptet, man erzeuge diese
kurzen Vokale hier ohne jede Näselung, und man könne und
müsse sie so erzeugen. Aber das ist immer sehr fraglich, und man
dürfte vom Standpunkt der reinen Überlegung aus die Möglichkeit der Nichtnäselung jedenfalls schlankweg bestreiten.

5. Rosapellys und Rousselots Änderungen. An
letzter Stelle sind als Beobachter des Nasenraumes zu erwähnen
die beiden Franzosen Rosapelly und Rousselot, die hier freilich
nur mit unwesentlichen Kleinigkeiten in Betracht kommen. Im
Grunde sind beide genau so verfahren wie Marey und Grützner;
Rosapelly, der einmal den Luftdruck in der Nase messen wollte
mit Hilfe einer einfachen Glasröhre und sich dabei einer alten
abgängigen Beobachtungskapsel bediente, weil ihm gerade keine
andere zur Hand war, entdeckte dabei von ungefähr, daß gerade
deren nicht mehr ganz empfindliches Bodenhäutchen ausnehmend
geeignet war, sowohl den starken Druck wie die feinen Schwingungen der Nasenluft mit der gleichen Genauigkeit aufzuzeichnen.
Und Rousselot hat nur noch die eine kleine Neuerung ange-
bracht, daß er an Stelle der Rosapellyschen Glasröhre einen
durchbohrten kleinen Knopf verwendete aus Glas, Holz oder
Elfenbein. Dieser Knopf, den er fest in die Nase steckte, fing
die Bewegung der Nasenluft auf und ließ sie auf dem bekannten Wege durch die Beobachtungskapsel auf die Schreibtrommel
aufzeichnen.

III. Die Beobachtung des Mundtrichters.
Alle diese Dinge sind rein des Nasenraumes wegen erdacht
worden, um festzustellen, ob die Nase bei der Gestaltung eines
Lautes als Schalltrichter mitwirke, und in welchem Maße. Im
Verhältnis zum Ganzen ist die Nase aber die Nebensache. Die
Hauptsache ist das große, vielgestaltige Ansatzrohr des Mundes.
Was leistet dieses im einzelnen als Schalltrichter? Worauf be-
ruhen seine Wirkungen?
Zur Lösung der durch diese Fragen gestellten Aufgabe hat
man verschiedene Wege eingeschlagen.

1. Das englische Vokalviereck. Zunächst hat man nach dem Vorgang englischer Phonetiker, Ellis, Bell und Sweet, den Mundraum ganz geometrisch abgeteilt. Man unterschied von oben nach unten drei Felder und ebenso von vorn nach hinten wieder drei Felder und bezeichnete sie einfach nach ihrer Lage das eine Mal als vorn, mitten (oder eigentlich 'gemischt') und hinten, das andere Mal als oben, mitten und unten. Mit Hilfe dieser drei mal drei = neun Felder kann man ziemlich genau angeben, wo im Munde die für die Bildung eines jeweiligen Halles wichtigste Stelle sei, indem man z. B. sagt, bei i sei diese wichtigste Stelle 'vorn oben', bei u 'hinten oben', während bei a etwa die gemischte Mitte dafür in Betracht käme.

Darnach würde die Einteilung des Mundraumes an sich so aussehen, wie es die untenstehende Figur angibt:

	vorn	gemischt	hinten
oben			
Mitte			
unten			

und die Hauptvokale würden sich so auf dieses Gebiet verteilen, wie sie in folgender Figur eingetragen sind, auf der ə das schwachbetonte e in Wörtern bezeichnet wie Gebet und gebet:

ungerundet

	vorn	gemischt	hinten
oben	i		u
Mitte	e	ə	o
unten		a	

Dabei kommt aber schon eines nicht recht zur Geltung, die Gestaltung der Lippen, die auch die Art des Halles oft mit-

bestimmen. Deswegen haben schon die Erfinder ihre Anordnung verdoppelt, indem sie nochmals unterscheiden zwischen Ge-
rundetheit und Ungerundetheit der Lippen, jedem Felde
also zwei Untermöglichkeiten einräumen. Darnach müßte man
sich die oben gegebene Tafel gerade verdoppelt denken, am
besten etwa in der Art, daß sich über die erste, jetzt als Grundfläche dienende Felderebene noch eine zweite Ebene lagerte als
sozusagen zweites Stockwerk oder wie ein Oberboden. In dieses
obere Feld wären die Laute u und o sowie ü und ö einzu-
zeichnen nach dem Muster der Figur hier unten:

gerundet

	vorn	gemischt	hinten
oben	ü		u
Mitte	ö		o
unten			

Doch hat man der Einfachheit wegen beide Tafeln zu
einer einzigen vereinigt, derart, daß man die Laute der unteren
Ebene mit den gewöhnlichen Buchstaben widergibt, die der
oberen Ebene dagegen mit eingeklammerten Lettern. Dann sieht
das Ganze übersichtlich so aus:

	vorn	gemischt	hinten
oben	i (ü)	·	(u)
Mitte	e (ö)	ə	(o)
unten		a	

ü entspricht dann örtlich also dem i, und ö dem e; ebenso
müßte man aber auch sonst eine Doppelheit voraussetzen und
neben dem gerundeten u ein ungerundetes u annehmen, neben
dem gerundeten o ein ungerundetes o, und diese sind tatsächlich
auch möglich und in gewissen Sprachen auch vorhanden.
☞ Aber die 18 Vokale, die man auf diese Weise bekommt,

genügen auch einfachen Bedürfnissen nicht, zumal wenn man mehrere Sprachen gleichzeitig ins Auge faßt. Bei einer Vergleichung mehrerer Sprachen merkt man sofort, daß noch ein zweites nicht genügend berücksichtigt wird in der bisherigen Ordnung, das Verhalten der Muskeln: diese können bei der Schallgestaltung angespannt, straff werden, aber auch schlaff bleiben, ohne daß der Ort der Einstellung irgendwie geändert würde. Diesen Unterschied haben schon die Begründer dieser Art Einteilung in Rechnung gezogen und die eine Bildung als 'eng', die andere als 'weit' bezeichnet. Straffe Einstellung bringt enge Vokale hervor wie das lange i in nordd. 'nie', die schlaffe dagegen weite Vokale wie das kurze i in nordd. 'Fisch'.

Aber auch diese 36 Vokale reichen noch nicht aus. Sobald man die gleich klingenden Laute mehrerer Sprachen einzuordnen, also z. B. deutsches, französisches und englisches o genau zu unterscheiden hat, erheben sich Schwierigkeiten. Darum haben schon die Erfinder und die ersten Vertreter dieser Lehre nicht nur untereinander manches ganz verschieden aufgefaßt, sondern auch ein und derselbe hat seine Ansicht im Lauf der Jahre oft mehr oder minder geändert. Nach und nach hat sich sogar herausgestellt, daß die vorliegende Einteilung nicht einmal den feineren Anforderungen des Englischen völlig gewachsen ist: ein neueres großes Wörterbuch dieser Sprache verwertet schon 52 besondere Vokalzeichen, erkennt also auch so viel besondere Laute als vorhanden an; das ist schon beträchtlich mehr, als die Einteilung des Vokalvierecks zur Verfügung stellt.

Deswegen hat man sich nach anderen Hilfsmitteln umgesehen und auf einem besseren Wege versucht, hinter das Wesen der Vokale zu kommen.

2. Gaumenbilder. Vor allem erkannte man richtig, daß die Bezeichnung der Haupteinstellung der Vokale mit den Ausdrücken des englischen Vokalvierecks doch zu oberflächlich und allgemein sei. Darum war man zunächst bestrebt, die anatomische Seite des Rätsels etwas aufzuhellen durch eine genaue Untersuchung des Verhaltens der beweglichen Teile des Ansatzrohres, vornehmlich der Zunge und des weichen Gaumens. Zu dem Zwecke griff man zu dem uns schon bekannten Färbeverfahren und entwarf Gaumenbilder. Diese Bilder, von denen wir hier wegen Raummangels leider keine Probe bringen können, sprechen für sich selbst! Wie lehrreich ist

es für den Beobachter zu sehen, daß bei dem einen Laut die Stelle, wo Zunge und Gaumen sich berühren, ein klein wenig mehr nach vorn liegt als bei dem andern, oder daß sie das eine Mal größer, breiter oder länger ist als das andere Mal! Freilich sind diese Bilder immer nur Darstellung der Verhältnisse eines einzelnen Sprechers, die man nicht ohne weiteres verallgemeinern darf. Freilich weiß man auch nicht immer so recht, worauf es bei ihnen ankommt, was man aus ihnen herauslesen darf, zumal da sie angesichts der Verschiedenheit im Bau des menschlichen Mundes bei jedem Beobachter eine andere Sprache reden. Und leider kann man auf diese Weise auch nicht alles beobachten, was man gern wissen möchte, z. B. nicht die Größe und Gestalt des Gaumentors und nicht die Spannung der verschiedenen Muskeln.

Deshalb hat man auf der andern Seite auch zur Physik seine Zuflucht genommen und untersucht, wie die in dem Ansatzrohre gebildeten Halle im einzelnen physikalisch wirken. Es handelt sich dabei in erster Linie immer um die Beobachtung der in diesen Fällen aus dem Munde austretenden Luftschwingungen; aber beizukommen hat man ihrem Wesen auf verschiedenem Wege versucht.

3. **Hensens Sprachzeichner.** Einmal bediente man sich nach dem Vorgang von Hensen der Schallkurven. Man fing die Luftwellen des Mundes in einem Schalltrichter auf, leitete sie weiter zu einer Schreibfeder und ließ diese dann auf einer berußten Glasplatte ihre Bewegungen einritzen. Durch dieses Hilfsmittel hat man sehr hübsche Ergebnisse erreicht; denn die Kurven, die von den einzelnen Lauten hervorgebracht werden, sind wenigstens sehr deutlich, von auffallender Regelmäßigkeit und besonders von ausgeprägt verschiedener Eigenheit. Wir werden sie später (S. 116 mit Fig. 16) noch genauer vorführen.

Ähnliches hat man mit dem Edisonschen Phonographen versucht, aber wegen der Kleinheit und Feinheit der Platteneindrücke noch ohne den erwarteten Erfolg.

4. **Die Königschen Flammenbilder.** Dagegen sind wieder sehr deutlich und anschaulich die Ergebnisse von König. Dieser beobachtete, welche Wirkung die Schallwellen des Mundes auf eine brennende Flamme ausüben. In eine gewöhnliche Gasleitung ist unmittelbar vor einem Brenner eine kleine Hohlkugel eingeschaltet, die ein feines nachgiebiges Häutchen luft

dicht in zwei Hälften teilt. Die eine Hälfte dient dem Gas als Durchgangsraum, das an dem daraufsitzenden Brenner an= gezündet wird; die andere Hälfte dagegen steht offen mit einem Schalltrichter in Verbindung. Bleibt nun dieser Schalltrichter unbenutzt, so brennt die Flamme ruhig wie jede andere Gas= flamme; spricht man aber einen lang ausgehaltenen Vokal in den Schalltrichter, so erschüttern dessen Schallwellen die Luft in der einen Kugelhälfte und damit auch das Häutchen; die Schwingungen dieses Häutchens aber beeinflussen wieder den Durchfluß des Gases in der andern Kugelhälfte und bringen die sonst wie gesagt ruhig brennende Flamme zum Flackern.

Zur Verdeutlichung und bequemeren Beobachtung dieses Flackerns hat nun König eine sinnreiche Einrichtung verwendet, den Drehspiegel. Dieser, ein Würfel mit vier Spiegeln an seinen vier senkrechten Flächen, wird rasch neben der Flamme um seine senkrechte Achse gedreht und läßt dadurch die rasch nacheinander erscheinenden Flammenbilder räumlich nebeneinander erscheinen. Diese Bilder zeigen ähnliche Verhältnisse wie die Kurven des Hensenschen Sprachzeichners: das Aufflackern wechselt ganz regelmäßig ab mit einer Verkleinerung der Flamme, und jedem Vokal ist eine andere Art Flackern eigentümlich, nicht nur dem a eine andere wie dem i, sondern auch dem helleren, offe= nen e eine andere wie dem dunkleren, geschlossenen e. Wir werden darauf später noch ausführlich zurückkommen (S. 114 f.).

5. Die Marbeschen Rußbilder. Nun gilt es noch, diese Bilder auch dauernd festzuhalten. Diesem Zwecke diente natürlich zunächst die Photographie, und diese hat man bisher auch ausschließlich benutzt. In letzter Zeit hat aber K. Marbe in Frankfurt ein neues, sehr billiges und einfaches Verfahren entdeckt, das dieselben, ja noch bessere Dienste leistet als die Photographie. Marbe läßt einen Telegraphenstreifen ziemlich rasch über drei wagrechte Rollen laufen, von denen eine, die mittlere, etwas tiefer liegt als die beiden andern, äußern, und stellt unter diese unterste Rolle eine stark rußende Flamme, die ihren Ruß auf dem Papierstreifen absetzen muß. Beachtenswert ist nun aber das Aussehen dieses Rußniederschlages je nach den Umständen. Eine ruhig brennende Flamme liefert einen gleich= mäßigen, ungegliederten grauen Streifen, eine bewegte Flamme aber Gebilde verschiedenster Art und Form, teils Ringe, teils Flecke, teils auch Zungen. Nun hat Marbe unter die Flamme

eine Königsche Kapsel gesetzt und diese in der Weise von König mit Hilfe eines Mikrophons beeinflußt. Dies hatte zur Folge, daß auf dem Papierstreifen beim Hineinsprechen von Vokalen wieder eine regelmäßige Reihe sehr merkwürdiger Ringe erschien, aus deren Angabe sich sogar die Schwingungszahl des erregenden Tons bestimmen ließ. Wir werden auch davon später zu reden haben (S. 116 f.).

6. Die Helmholtzschen Schallkugeln. Alle die bisherigen Versuche haben aber so ziemlich nur äußerliche Unterschiede in den Folgeerscheinungen der Vokalbildung aufgedeckt; in das eigentliche Wesen der Vokale haben sie nicht hineingeleuchtet. Nur Marbe macht davon eine rühmliche Ausnahme, indem er uns wenigstens ein Mittel in die Hand gibt, bei den erzeugten Lauten die Schwingungszahl und damit die Tonhöhe zu bestimmen.

Diese Tonhöhe hatte man freilich auch schon vorher feststellen können, aber auf einem ganz anderen Wege, mit Hilfe der Helmholtzschen Schallkugeln (oder Resonatoren). Wir kennen die ja schon von der Einleitung her (S. 8). Es sind an den beiden Seiten geöffnete Hohlkugeln verschiedener Größe, deren jede auf einen bestimmten Ton abgestimmt ist und diesen Ton kräftig verstärkt, sobald seine Schallwellen in den Hohlraum der Kugel dringen und die darin befindliche Luftmenge in Schwingung versetzen. Das Erklingen der Schallkugel ist mit andern Worten also ein sicherer Beweis dafür, daß der sie beeinflussende Außenton die gleiche musikalische Höhe besitzt wie ihr eigener Hohlraum. Auf diese Weise kann man — auch bei geringer musikalischer Begabung, wie Helmholtz ausdrücklich anführt — durch eine einfache Probe mit der Reihe der Schallkugeln auch die Höhe und Zusammensetzung des in dem Ansatzrohr gerade erzeugten Widerhalles feststellen. Helmholtz hat das schon selbst gründlich besorgt — Anfang der sechziger Jahre — und tatsächlich die Höhe und damit auch ein Teil des Wesens der Vokale — im Grunde ziemlich abschließend — fest bestimmt.

7. Cloyds Hallflasche. In letzter Zeit hat sich ein Engländer, R. J. Cloyd, demselben Ziele aber auch von anderer Seite zu nähern versucht. Er benutzte eine walzenförmige Röhre aus Blech oder Glas, die an beiden Enden durch Korke verschlossen war. Während der eine Endkork festlag, war der andere längere — er hatte 44 cm Länge — sehr verschiebbar.

In dieses verschiebbare Endstück steckte Lloyd jeweils eine oder zwei Glasröhren von verschiedener Weite und Länge, so daß er 2—3 besondere, aber miteinander verbundene Hohlräume zur Verfügung hatte. Durch eine weitere in dem verschiebbaren Kork steckende enge Röhre, deren Ende lose mit Glas- und Metallsplittern angefüllt war, brachte er die Hohlräume zum Tönen, indem er durch die Splitter hineinblies und dadurch eine Art Flüstergeräusch erzeugte. Durch Verschiebung des Korkes konnte er den größeren Hohlraum verändern und dadurch auf verschiedene gerade verwendbare Eigentöne abstimmen, durch Wahl der Glasröhre den kleineren, eben durch diese Röhre gebildeten. Waren die Verhältnisse geschickt getroffen, so brachte das Anblasen der ganzen Vorrichtung genau den Klang eines Vokals hervor. Jetzt, wo man das Ergebnis hatte, brauchte man nur die Größe der beiden (oder der etwa nötigen drei) Hohlräume zu messen, um die Bedingungen und Ursachen dieses Ergebnisses kennen zu lernen. Es ging also aus diesem Versuch hervor, daß ein Vokal aus mehreren Teiltönen zusammengesetzt ist, und man konnte auch feststellen, welche Teiltöne dies im einzelnen seien. Allerdings steckt diese Art der Untersuchung noch in den Anfängen; doch läßt sich in der Zukunft, so darf man hoffen, noch etwas Schönes aus ihr machen.

Damit haben wir hinreichend kennen gelernt, wie man die Tätigkeit des Ansatzrohres beobachtet. Das Gesagte gibt nur das Wichtigste, genügt aber für unsere Ansprüche und Bedürfnisse. So können wir diesen Abschnitt bequem beschließen mit einem Blick auf das, was wir hinter uns haben, allerdings indem wir nicht rein wiederholend, sondern eher vergleichend zusammenfassen.

D. Kehlkopf und Ansatzrohr verglichen und verbunden.

Wie nehmen sich nun am Schluß unserer Vorführung die Leistungen des Ansatzrohres aus neben denen des Kehlkopfs? Welcher Teil leistet mehr? Und worin leistet er etwa mehr? Und wodurch wird ein Vorzug des einen Teils wieder aufgewogen durch einen Vorzug des anderen?

a) Vergleich der Tätigkeit beider. Der Beginn der Besprechung der Ansatzrohrtätigkeit hat uns das Allgemeine

schon gelehrt, daß das Ansatzrohr gegen den Kehlkopf einen
Vorzug hat: während der Kehlkopf nur Schälle erzeugt, hat
das Ansatzrohr die doppelte Aufgabe, Schälle nicht nur zu er-
zeugen, sondern auch umzubilden. Dafür sind die Schälle des
Kehlkopfs freilich vielseitiger: sie sind Klänge und Geräusche;
die des Ansatzrohrs dagegen sind einseitig: sie sind ausschließlich
Geräusche. Von diesem Verhältnis hat uns die Übersicht auf
S. 55 ja schon genügend Kunde gegeben.

Jetzt gehen wir weiter und betrachten das Besondere.
Wie stellen sich nun beide Teile hinsichtlich der Erzeugungsstellen und bezüglich der Erzeugungsart? Auf diese Frage gibt
die folgende Übersicht eine bündige Antwort:

| | Erzeugungs- | |
	stellen	arten
Kehlkopf	1	3—5
Ansatzrohr	3—10	3

Sie zeigt, daß im Kehlkopf nur eine Stelle für die Lauterzeugung in Betracht kommt, die Stimmbandgegend, aber verschiedene Einstellungsarten: ganze Öffnung, kleinerer Spalt,
Stimmbandnäherung mit Knorpelöffnung, Stimmbandschluß und
Knorpelöffnung, völliger Schluß. Das Ansatzrohr ist dagegen
viel mannigfaltiger auf der einen Seite und viel einförmiger
auf der andern. Orte der Einstellung kommen bei ihm viele
in Betracht, die sich auf drei Hauptgegenden verteilen, Lippen,
Zähne, Gaumen, Einstellungsarten aber nur 3: Verschluß,
Enge und Weitung, oder 5—6, wenn man die Mischfälle berücksichtigt und besonders rechnet: Verbindung von Mundverschluß und Mundenge bei den r- und l-Lauten, und Verbindung von Mundverschluß und Nasenöffnung bei den Nasenlauten. Es zeigt sich auch hier, wie alles durcheinandergeht,
wie trotz der Schärfe, mit der man die Erscheinungen einteilen
kann, eben immer Übergänge vorhanden sind. Das ist das
Merkwürdige in der Natur, daß sie alles vermittelt, daß sich in
ihr nie etwas scharf abtrennen läßt.

b) Zusammenarbeit von Kehlkopf und Ansatzrohr.
Nun sehen wir noch, was entsteht, wenn Kehlkopf und Ansatz-

rohr zusammenwirken, wenn die Tätigkeiten, die wir erst einzeln betrachtet und dann bloß verglichen haben, einmal zusammenspielen.

Am besten bedienen wir uns auch hier wieder einer Übersicht, wie sie folgende Anordnung gibt.

		Kehlkopf	
		ruhig	tätig
Ansatzrohr	ruhig	Atmen	Vokale; h; Knackgeräusch
	tätig	stimmlose	stimmhafte
		Geräuschlaute	

Darin sind die beiden Rollen, die Kehlkopf und Ansatzrohr spielen können, unterschieden als **ruhig** und **tätig**, und es ergibt sich:

1. Wenn das Ansatzrohr und der Kehlkopf gleichzeitig in der Ruhelage sind, so entsteht kein Laut; es geht durch beide nur die Atemluft durch.

2. Bleibt das Ansatzrohr in Ruhe, und ist der Kehlkopf tätig, dann entstehen die verschiedenen Stimmlaute, die man Vokale nennt, a e i o u ö ü, ferner die h-Laute und das Knackgeräusch, wenn man die besonders rechnen will.

3. Ist das Ansatzrohr tätig und der Kehlkopf ruhig, dann entstehen nur stimmlose Geräusche, natürlich weil der Kehlkopf in diesem Falle ja nicht den von ihm allein ausgehenden Stimmton miterzeugt.

4. Arbeitet aber der Kehlkopf mit, erzeugen die Stimmbänder ihre 'Stimme', so erschallen stimmhafte Geräusche.

Für die Sprache kommen von diesen vier Möglichkeiten also drei in Betracht: die Vokale (mit den h-Lauten und dem Knackgeräusch), die stimmlosen Geräusche und die stimmhaften Geräusche. Es ist also eine große Gruppe von Lauten, die dreifach geteilt ist. Das ist wichtig an sich und wichtig für das Folgende, zu dem wir jetzt übergehen, die Vorführung der einzelnen Laute.

IV.
Die Einzellaute.

Im zweiten Hauptabschnitt haben wir die Sprachwerkzeuge an sich beschrieben, und im dritten ihre Tätigkeit ins Auge gefaßt; im hier folgenden vierten Abschnitt wenden wir uns den Ergebnissen dieser Tätigkeit näher zu, den Lauten.

A. Allgemeines.
Wesen und Einteilung der Laute.
a) Wesen der Laute.

Zunächst fragen wir allgemein: „Was ist ein Laut?" Auf diese Frage läßt sich aber nicht so leicht, jedenfalls nicht kurz eine Antwort geben.

Gewöhnlich faßt man Laute als die einfachsten Bestandteile der Sprache auf und bestimmt sie etwa, wie wir auch getan haben (S. 52), auch noch ihrer Herkunft nach als Schälle, die erzeugt werden, wenn dem aus den Lungen kommenden Luftstrom an irgend einer Stelle des Kehlkopfs oder des Ansatzrohres ein willkürlicher Widerstand entgegengesetzt wird.

Diese Auffassung ist schon richtig, hat aber verschiedene schwache Seiten.

I. Einmal muß man beachten, daß solche Sprachlaute an sich oft gar nicht in der Sprache vorhanden sind. Denn wir sprechen in Sätzen, nicht in Einzellauten. Diese Sätze allein kann man genau genommen betrachten. Von ihnen müßte man eigentlich ausgehen, sie dann in ihre einzelnen lautlichen Abschnitte zerlegen, die Sprechtakte, in diesen Abschnitten wieder die Unterteile, die wiederkehrenden Lautgruppen betrachten, die wir gemeiniglich Silben nennen, und erst aus diesen Silben sollte man die Einzellaute als letztes Teilergebnis herausschälen.

Dieses natürliche Verfahren hätte aber auch seine Schattenseite. Gerade die Behandlung des Satzes ist am schwierigsten und bedingt — abgesehen von einem feinen Gehör — das Vorhandensein einer großen Anzahl von Einzelkenntnissen, besonders in musikalischer und physikalischer Hinsicht, die man nicht jedermann ohne weiteres zutrauen darf. Schon deshalb setzt man bei einer einführenden Darstellung, wie es die vor-

liegende ist, jene Zerlegung doch besser als geschehen voraus
und geht von ihrem Ergebnis, dem Einfacheren und Leichteren
aus, um von ihr zum Zusammengesetzten und Schwereren erst
allmählich aufsteigen zu können.

Doch wie wir es auch erhalten haben, ob durch Zerlegung oder durch bloße Annahme an der Hand der Überlieferung und Schreibung, dieses Einfache, dieser sogenannte Einzel-
laut, ist ein recht merkwürdiges Gebilde.

I. Die Zahl der Laute.

a) Nachbarliche Färbungen. Einmal gibt es ihrer sehr
viel mehr, als man herkömmlicherweise glaubt. Auf dem
Papier halten wir sie zwar fest durch unser Abc, durch dieses
bloße Doppeldutzend von Zeichen; aber diese Wiedergabe ist
eben sehr ungenau und lückenhaft, wenn auch in mancher Hinsicht sie durch unsere ungeschulte Alltagsauffassung unterstützt und
entschuldigt wird.

So faßt man verschiedentlich etwas als einen Laut zusammen, was in Wirklichkeit nicht dasselbe, sondern sich nur
ähnlich ist. Wenn man dann, was, satt und Sack spricht,
scheint in allen vier Worten der Laut a vorhanden zu sein;
und ebenso glaubt man in Ton, von, Tod, Los immer ein
und dasselbe o vor sich zu haben. Dabei ist aber das a in
jedem der vier Worte anders beschaffen, und das gleiche gilt
von dem o. Bei aufmerksamem Hinhören merkt man freilich
den Unterschied hin und wider auch so, vor allem in bestimmten
Landschaften und bei gewissen Sprechern: so hört man z. B. bei
norddeutschem satt und Vater, Gott und Tod auch die Verschiedenheit des Klanges (S. 165), nicht bloß der Dauer; und in
andern Gegenden drängt sich ebenso leicht eine Abweichung in
der Nachbarschaft von Nasenlauten auf: dann und wann enthalten da einen anderen, einen dumpferen und etwas genäselten
a-Laut gegenüber Worten wie das und was; und umgekehrt
spricht man vielleicht Lohn und wohnen mit einem helleren,
genäselteren o als Lot und woben.

Nicht so feinhörige Gemüter, die dem gegenüber noch zweifeln, schenken vielleicht einer Erwägung eher Gehör, welche
die bei der Erzeugung dieser Lautgruppen obwaltenden Verhältnisse schärfer ins Auge faßt. Bei der Hervorbringung von
daß gehen die gerade in Tätigkeit befindlichen Teile der Sprachwerkzeuge in die a-Stellung über aus der d-Einstellung, bei

was dagegen aus der w-Stellung. Der Weg dieser Teile ist
also beide Male ein anderer, obgleich ihr Ziel doch gleich ist;
und ebenso geht man bei Lot von der o-Stellung gleich in
eine ganz andere Stellung über als bei Lohn; der Ausgang ist
hier zwar gleich, aber das Ziel verschieden. Nun kommt aber
für den Lautklang nicht bloß der eine feste Hauptpunkt in Betracht, sondern die ganze durchmessene Strecke. Wem das nicht
jetzt schon einleuchtet, der wird es sicherlich begreifen bei den
Darlegungen, die wir darüber im Zusammenhang gleich noch
zu geben haben.

Was hier von den Vokalen näher ausgeführt wurde, gilt
aber unverändert auch von den Konsonanten: in satt, können
wir jetzt ohne weiteres glauben, liegt ein etwas anderes t vor
als in Tritt und hier wieder ein anderes als in Gott. Kurz,
eine Fülle von Möglichkeiten!

Zum Überfluß beweist auch noch die Sprachgeschichte die
anfängliche Lautverschiedenheit in solchen Fällen unwiderleglich
dadurch, daß hier später eine deutlichere große Spaltung ein-
getreten ist: aus der scheinbaren Einheit ist eine Zweiheit oder
je nachdem eine Dreiheit oder Vierheit geworden: lateinisch
natus 'geboren' hat im Französischen né ergeben, lateinisch nanus
'der Zwerg' dagegen nain (gesprochen nę̃); das gleich geschriebene
ā muß also doch wohl schon im Lateinischen nicht ganz gleich
gesprochen worden sein.

b) Stellungslaute und Übergangslaute. Auf ein
Zweites ist schon bei der Erklärung der Verschiedenheit des a
in den Wörtern dann und das und des o in den Wörtern
Lohn und Lot hingewiesen worden. Die herkömmliche Sprach-
betrachtung und Schreibung nimmt auf eine große Reihe von
Lauten gar keine Rücksicht, die doch vorhanden sind. Bei der
Aussprache von apa erzeuge ich nicht bloß die drei abgesetzten
Laute a, p und wieder a, sondern die Stimme tönt ja ununter-
brochen; ich gehe von der a-Stellung nicht plötzlich in die
p-Stellung über, sondern allmählich, und von der p-Stellung
wieder ebenso allmählich in die a-Stellung zurück. Ich spreche
ein zusammenhängendes Lautgebilde, sozusagen eine fortlaufende
Lautlinie, während die drei Buchstaben nur drei wichtige Punkte
auf dieser Linie bezeichnen. An sich sind zwischen a und p in
der genannten Gruppe apa ja unzählig viele Nebenlaute vorhanden: zunächst neben dem ganz reinen a ein noch annähernd

reines a, das sich dem p nähert, dann ein noch weniger reines etwas mehr p-ähnliches a, und so fort, schließlich ein p, das noch sehr a-farbig ist, weiter ein weniger a-farbiges p und zu allerletzt wieder das reine p.

Die verschiedene Bedeutung, die sonach Laute haben können in einem fortlaufenden Lautganzen, hat mna auch ausgedrückt durch Namen, die man ihnen gegeben hat. Die Laute nämlich, die sozusagen die Richtung der ganzen Lautbewegung bestimmen, und die das Ohr vor allem auffaßt, nennt man Stellungs-laute, die andern, die in den Übergängen von einem Stellungs-laut zum nächsten vorhanden sind und sich hier durch die vor-geschriebene Bewegung der Sprachwerkzeugteile von selbst ergeben, heißen Übergangslaute.

Diese Bedeutung kann im Einzelfall im Lauf der Ent-wicklung wechseln; besonders kann sich ein Übergangslaut all-mählich zum Stellungslaut auswachsen. Das ist z. B. der Fall in neuhochdeutschem Fähndrich, namentlich, ordentlich, die aus älterem Fähnrich (mittelhochdeutsch vener 'Fähndrich'), namen-lich (von Namen) und orden-lich (von älterem Orden 'Ordnung') hervorgegangen sind.

c) Zusammengesetzte Einheiten. An dritter Stelle ist aber noch etwas zu bedenken. Was soll man genau als Laut-einheit auffassen? Jedenfalls ist nicht alles, was die bis-herige Übung als solche Einheit ansieht, auch in Wirklichkeit eine Einheit. Das stimmhafte z z. B. besteht, wie wir wissen, aus Stimmton und Reibungsgeräusch, ist also — grob gesagt — eine Art s + Stimmton; ähnlich setzt sich das stark gehauchte p aus einer Reihe von Lauten zusammen, die nach und nach schwächer werden. Soll man diese Bestandteile nun für sich rechnen, nicht mehr z sagen, sondern s + Stimmton, nicht mehr p, sondern etwa p + ' + '? Das ginge zu weit. Man muß auch dem Empfinden der Sprachträger Rücksicht zollen, und dieses faßt eben alle derartigen Zusammensetzungen, beson-ders wenn sie durch eine gleichzeitige Einstellung verschiedener Sprechwerkzeugteile hervorgebracht werden, doch als Einheit gegenüber den umgebenden Lauten, namentlich den Übergangs-lauten. Auch das fällt ins Gewicht, daß sich Sprecher und Hörer in dieser Auffassung entgegenkommen; was sozusagen auf beiden Seiten als einheitliches Mittel der Verständigung gilt, kann getrost überhaupt als Einheit gerechnet werden. Zumal

da eine andersartige Behandlung zu den bedenklichsten Folgen
und ins Unendliche führen würde.

Denn wie viele Laute ergäben sich, wenn man die drei
Gesichtspunkte wollte maßgebend sein lassen, die wir hier nacheinander vorgeführt haben, wenn man also die Laute in ihre
feinsten Spielarten schiede nach ihrer Lautnachbarschaft, wenn
man neben den Stellungslauten auch die Übergangslaute rech-
nete, und wenn man jedes nur einigermaßen teilbare Erzeugnis
wirklich in seine möglichen Bestandteile zerlegte. Die Zahl der
Laute würde unübersehbar und wäre noch schwerer einzuteilen,
als sie jetzt schon ist.

Eine folgerichtige Durchführung dieser Erkenntnis würde
uns auch eine andere schon bestehende Schwierigkeit bedeutend
vergrößern. Denn wie sollten wir diese Einzelbestandteile bezeichnen? Dürften wir sie auch 'Laute' nennen? Was ist oder
was wäre dann ein Laut? Auf diese zu Anfang dieses Abschnittes erhobene Frage kommen wir also jetzt wieder zurück.

II. Der Begriff Laut.

Auch nach der bisherigen Auffassung ist der Ausdruck 'Laut'
nicht unbedingt richtig; jedenfalls ist er nicht wörtlich zu nehmen.
Denn Laut ist manchmal etwas nicht Lautes. Wenn ich 'Stadttor'
spreche, ist das Wesentliche des ('dtt' geschriebenen) t nichts Hörbares,
Lautendes, sondern die Pause. Und diese Pause hat ihren besonderen Klang, je nachdem ich die Sprechwerkzeuge für sie ein-
stelle, je nachdem ich p, t oder k hervorbringen will. Der Däne
Flodström, der auf diese Mißlichkeit zuerst ausdrücklich aufmerksam gemacht hat, wollte daher den Ausdruck 'Laut' ganz ab-
schaffen und schlug dafür die Bezeichnung 'Sprachelement'
vor. Diese setzt zwar inhaltlich gar nichts voraus, ist aber
ungefüge und ihre sprachliche Handhabung schwieriger, weil sie
keinen Ersatz schafft für die neben Laut vorhandenen Bildungen
'lautlich, Lautlehre, Lautgesetz' u. dgl. Und dann könnte ein
grüblerischer Kopf gegen das Wort 'Sprachelement' das gleiche
einwenden, es begreife die Pause nicht in sich, eine Pause sei
kein Element. Darum wollen wir es doch bei dem Ausdruck
'Laut' bewenden lassen, namentlich auf Grund der Erwägung,
der sich auch Flodström nicht hätte verschließen dürfen, daß
Wörter alltäglich ihre Bedeutung ändern und selten mehr in
ihrem ursprünglichen, eigenen Sinn gebraucht werden, daß Laut
also anstandslos auch etwas Stummes, Nichtlautes bezeichnen

kann. Wir verwenden also den Ausdruck 'Laut', verstehen darunter aber eben das, was Flodström mit seinem Wort Sprachelement bezeichnen wollte.

b) Die Einteilung der Laute.

Jetzt tritt an uns die Aufgabe heran, diese Laute einzuteilen. Sie ist schwerer, als man anfänglich denkt. Wir wissen,
in wie verschiedenem Sinn der Ausdruck Laut gebraucht werden kann, wir erinnern uns, wie sehr groß und verschiedenartig
die Anzahl dieser Gebilde überhaupt ist, und wir ermessen
schließlich, wie sehr ihre Größe wechselt, je nachdem man den
Begriff enger faßt oder weiter.

Aber das soll uns nicht beirren. Halten wir uns hier
einfach an die überlieferte Bedeutung des Wortes, deren Berechtigung wir kurz zuvor auf Grund des Einverständnisses von
Sprechern und Hörern vertreten haben. Auch so kommen wir
aus den Verlegenheiten nicht heraus.

1. Vokale und Konsonanten. Beginnen wir mit der
üblichsten, schon aus der Schule her bekannten Einteilung der
Laute, die nur zwei große Klassen unterscheidet, Vokale (Selbstlauter) und Konsonanten (oder Mitlauter). Was ist von
ihr zu halten? Ohne Zweifel ist sie bequem und hat bisher
gute Dienste getan und tut sie auch noch weiter; aber bei Licht
betrachtet ist sie sehr falsch; ganz besonders wird sie aber
falsch, wenn man sich an die deutschen Ausdrücke Selbstlauter
und Mitlauter hält, weil diese uns mit ihrer Deutlichkeit und
Verständlichkeit etwas vorspiegeln, was nicht richtig ist.

Um gleich den Stier bei den Hörnern zu fassen, kann man
kurz und bündig sagen: diese übliche Einteilung ist im Grunde
ein Trug; denn alles in allem genommen, kann jeder ihrer
Vokale auch Konsonant sein, und jeder ihrer Konsonanten auch
Vokal; denn jeder Laut kann, wie wir später noch einmal ausführlich hören (S. 145 ff.), beides werden, Konsonant und Vokal,
je nach den Umständen, je nach dem Zusammenhang, in dem
er auftritt. In einer Lautgruppe mit sat fällt a am meisten
ins Ohr; es hat den größten Klang, ist der akustische Höhe-
punkt, ist Träger des ganzen Wortes; a ist der Stimmlaut, der
Vokal; s und t sind Konsonanten, nur Beiwerk, das mitge-
schleppt wird, sie klingen nur nebensächlich mit. In dem Worte
Haus dagegen ist a ebenfalls Vokal, aber allein, alles übrige

ist Konsonant, nicht bloß h und s, sondern — und das ist wichtig und neu — auch das u. In Hut ist u Vokal, in Haus war es eben Konsonant. In Biß ist i Vokal, in Zeit wird es Konsonant.

So können alle sogenannten Vokale Konsonanten werden, a nicht ausgenommen; denn auch dieses verwenden deutsche Mundarten als Konsonant, z. B. das Bayrische in Wörtern wie Buab, liab.

Umgekehrt können nun aber die sogenannten Konsonanten auch Vokale werden. Wenn ich pst recht stark und deutlich ausspreche, ist der Teil, an dem alles hängt, und der am meisten ins Ohr fällt, das s; mithin ist hier s der Vokal, und die andern Laute, p und t, sind Konsonanten. Wenn ich dagegen sage Handel (lautlich genau geschrieben Handl), so ist das Schluß-l Vokal der zweiten Silbe, das vorausgehende d natürlich Konsonant. Ebenso sind in Boden, Atem, Ader, die der Aussprache gemäßer Bodn, Atm, Adr zu schreiben wären, n, m und r Vokale der zweiten Silbe, nicht das geschriebene, aber gar nicht gesprochene 'e'. Ähnliches gilt aber auch noch von vielen andern der sogenannten Konsonanten: mit alleiniger Ausnahme etwa der Verschlußlaute p t k, und wohl auch b d g, können auch sie — wenigstens gelegentlich und in der Voraussetzung — als Konsonanten verwendet werden.

Man wundert sich so oft über Schreibungen der Slaven und spöttelt gern leichthin darüber, daß tschechische Personennamen wie Gregr oder Ortsbezeichnungen wie Krc, Vrbno, Trnowan, Wlkawa nur aus Konsonanten bestünden und deshalb nahezu unaussprechbar seien. Eine solche Auffassung verkennt aber die Tatsachen vollständig; denn ein Teil dieser 'Konsonanten', nämlich r und l, sind eben Vokale, und wenn man die Laute in solchen Wörtern genau der Reihe nach ausspricht, spricht man sie eben als Vokale; und höchstens den Vorwurf könnte man den Tschechen machen, daß sie — genauer und vernünftiger schrieben als wir allzu gelehrten Deutschen.

Die Einteilung also, die man in den Schulen herkömmlicherweise anwendet, gilt eigentlich nur im Einzelfall, nicht im allgemeinen.

Wir dürfen uns aber — und das ist ein zweiter Einwand, den man gegen diese Einteilung erheben muß — bei der Anordnung der Laute überhaupt nicht an ihre zufällige

Verwendung, ihre Funktion halten, sondern an ihr Wesen. Wir dürfen mit andern Worten zur Einteilung nur die Gesichtspunkte wählen, die bei ihrer Entstehung in Betracht kommen.

Nur mit einer starken Einschränkung ließe sich die alte Einteilung auch retten: wenn man unter Vokal und Konsonant etwas versteht, was sie eigentlich — nicht bedeuten; wenn man Vokal faßt im Sinne von 'reinem Stimmtonlaut' oder 'Ansatzrohröffnungslaut', und Konsonant ebenso als 'Lautgeräusch' oder 'als Laut, der durch eine Enge oder einen Verschluß erzeugt wird'; dann wären l m n r wegen ihres etwaigen Geräusches eben Konsonanten (S. 127).

Damit aber nähern wir uns ja dem Standpunkt, den wir schon vorhin als den einzig maßgebenden bestimmt haben, der Einteilung nach dem Wesen und der Entstehung.

Für eine solche vorschriftsmäßige Einteilung stehen verschiedene Möglichkeiten zu Gebote. Man kann

1. das Verhalten des Kehlkopfes ausschlaggebend sein lassen und davon ausgehen, ob die Stimmbänder bei der Hervorbringung des Gebildes mitschwingen oder nicht, ob der Laut also stimmhaft ist oder stimmlos. Danach entstehen folgende zwei Gruppen:

a) Stimmhafte: gewöhnliche Vokale (a, ã); l m n r; b d g; v z ð j ʒ;

b) Stimmlose: geflüsterte Vokale (ḁ, ḁ̃); h, '; l m n r; p t k; f s þ χ' χ.

Diese Einteilung kann also ganz folgerichtig durchgeführt werden; sie beruht auf einem Grundsatz, der brauchbar ist, und der immer ein glattes Ergebnis liefert. Dabei ist die durch sie gelieferte Unterscheidung wichtig und nützlich in mannigfacher Hinsicht, für die Erkenntnis der eigenen Sprache und für die Erlernung der Fremdsprachen; vor allem schafft sie auch eine gute Einsicht in das Doppelwesen der Laute r, l, m und n, sowie über den Unterschied der gewöhnlichen und der geflüsterten Vokale; es ist darum gut, wenn man ihr sein Augenmerk zuwendet.

Schade ist aber, daß die auf diesem Wege erhaltenen zwei Gruppen so groß und nicht übersichtlich sind; man muß daher, um sie zu bemeistern, noch zu andern Einteilungsgründen seine Zuflucht nehmen.

2. Den gleichen Nachteil hat die Gliederung, die sich auf dem Verhalten des Zäpfchens und des dadurch bestimmten Nasenraumes aufbaut, also die Scheidung der Laute in genäselte und ungenäselte; auch sie ist zu allgemein. Aber sie verbreitet doch manche nützliche Erkenntnis; vor allem zieht sie eine scharfe Grenze zwischen den reinen Mundvokalen oder den ungenäselten Vokalen (a e i o u ö ü) und den genäselten (ã ẽ ĩ õ ũ ö̃ ü̃), eine minder scharfe zwischen den stimmhaften Verschlußlauten b d g und den stimmhaften Nasenlauten m n η, — wenn man will, auch zwischen den stimmlosen Verschlußlauten p t k und den stimmlosen Nasenlauten m n η, — und eine ganz schwache Grenze schließlich zwischen den reinen Mundengenlauten (wie f s þ) und ihrer genäselten Spielart (f̃ s̃ þ̃). Da sie schon früher (S. 72) vollständig vorgeführt worden ist, brauchen wir uns hier nicht weiter mit ihr zu beschäftigen.

3. Beträchtlich bequemer und förderlicher als die bisherigen beiden Gliederungen ist die Scheidung nach dem Verhalten des Ansatzrohres, die gleich nach zwei Gesichtspunkten vorgenommen werden kann: a) entweder nach dem Ort der Einstellung oder b) nach ihrer Art.

Nach dem Ort der Einstellung zerfallen die Laute, wie das schon von kurzvorhin bekannt ist (S. 56 ff.), in Lippenlaute (b p, w F, v f; m), Zahnlaute (d t, z s, ž š, ð þ, n), Vordergaumenlaute (g′ k′, j χ′, η′) und Hintergaumenlaute (g k, ʒ χ, η).

Die Rücksicht auf die Art der Einstellung führt, wie das auch noch erinnerlich sein wird (S. 64 ff.), zu drei Hauptgruppen: Verschlußlauten (b d g p t k), Engen- oder Reibelauten (w v, z ž ð j ʒ, F f s š þ χ′ χ) und Öffnungs- oder Weitungslauten (Vokale, Knackgeräusch und h), und den zwei Nebengruppen: r- und l-Lauten einerseits und den Nasenlauten anderseits.

Aber ganz zum Ziel führt auch diese Einteilung nicht. Bei Verwendung der Erzeugungsstelle fallen z. B. alle Laute unter den Tisch, die im Kehlkopf hervorgebracht werden. Das Knackgeräusch und das h sind kein Lippen-, kein Zahn- und kein Gaumenlaut. Und mit den reinen Stimmtonlauten, den Vokalen, geht es ähnlich. Es wird bei ihrer Bildung zwar auch Rücksicht genommen auf die Lage der Zunge, die, wie wir noch ausführlich hören werden (S. 105 ff.), dabei vorn gehoben werden kann oder in der Mitte oder hinten; aber damit trüge man hier einen ganz neuen Gesichtspunkt in die Darstellung, den man hier sonst nicht verwertet hat, die Rücksicht nämlich nicht auf die Erzeugungsstelle, sondern auf den Ort, wo der Klang des Widerhalls hauptsächlich geprägt wird.

Bei der andern Einteilung, der nach der Einstellungs- art, werden die Vokale und die mit ihnen verwandten Laute zwar untergebracht als Mundöffnungslaute; aber auch das ist nur ein Notdach.

Abhelfen könnte man diesen Schwierigkeiten einigermaßen durch Hinzunahme des Kehlkopfs. Man müßte diesen als besonderen Einstellungsort rechnen und dann natürlich auch den Begriff Ansatzrohr ersetzen durch einen weiteren wie 'Ein- stellungsrohr': so ergäben sich Lippen-, Zahn-, Vordergaumen-, Hintergaumen- und Kehlkopflaute. Aber dadurch würde die Einteilung nach der Erzeugungsart wieder bedroht werden, weil darin Kehlkopf und Ansatzrohr miteinander in Wettbewerb treten; denn der Kehlkopf kann mit den Stimmbändern eine Enge bilden, während das Ansatzrohr zum Verschluß eingestellt ist oder zur Enge oder zur Weitung; und er kann umgekehrt auch weit geöffnet sein in dem Augenblick, wo das Ansatzrohr eine Enge bildet oder einen Verschluß..

Kurz, es hat auch das seine Schwierigkeiten. Man muß eben die Augen offen halten und sich alle Merkmale gleichzeitig vergegenwärtigen. Man sagt darum vielleicht besser, man teilt die Laute ein nach dem Verhalten der gesamten Sprachwerk- zeuge, oder um den kurz vorher geprägten bestimmteren Aus- druck zu gebrauchen, nach dem Verhalten des ganzen Einstellungs- rohres: gleichzeitig nach der Stellung der Stimmbänder, des Zäpfchens und der Zunge.

4. Eine weitere Unterscheidung hat E. Sievers empfohlen und durchgeführt: die nach dem gesamten Schallwert, dem 'akustischen Gesamtwert', wie er sich ausdrückt. Sie beruht auf der von uns schon früher einmal erläuterten Einteilung der Schälle in Klänge und Geräusche (S. 54) und untersucht die Laute daraufhin. Natürlich entspringt daraus eine Dreiteilung: die zwei reinen Erzeugnisse, Ton und Geräusch, und ihre Mischung, Ton mit Geräusch. Reiner Ton sind nach Sievers die darum immer schon so genannten Vokale und die Laute l m n r; er gibt dieser Klasse den Namen Stimmlaute oder Sonore; aus

reinem Geräusch bestehen die stimmlosen Geräuschlaute (p t k,
f s š þ χ' χ, h, '), während die Mischung vertreten wird durch die
stimmhaften Geräuschlaute (b d g, w v z ž ð j ʒ).

Unleugbar schafft die Sieversſche Unterscheidung hübsche,
überſichtliche Gruppen mit scharfen Grenzen. In mancher Hinſicht berührt ſie ſich auch mit den früheren Einteilungen; die
Scheidung zwiſchen Ton und Geräuſch vor allem erinnert einerſeits an die Einteilung in Stimmhafte und Stimmloſe, andererſeits an die Trennung der Öffnungslaute von den Engen- und
Verſchlußlauten. So decken ſich ſeine drei Gruppen im allgemeinen mit Teilungen, die ſchon im Vorhergehenden gemacht
worden ſind; ſeine reinen Geräuſchlaute ſind ungefähr die uns
bekannten ſtimmloſen Engen- und Verſchlußlaute, ſeine tönenden
Geräuſchlaute ebenſo unſere ſtimmhaften Engen- und Verſchlußlaute. Ja, ſeine Einteilung vermeidet offenbar geſchickt einen
Fehler, in den man bei der Durchführung jener vom Anſatzrohr
allein ausgehenden Unterſcheidung verſtrickt wird: ſie bringt
auch die Kehlkopferzeugniſſe ſchön unter; h und das Knack-
geräuſch gehören ohne weiteres zur dritten Gruppe.

Nur die reinen Stimmlaute ſind nicht ſo ganz glatt
unterzubringen. Und gerade hier iſt auch wirklich der ſchwache
Punkt der Sieversſchen Auffaſſung. Die Vokale fallen ja zuſammen mit den ſonſt auch bekannten (ſtimmhaften) Öffnungslauten. Aber r l m n? Gerade dieſe Gebilde, deren Unterbringung
auf den erſten Blick ein ſo großer Vorteil der neuen Anordnung
ſcheint, ſind ihr Verhängnis geworden. Wir von unſerem
Standpunkt müſſen das auf der Stelle einſehen; denn wir wiſſen,
r l m n ſind nicht nur nicht immer ſtimmhaft, ſondern auch nicht
immer nur reiner Ton, ſondern haben mitunter eine Beimiſchung
von Geräuſch. Es gibt mit andern Worten alſo 'ſtimmloſe Sonorlaute', was zunächſt ein Widerſpruch iſt, da der Begriff Sonor-
laut eben Stimmhaftigkeit vorausſetzt. Dieſe Laute ſind darnach
eben falſch eingeordnet, oder die Sieversſche Einteilung müßte
mindeſtens ganz abſehen von dieſen ſtimmloſen Nebenformen.
Man hat das Sievers denn auch deutlich vorgerückt. Und er hat
ſich ſo gut verteidigt, als er konnte, indem er trotzdem ſeinen
Gegnern nicht ganz unrecht gab: er hatte, erklärte er in den
ſpäteren Auflagen ſeiner verdientermaßen geradezu berühmt ge-
wordenen 'Lautphyſiologie', entſprechend dem Zweck ſeines
Buches bei ſeiner Einteilung nur die älteren indogermaniſchen

Sprachen im Auge gehabt, die keine stimmlofen Sonore kennen; und das durfte er um so mehr, als damals die gerade in den neueren Sprachen fo häufigen stimmlofen Gebilde diefer Art noch wenig bekannt waren.

Jetzt gibt Sievers fogar das Vorhandenfein von vier Ge- ftaltungen der r l m n zu: 1. ftimmhafte Gebilde ohne Reibungsgeräufch, also die Sonorlaute im urfprünglichen Sinn; 2. ftimmlofe Nebenformen dazu ohne Reibungs- geräufch; 3. ftimmhafte Erzeugniffe mit Reibungs- geräufch und 4. die stimmlofen Entfprechungen wieder dazu mit Reibungsgeräufch. Wollte man feine alte An- ordnung in diefem Sinne verbeffern und erweitern, so hätte man zu fcheiden:

a) reine Halle, wie man vielleicht beffer fagt für 'Sonor- laute' (die Vokale, h, Knackgeräufch; geräufchlofe r l m n);

b) Hemmungsgeräufche (des Anfatzrohres), die alten Ge- räufchlaute (p t k b d g, f s š þ χ, v z ž ð j; geräufchhaftes r l m n).

Beide Klaffen find mit Stimmton und ohne Stimmton erzeug- bar, wenn auch nicht jedesmal die doppelte Entfprechung wirk- lich vorkommt, so daß im ganzen vier Gruppen vorlägen. Aller- dings so hübfch einfach wie die Sieversfche Ureinteilung ift diefe Umänderung nicht geworden, vor allem nicht fo überficht- lich und fo leicht merkbar. Das ift fchade, aber nicht zu um- gehen.

5. Zwei weitere Gefichtspunkte für die Einteilung, die fchon früher in anderem Zufammenhang berührt worden find, haben geringe Bedeutung: die Dauer und die Stärke der Laute.

Beide Gattungen kommen ja ficher vor: ein langes ā hebt fich fcharf ab von einem kurzen (ă), und ebenfo auch noch etwas ein langes f̄ oder s̄ von einem kurzen, fchließlich zur Not auch noch ein langes p̄ (ein p mit einer langen Paufe, etwa in einem deutfchen Wort wie Papppinfel) von einem gewöhn- lichen kurzen p, wenn auch die beiden letzten Doppelungen den meiften nur fchriftfprachlich gebildeten Deutfchen unbekannt fein werden, da fie nur in oberdeutfchen und befonders nur in fchweizerifchen Mundarten deutlich zu beobachten find.

Ebenfo unzweideutig unterfcheidet fich ein ftarkes a, das wir deshalb mit einem fetteren Buchftaben bezeichnen wollen, von einem fchwachen a, und ein ftarkes f von einem fchwachen f.

Aber beide Unterfchiede find — mit einer Ausnahme, die

wir schon kennen (S. 37 f.), und von der wir gleich noch reden wollen — zu fließend; es fehlt die Möglichkeit, eine scharfe Grenze zu ziehen, und wir müßten von vornherein mit der Wahrscheinlichkeit rechnen, daß wir nicht nur zwei, sondern sogar drei oder vier Spielarten auseinanderzuhalten hätten, wie man das auch schon versucht hat. Neben lang und kurz hätten wir also nicht nur mittelzeitig anzuerkennen, sondern auch überlang und überkurz.

Deshalb sind diese beiden Gesichtspunkte zwar im Einzelfall sehr wichtig und niemals außer Acht zu lassen, aber nicht brauchbar für eine allgemeine Einteilung.

Ein solcher Einzelfall liegt uns z. B. nun gerade sehr nahe aus dem Deutschen und ist darum sehr lehrreich: der Gegensatz zwischen starkem stimmlosem Verschlußlaut und schwachem, zwischen **p t k** (nach unserer obigen Schreibung) und p t k, oder (nach der in der Lautwissenschaft üblichen Wiedergabe) zwischen p t k und b d g. In den hochdeutschen Landschaften nämlich (d. h. in Mittel- und Süddeutschland mit Einrechnung natürlich Österreichs und der Schweiz) sprechen wir b d g in Wörtern wie Bein, Dach, Gans nicht mit Stimmton wie der Norddeutsche, sondern ohne Stimmton und unterscheiden dieses b d g von dem p t k in schriftsprachlichen Wörtern wie Pein, Tag, kann's nur durch die Kraft der Ausatmung: b d g sind schwache p t k, und p t k nur starke b d g. Und dennoch ist kein Sprecher und kein Hörer im Zweifel über den Unterschied und über das, was jeweils gemeint ist.

Ergebnis. So hat sich im Grunde alles als unbrauchbar erwiesen und doch wieder als brauchbar. Jeder Einteilungsgrund hat seine Berechtigung in den Tatsachen, beinahe jeder ist aber bei den durch ihn veranlaßten Einteilungsversuchen nicht streng und hartnäckig genug durchgeführt worden. Entschuldigt wird das durch manches: die Erscheinungen selbst sind sehr vielseitig, und gerade die Folgerichtigkeit führt mitunter auf entlegene Gebiete und auf seltene und nebensächliche Lautgebilde.

Zum Ziel kommt man aber doch nur dann, wenn man alle Gesichtspunkte gleichmäßig berücksichtigt und vereinigt. Das gelingt nur durch eine umfassende Zusammenstellung, wie wir sie schon früher gegeben haben. Man überblickt dann gleichzeitig mancherlei: die Folgen der Mitarbeit des Kehlkopfs oder des Nasenraums, die Erzeugnisse bei der oder jener Art der Einstellung des Ansatzrohres u. dgl.

Der Ordnung wegen muß eine solche Zusammenstellung auch einzelne Laute aufnehmen, die im Leben von geringerer Bedeutung sind, aber in irgend einem Zusammenhang doch schon wichtig sind oder einmal wichtig werden können. Aber dafür ist sie auch gleich von vornherein schon für zukünftige neue Ansprüche gerüstet, und sie hat den großen Vorzug, daß sie leichter Klarheit schafft über das Wesen eines gegenwärtigen Lautes. Ein Blick auf die Übersicht führt dem Betrachter nicht nur sofort die wesentlichen Merkmale eines bestimmten Gebildes vor allein durch die Stelle, an der es untergebracht ist, sondern enthüllt auch sein Verhältnis zu Verwandten und Nachbarn, scharf, eindeutig, einfach und doch erschöpfend.

Man hat manchmal auch versucht, gewisse Eigenheiten der Laute durch Farben wiederzugeben, z. B. Stimmhaftigkeit durch rot, Stimmlosigkeit durch schwarz, Näselung durch grün. So verfährt u. a. W. Vietor in seinen weitverbreiteten und namentlich für Schulen recht nützlichen Tafeln. Diese augenfällige Unterscheidung ist nur unter der Bedingung zulässig, daß sie folgerichtig durchgeführt sei, was man von den Vietorschen freilich trotz neuerlicher Verbesserungen immer noch nicht sagen kann. Denn es gibt Fälle, wo grün und rot gleichzeitig am Platze sind, also vereinigt werden müssen, so bei den genäselten Vokalen (ã usw.). Stimmhaftes m n η müßten ebenso rot und grün bemalt werden, stimmloses m n η dagegen halb grün und halb schwarz aussehen. Das führt zu Umständlichkeiten. Aber sollte man die nicht mit in Kauf nehmen um der Wahrheit und Klarheit willen? Doch sicherlich!

Sonst kann man der Vielgestaltigkeit nur beikommen durch Vermehrung und Wiederholung der Felder, also indem man z. B. die stimmhaften Gebilde für sich allein zusammen auf eine Tafel setzt, die stimmlosen dagegen sämtlich auf eine andere Tafel, so wie wir es im Grunde schon zuvor getan haben (S. 72).

Wir wissen nun aber, daß sich die Ergebnisse der verschiedenen Einteilungen in gewissem Sinne doch decken, insofern, als die von dem einen Gesichtspunkt aus abzutrennenden Gruppen auch bei einer anderen Betrachtung für sich ein Ganzes bilden. So fallen die Öffnungslaute zum größten Teil zusammen mit

der Klasse der Sonorlaute, die Engen- und Verschlußlaute dagegen mit den Geräuschlauten. Beide Klassen aber wurden in
älterer Zeit noch richtig unterschieden durch die Bezeichnungen
Vokale und Konsonanten, und, wie wir auch schon gehört haben
(S. 96), läßt sich die Beibehaltung dieser Namen auch mit unseren neuen Anschauungen unter der Bedingung vereinbaren,
daß 'Vokale' ebensoviel bedeutet als 'Stimmtonlaute' und 'Konsonanten' soviel als 'Nichtstimmtonlaute', 'geräuschhafte Laute'.

B. Besonderes (die Einzellaute).

Damit gewinnen wir einen Boden, auf dem wir im folgenden stehen können, wenn wir die Laute nun für sich näher
mustern. Wir können dann getrost unterscheiden zwischen zwei
Hauptklassen von Gebilden, a) den mit Ansatzrohröffnung erzeugten Umbildungen des Stimmtons, deren Grundstock die Sonorlaute ausmachen, die mit Vorbehalt Vokale genannt werden
können, und b) den durch eine Hemmung im Ansatzrohr gebildeten Engen- und Verschlußlauten, die alle ein Geräusch enthalten oder nur Geräusch sind, und die mit Vorbehalt Konsonanten heißen können.

Wir fassen zuerst die Öffnungslaute oder Vokale ins Auge.

I. Die Öffnungslaute (Vokale).

a) Entstehung.

Allgemeines. Bei der Erzeugung der Vokale kommt es
hauptsächlich auf die Gestaltung des Hall- oder Resonanz-
raumes an. Denn diese Laute sind, wie wir wissen, eigentlich
nur Halle des Ansatzrohres. Davon kann man sich überzeugen,
indem man sie geflüstert spricht: a e i o u. Da sind die Stimmbänder vollständig ausgeschaltet, nur der Hallraum ist tätig.

Im einzelnen beruht der Unterschied der Vokale auf Verschiedenem, vor allem auf der Einstellung der Zunge und dem
Verhalten der Lippen.

Die Zunge kann nämlich gehoben werden oder nicht, und
diese Hebung kann an verschiedener Stelle und in verschiedener
Stärke stattfinden: entweder steigt ihr hinterer Rücken in die
Höhe oder ihr vorderer Teil mit der Spitze, oder ihre Mitte.
Und bald läßt diese Hebung für den Durchzug der Luft einen
engeren Gang frei, bald einen weiteren oder ganz weiten.

Die **Lippen** dagegen können vorgeschoben werden oder zurückgezogen, oder sie können eine Mittelstellung einnehmen; dabei kann ihre Öffnung auch noch verschiedene Gestalten aufweisen: sie kann mehr oder weniger **gerundet** sein, sie kann aber auch einen breiteren oder schmäleren **Spalt** bilden.

Weniger wichtig ist die durch die Senkung des Unterkiefers herbeigeführte Entfernung der beiden Kiefer, der sogenannte **Kieferwinkel**. Dieser Winkel ist gleich Null, wenn die beiden Zahnreihen aufeinander liegen und sich berühren, und wird größer, wenn die Zähne auseinander gehen; er ist also stark bei Bildung eines a, schwächer bei Bildung eines e oder o, und ganz gering bei der Bildung des i. Einzelne Vertreter der Lautwissenschaft haben dieses Merkmal sehr in den Vordergrund gerückt und die Kieferentfernung sogar nach Winkelgraden gemessen. Aber allzuviel hat sie doch nicht zu sagen; man kann ja auch alle Vokale mit dem gleichen Kieferwinkel hervorbringen, namentlich mit mittlerem oder kleinerem: a e i o u.

Kaum der Hervorhebung bedarf noch die Tatsache, daß alle die erwähnten Einstellungen der einzelnen Ansatzrohrteile in verschiedener Weise miteinander verbunden werden können und verbunden werden, also Vorstülpung der Lippen mit Hebung der Vorderzunge oder der Hinterzunge, Zurückziehung der Lippen dagegen mit Hebung der Zungenspitze. Davon hören wir gleich das Nähere bei der Einzelbetrachtung der Vokale, zu der wir jetzt übergehen.

Einzelnes. Im allgemeinen herrscht bei der Hervorbringung dieser Erzeugnisse eine auffallende Gleichmäßigkeit in der Verwendung der hierfür vorhandenen Teile des Ansatzrohres. Was man auch ins Auge fassen möge, Zunge, Lippen oder Kieferwinkel, immer folgen die Gebilde — abgesehen von gewissen in der Natur der Sache liegenden Abweichungen — in der gleichen Ordnung aufeinander; sie bilden dann eine Reihe, an deren einem Ende i steht, an deren anderem Ende u. In die Mitte kann man a setzen, aber auch ǝ, das unbetonte, halb gemurmelte e der deutschen Vor- und Nachsilben in Wörtern wie 'Gebot' und 'Gabe'. a hat den Anspruch auf diese Bevorzugung, wenn man nur die eigentlichen, ausdrücklichen Einstellungen in Rechnung zieht, ǝ dagegen bei Betrachtung der gesamten Sachlage. Bei der Hervorbringung dieses ǝ nämlich bleiben die Teile des Mundraumes annähernd in ihrer Ruhe-

lage, es stellt demnach ungefähr den unveränderten, unbeeinflußten
Hall dieses Mundraumes dar, gibt also im wesentlichen nur den
verstärkten Stimmton wieder. Die Zunge wird dazu nur in der
Mitte ein klein wenig gehoben, die Zahnreihen liegen nahe bei-
einander, die Lippen dagegen bleiben schlaff und sind einander
genähert, ohne vorgeschoben oder zurückgezogen zu werden.

Von dieser Grundstellung aus erhält man leicht alle Einstellungen für die anderen Vokale, die Tonvokale.

Den Nasenraum setzen wir dabei zunächst als durch das
Zäpfchen abgesperrt voraus.

I. Mundvokale. a) Grundvokale. Wir beginnen mit der
Zunge. Bei der Hervorbringung des a ist die Zunge in der Mitte
mäßig gehoben, etwas stärker als bei der Bildung des e; bei i
steigt die Zungenspitze nach vorn schräg in die Höhe, gegen den
Zahndamm zu; bei u dagegen hebt sich der hintere Zungenrücken nach hinten, dem weichen Gaumen zu, der sich selbst auch
beträchtlich hebt. Das hat zur Folge, daß das eine Mal der
Hallraum hinten sehr groß ist (beim i), das andere Mal vorn
(beim u), während er das dritte Mal (beim a) durch eine kleine
Einengung in der Mitte so ziemlich gleichmäßig auf vorn und
hinten verteilt ist. Die beigefügten Bilder (Fig. 14) zeigen das
überdies noch zur Genüge.

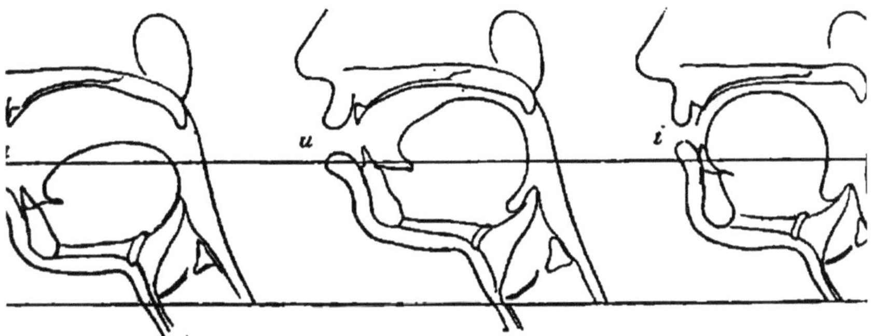

Fig. 14. Einstellung der Sprachwerkzeuge bei der Hervorbringung der
Laute a u i.

In diese Dreiheit i, a, u können nun mehrmals nacheinander
Zwischenglieder eingeschoben werden. Zunächst e und o.

Bei e ist die Zunge nicht so hoch gehoben wie bei i und
nicht so weit nach vorn geschoben, so daß der Durchgang
zwischen ihr und dem Vordergaumen weiter ist. Hinter das a

gehört ſicherlich das o; aber über ſeine genaue Stellung und
über ſein Verhältnis zum u ſind die Forſcher noch nicht ganz
einig, wahrſcheinlich, weil die Sprechenden und darunter ſie ſelbſt
nicht ganz einheitlich verfahren. Man meint zwar bisher faſt
allgemein — der alten Überlieferung folgend, — o ſei vor u
einzuſchalten und erfordere eine mäßige Zungenhebung nicht
ganz hinten, ſo daß die o-Stelle ſchräg vor und unter u zu liegen
käme. Das ſtimmte auch ſchön zu der einmal vorhandenen
Ordnung. In der Wirklichkeit trifft dieſer Anſatz aber nicht
immer zu. Manche erzeugen u weiter vorn als o, offenbar dadurch, daß ſie die Zunge hier ſtärker heben als bei der dahinter ſtattfindenden Erzeugung des o. Man kann alſo die
Zurückſchiebung der Zunge ausgleichen durch die Hochſtellung:
was weiter zurück erzeugt wird, kann auch hervorgebracht werden
durch eine ſtärkere Hebung weiter vorn.

Dieſe gegen die Ordnung verſtoßende Bildung des o und u
iſt nach meinen Erfahrungen ziemlich verbreitet: bei zweimaliger
Umfrage in Lehrerverſammlungen, denen ich die Hauptſachen
der Lautwiſſenſchaft vorgetragen habe, und bei mehrfach wieder-
holter Umfrage bei meinen Hochſchulhörern erklärte gut ein
Drittel bis die Hälfte der Anweſenden ſie als ihr eigen, während ich ſelbſt u und o entſprechend der herkömmlichen Lehr-
meinung erzeuge.

Nach dem Verhalten der Zunge wären alſo die fünf Hauptvokale in folgende einfache Reihe zu ſetzen: i e a o u (oder i e a u o).
Bei Berückſichtigung des Maßes der Hebung könnte man genauer ſo anordnen:

<pre>
        i   u
          e   o
              a
oder
        i   u   o
          e
              a
</pre>

Die Betrachtung der Lippenſtellung führt zu einem ähnlichen Bild.

Zur Hervorbringung des u werden die Lippen ſtark vor-
geſchoben und meiſtens auch vorgeſtülpt, ſo daß ſie eine runde,
röhrenartige Öffnung bilden; bei i werden ſie ſtraff zurückgezogen, ſo daß ſie einen ſchmalen Spalt aufweiſen; bei a da-

gegen werden sie weit geöffnet, aber weder vorgeschoben noch zurückgezogen. e und o ordnen sich auch hier als Zwischen-glieder ein, e zwischen i und a, dagegen o dahinter zwischen a und u. Das o verlangt nämlich eine geringere und weniger runde, auch weniger vorgestülpte Öffnung als u, dagegen eine größere und mehr vorgeschobene, auch weniger weite Rundung als a.

Und ähnlich steht e mitten zwischen i und a.

Nach der wagrechten Bewegung der Lippen wären die fünf Hauptvokale also in folgende Reihe zu bringen, die der oben gegebenen gerade entgegengesetzt ist: u o a e i. Auf die Ge-stalt der Öffnung würde die Anordnung auch zutreffen, insofern als u die eine äußerste Möglichkeit verlangt, die längste und engste Röhre, i die andere Endmöglichkeit, den breitesten, engsten und kürzesten Spalt.

Die Größe der Öffnung läßt sich nur durch eine umständ-lichere Anordnung veranschaulichen, die vorn beginnt mit den beiden kleinsten Einstellungen und hinten endet mit der einen größten, und die oben die Rundung verzeichnet, unten den Spalt:

$$u$$
$$o$$
$$a$$
$$e$$
$$i$$

Einen tieferen Einblick in diese Fragen gewähren gerade hier auch die Gaumenbilder, die man bei den Einstellungen der verschiedenen Vokale bekommen hat.

Man sieht aus ihnen, daß bei a der Gaumen farblos bleibt, die Zunge ihn also nicht berührt; bei u setzt sich die Farbe hinten an, auf einer Stelle, die ziemlich weit bis an die Mitte heranreicht; bei i dagegen lagert sich die Farbe um die Mitte des harten Gaumens ab und greift auch weit nach der Mittellinie zu; das rührt her von der großen Annäherung der Zunge.

Bemerkenswert ist, daß auch hier das Gaumenbild beim Vergleich von u und o die sonstige Beobachtung bestätigt: bei vielen Sprechern setzt sich die Farbe bei Erzeugung des o wirklich weiter hinten ab als bei Erzeugung des u, aber in einer schmä-leren und weniger nach der Mittellinie strebenden Fläche.

Soviel über die Entstehung der fünf Hauptvokale.

Fassen wir die Ergebnisse jetzt übersichtlich zusammen, so erkennen wir i und e als Vordergaumen- oder Palatal- vokale, a als Mittelgaumenvokal und o und u als Hinter- gaumen- oder Gutturalgebilde.

Wir sehen auch, wie die Einstellungen der verschiedenen zu ihrer Erzeugung nötigen Ansatzrohrteile in entgegengesetzter Richtung arbeiten und ihre Wirkung gegenseitig verstärken, indem sie bei den Vordergaumenerzeugnissen nach einem Punkt zusammenstreben, bei den Hintergaumengebilden dagegen mög- lichst weit auseinander treten. Bei i und e verbindet sich näm- lich Hebung der Vorderzunge mit Zurückziehung der Lippen, bei u und o Hebung der Hinterzunge mit Vorschiebung und Vorstülpung der Lippen; das schafft bei i und e einen lang- gestreckten Hallraum nach hinten bei möglichster Einschränkung der Lippenhöhle, bei u und o dagegen einen langgestreckten Raum nach vorn mit Anfügung der ebenso gestalteten Lippenhöhle.

(Zwischenvokale.) Zwischen diese fünf Hauptvokale treten nun noch mannigfache Nebenvokale, zunächst weitere Zwischen- vokale. Wie wir zwischen a und i das e eingeschoben haben, so können wir jetzt noch zwischen i und e ein Zwischengebilde einschieben, das halb i- und halb e-farbig ist; dann aber wieder neben diesem neuen Unterglied ein weiteres Unterglied zweiter Ordnung, das zwischen i und dem eben erwähnten i-farbigen e in der Mitte läge. Kurz, man könnte die Einschaltung un- zählige Male wiederholen; denn es gilt auch hier der Satz, daß nicht bloß bestimmte einzelne Punkte für die Einstellung in Be- tracht kommen, sondern alle Punkte einer fortlaufenden Linie. Im gewöhnlichen Gebrauch ist man freilich viel bescheidener; da unterscheidet man jeweils nur die fünf Hauptvokale in zwei Spielarten, hat also zunächst zwei i, zwei e, zwei u und zwei o, und nennt die eine Abart geschlossen, die andere offen. Die geschlossene Abart, die jeweils mehr von dem sozusagen im Mittelpunkt stehenden a abliegt, also bei e und i nach vorn, bei o und u nach hinten, hat ihren Namen daher, daß bei ihrer Erzeugung das Ansatzrohr eine weitere Höhle, eine größere 'Öffnung' bildet als bei der geschlossenen Nebenform; man hält beide Arten in der Schreibung so auseinander, daß man das Zeichen für den geschlossenen Laut auch mit einem Punkt darunter versieht (i̯, u̯), das für den offenen mit einem Häkchen (i̯, u̯). Es stehen mithin diese Doppelgebilde so in einer Reihe neben einander: i i e ę — ǫ ǭ u u. i ist der i-Laut im norddeutschen bieten, i in bitten, und ebenso stehen nebeneinander beten und Betten, Schlößen und schlössen, Rüße und Rüsse. Über die Einzelheiten der Erzeugung dieser Doppelgebilde brauchen wir nichts genaueres zu sagen; das geht alles aus dem bis jetzt Dargelegten von selbst hervor. Auch in die oben gegebenen Vokalreihen fügen sich diese Doppelglieder ohne weiteres ein.

Von einer Teilung des a haben wir bis jetzt nicht geredet, weil sie etwas weniger einfach ist. Man könnte sich nämlich nicht nur für zwei Unterarten von a entscheiden, sondern für drei. Das eine läge dann dem e zu (man könnte es å schreiben) und wäre. etwa vertreten durch das a in norddeutsch Gatte oder österreichisch-bayrisch mundartlich Jager, das andere nach dem o hin (zu schreiben å) und läge vor in süddeutschem Vater; dazwischen aber stände das wirkliche und eigentliche reine a, das man gemeiniglich das italienische nennt, wenngleich man es genau so tatsächlich etwa nur in Florenz spricht.

β) Mischvokale (ü, ö). Bei allen bisherigen Vokalen, den Grundvokalen a e i o u und ihren Zwischengliedern, standen die Einstellungen der erzeugenden Teile, wie wir wissen, in einem gewissen gegensätzlichen Verhältnis; entweder strebten sie ihrer Mitte zu, oder sie strebten gleichzeitig von ihrer Mitte weg, und verstärkten ihre Wirkung in dem einen wie in dem anderen Falle. Es gibt aber auch Gebilde, bei denen die veränderlichen Teile eher umgekehrt immer der gleichen Richtung zustreben; es ist das eine Art Mischvokale, deren Hauptvertreter ö und ü sind.

Für eine oberflächliche, aber auch für eine allgemeine Betrachtung genügt die kurze Bemerkung, daß nach der Einstellung des Ansatzrohres das ü gemischt ist aus u und i, das ö dagegen aus o und e; und zwar hat ü von u die Lippenstellung, von i die Zungenstellung, und ebenso verbindet sich bei ö Lippenstellung von o mit Zungenstellung von e. Das ü ist also gleichmäßig eine kleine Strecke weiter vorgelagert als das ö.

Für die deutschen Lautverhältnisse ist diese kurze und so bequeme Angabe nicht genau; sie stimmt für gewisse Gegenden des Auslandes, z. B. Frankreichs, aber nicht für die deutsche Schriftsprache und sicherlich auch nicht für den größten Teil der deutschen Umgangssprache und der deutschen Mundarten. Hier muß die Zusammenstellung ein klein wenig verschoben werden,

insofern als die Zunge bei beiden Erzeugnissen etwas weiter
zurückgezogen ist. ü wird zwar durch Lippenstellung von u erzeugt, aber nicht durch Zungenstellung von i, sondern durch
Zungenstellung von e, so daß ü also grob gesagt eine Verbindung ist von u und e. Ganz entsprechend gehört zu deutschem ö neben der Lippenstellung von o die Zungenstellung eines
sehr offenen, nahe bei a liegenden e-Lautes, den wir kurz ä
schreiben können.

Demgemäß darf man vom deutschen Standpunkt bei einer
übersichtlichen Zusammenstellung, darunter auch der in dem
später noch näher zu erläuternden Vokaldreieck, nicht in der
hergebrachten Weise ü sowohl mit u wie mit i auf eine Linie
stellen, und ö nicht gleichermaßen mit o und e, sondern man
muß es eigentlich mit dem nächst tieferliegenden Vordergaumen-
gebilde in Beziehung setzen, so wie wir es vorläufig einmal in
dem nachstehenden Versuch tun:

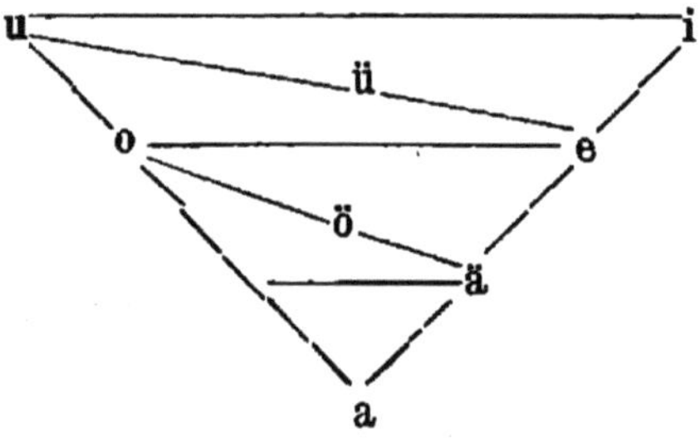

Natürlich treffen wir auch hier wieder Zwischenglieder
an. Wir können kurz und einfach beide Gebilde verdoppeln,
indem wir in der bekannten Art wieder eine geschlossene und
eine offene Spielart unterscheiden, die wir ü̱ und ṳ̈, ọ̈ und ọ̈
schreiben. Vorhanden sind diese Doppelungen in nordd. Wörterpaaren wie Hüte und Hütte, Schöße (Mehrzahl von Schoß)
und schösse (von schießen). Natürlich verlangen diese offenen
Nebenformen eine etwas tiefere Zungenstellung als ihre geschlossenen Entsprechungen; Sievers, der diese Frage gründ-
licher untersucht hat, setzt für alle vier Formen folgende Reihe
an: für ü Zungenstellung des geschlossenen e, für ṳ̈ die eines
etwas offeneren e, für ö die des ä, und für ọ̈ die eines noch
offeneren ä, wie er sagt "die des englischen a in man 'Mann',
hat 'Hut'."

2. Die Nasenvokale. Der Einfachheit halber haben wir bei unserer Darstellung der Vokalverhältnisse den Nasenraum zunächst als geschlossen, vom Mundraum durch das Zäpfchen abgesperrt, vorausgesetzt. Wir haben also bisher nur die reinen Mundvokale ins Auge gefaßt. Jetzt müssen wir auch der Nase unsere Aufmerksamkeit zuwenden und sehen, welche Gebilde entstehen, wenn das Zäpfchen schlaff herabhängt und die Nasenhöhle mit dem Mundraum zusammen wirkt als Schallraum. Wir wissen, daß man dann die Erzeugnisse genäselte Öffnungslaute und — mit dem Vorbehalt, den wir hier immer machen, — kurz Nasenvokale nennt.

Welches sind aber diese Erzeugnisse im einzelnen?

Im allgemeinen können alle bisher beschriebenen Vokale auch genäselt vorkommen, die Grundvokale ebenso wie die Mischvokale, und die Hauptvertreter ebenso wie ihre Zwischenglieder. Es sind also folgende Bildungen zu erwarten und einstweilen als möglich anzusetzen:

$$\tilde{\imath}\ \tilde{\imath}\ \tilde{e}\ \tilde{e}\ \tilde{æ}\ \tilde{a}\ \tilde{a}\ \tilde{o}\ \tilde{o}\ \tilde{u}\ \tilde{u};\ \tilde{y}\ \tilde{y}\ \tilde{ø}\ \tilde{ø}.$$

Für das Deutsche kommen aber diese 15 Gebilde nicht alle in Betracht. Ja, angeblich kennt die deutsche Gebildetenaussprache überhaupt keine genäselten Vokale, weder kurze noch lange. Doch möchte man das nicht so ohne Einschränkung nachsagen. Ganz abgesehen davon, daß die Nase selbst bei Absperrung durch das Zäpfchen leicht als Schallraum mit ins Spiel kommen kann, weil das nachgiebige dünne Gaumensegel die Schwingungen der Mundluft auf sie überträgt (S. 79), sind wir von Haus aus alle mehr oder minder geneigt, in der Nachbarschaft von andern Nasenlauten unsere Vokale etwas genäselt zu sprechen, auch wenn wir das nicht Wort haben wollen. Nicht nur in Fällen wie Hand, Hund kommen so leicht Nasenvokale auf, sondern auch in Wörtern mit vorausgehendem langem Vokal wie Lohn, Zahn, Lehm; wir sprechen dann also genau hãnt, hũnt, lõn, tsãn, lẽm. Mindestens müssen wir da hinter ungenäseltem Stellungslaut mehr oder minder genäselte Übergangslaute anerkennen.

In den Mundarten sind die Nasenvokale nicht nur überhaupt eher anzutreffen, sondern hier wird ihnen die Daseinsberechtigung auch von niemand abgesprochen, nicht nur im Fall der Länge, sondern auch im Fall der Kürze. Sehr häufig nehmen Mundartenforscher für ihre Gebiete durchgängig Nasal-

kürzen in den Fällen an, wo die Schriftsprache sie angeblich nie
zuläßt, nämlich in Wörtern wie Hand, Kind, kommt. Ge-
längte Nasalvokale sind aber daneben nicht nur in gleich-
gearteten Fällen üblich, also in der nachlässigen, mundartlichen
Aussprache von Wörtern wie Mond, gähnt, dient, sondern
sie sind in ausgeprägter Lautung auch ohne genäselte Nachbarschaft anzutreffen, als Ersatz für die früher vorhandene Verbindung eines reinen Mundvokals und eines folgenden gewöhnlichen Nasals; gesegnet ist ja damit vor allen andern Landschaften
die Pfalz, die für 'Bahn, Bein, hin, davon' der Reihe nach
sagt: bã, bẽ, hĩ, dəvõ oder dəvũ, die also alle fünf Grundvokale hübsch nacheinander näseln kann: ã, ẽ, ĩ, õ, ũ.

Hier kommt übrigens auch der schwache, halb gemurmelte
Vokal ə genäselt vor als ə̃ in Formen wie nẽmə̃ 'nehmen',
kũmə̃ 'kommen'.

b) Äußerliche Wirkungen der Vokale.

Bis jetzt haben wir nur die äußeren Verhältnisse bei der
Erzeugung der Vokale untersucht, indem wir die anatomischen
Bedingungen feststellten, unter denen das eine Gebilde erzeugt
wird oder das andere. Einen Einblick in das Wesen der Dinge
haben wir dadurch nicht bekommen, und von dem Grund des
verschiedenen Klangs der einzelnen Angehörigen der Gruppe
wissen wir nichts.

Im folgenden müssen wir uns gerade diesen Fragen etwas
widmen und darum zunächst ins Auge fassen, wie die einzelnen
Vokale äußerlich ganz verschieden wirken.

Daß ein Unterschied zwischen den Vokalen besteht, beweist
uns schon unser Ohr. Worauf beruht er? Wird etwas Verschiedenes aus dem Mund herausgestoßen bei a und bei i?
Man hat das untersucht mit den Hilfsmitteln der Naturwissen-
schaft, namentlich der Physik, und dabei merkwürdige Ergebnisse
gefunden. Zwei sind davon besonders auffällig und sollen uns
deshalb näher beschäftigen, die Königschen Flammenbilder und
die Linien des Hensenschen Sprachzeichners.

Die Hilfsmittel zur Erzielung der Königschen Flammen
kennen wir noch von früher her (S. 85). Hier unten (in Fig. 15)
schauen wir die Ergebnisse, die fünf Bilder, die von den fünf
Grundvokalen u o a e i hervorgerufen werden, während man sie
in einer bestimmten Tonhöhe (c') singt.

Ihr Un-
terſchied
ſpringt in die
Augen. Bald
iſt die Flam-
menzunge
breit, bald
ſchmal, bald
ſpitz, bald
ſtumpf, bald
in Abſätze ge-
gliedert, bald
nicht, und
bald iſt der
Abſatz vorn
und hinten,
bald nur
vorn, bald
weiter oben,
bald unten,
bald ſchneidet
er nach unten
tief ein, bald
nicht. Bei i
3. B. iſt die
Flamme ein-
fach geglie-

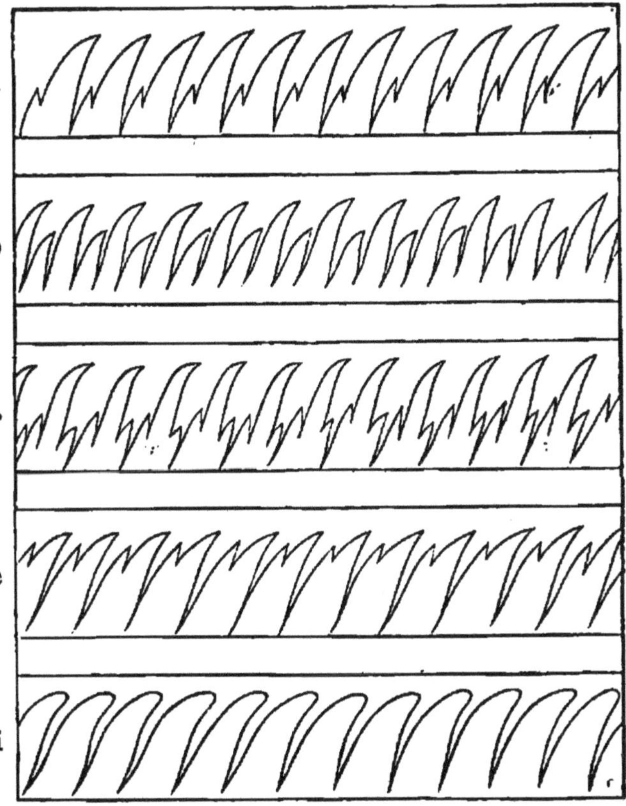

Fig. 15. Die Königſchen Flammenbilder der Vokale
u o a e i, geſungen auf c'.

dert und ihr Ende abgeſtumpft, bei allen übrigen Vokalen da-
gegen ſcharf geteilt und oben zugeſpitzt. Dabei ſteigt die a-
Flamme in zwei Stufen auf und in zwei Stufen ab, die u-
Flamme nur in zwei Stufen auf und in einem jähen Fall ab.

Es müſſen alſo die Luftwellen ganz verſchieden ſein, die
bei der Erzeugung der einzelnen Gebilde aus dem Munde her-
auskommen.

Darauf führt auch der Verſuch von Henſen. Das Weſen
und den Sinn dieſes Verſuchs kennen wir ſchon. Fig. 16 gibt
jetzt noch in 28-facher Vergrößerung die Linien wieder, die ſein
Sprachzeichner auf der berußten Glasplatte entwirft. Man bemerkt auch hier ſofort wieder große Verſchiedenheiten in der
Linienführung: das eine Mal iſt die Welle einfach, das andere

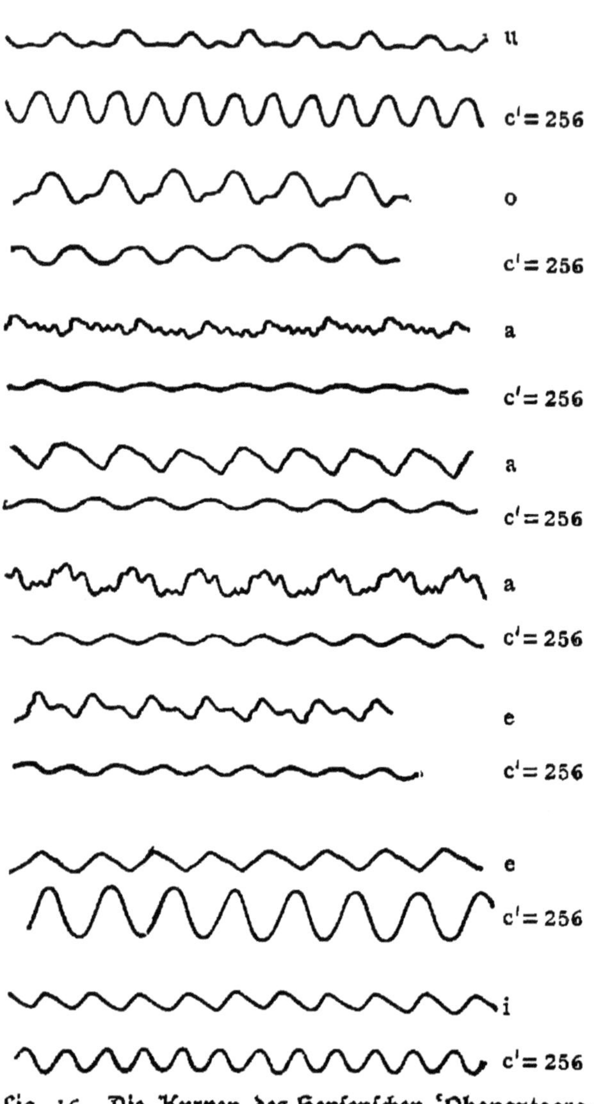

Fig. 16. Die Kurven des Henfenschen 'Phonautographen' (28 mal vergrößert).

Die absolute Höhe, in der der Vokal gesungen wurde, ergibt sich ohne weiteres aus der darunter gezeichneten Stimmgabelkurve, die von der Stimmgabel c' (= 256 Schwingungen) herrührt.

Mal gegliedert, das eine Mal schön geschweift, das andere Mal eher eckig.

Besonders lehrreich und erfreulich ist aber die Ähnlichkeit der Henfenschen Linien mit den Königschen Flammen. Wir finden bei u die Verbindung einer kleinen Welle mit einer großen, bei o dasselbe, nur mit geringerem Unterschied der Wellenhöhe, bei a wieder die reichste Abstufung beim Aufstieg und beim Abstieg, und bei e und i schon einen Anklang an die gebrochene gerade Linie.

Man vergleiche damit noch die ganz regelmäßigen Wellenlinien, welche die eigentliche (absolute) Höhe des Vokals wiedergebende Stimm-

gabel jeweils daneben liefert.

Wieder ganz andersartig sind die Marbeschen Auß-

bilder, denen Vokale zugrunde liegen, die mit 150 Schwingungen Höhe gesungen wurden. Sie zeigen die einzelnen
Schwingungen scharf voneinander getrennt, aber ihre Ringe
weichen untereinander nicht so sehr ab, daß man das gleich
scharf in überzeugende Worte fassen könnte.

c) Das Wesen der Vokale.

Was ist das Wesen der Vokale? Mit der Beantwortung
dieser Frage quält man sich seit langer Zeit schon ab. Klar
war schon früher, daß es sich um einen von der Mundhöhle
gebildeten oder verstärkten Hall handle, und man hat deshalb
verschiedentlich die Höhe der hier möglichen Halle zu bestimmen
gesucht.

Die Höhe des Mundhalls an sich bestimmt man leicht
durch die Beobachtung der Flüsterstimme; aber die Art, wie
die in dem menschlichen Stimmton enthaltenen Teiltöne im
Mundraum behandelt werden, macht Schwierigkeiten. Daher
hat die Frage eine lange Geschichte.

Abgesehen von noch älteren Vorgängern, hat sich von den
uns bekannten Forschern namentlich Hellwag in dieser Richtung bemüht, und einen gewissen vorläufigen Abschluß erhielten
diese älteren Untersuchungen durch den Holländer Donders
1858, der auch noch der Ansicht war, daß die Tonhöhe des
Hallraumes am Vokalklang das wichtigste sei. Nach ihm aber
brach eine neue Meinung mehr und mehr durch, daß weniger
die eigene Tonhöhe dieses Mundraumes in die Wagschale falle,
als das Verhältnis seiner Teiltöne; schon Helmholtz, dessen
Untersuchungen wir schon mehrfach erwähnt haben (S. 8, 87),
hat für u, o und a einfache, für ǫ und ẹ, i, ö und ü doppelte
Halle als wesentlich hingestellt: diese Halle, lehrte er dann, entweder die einfachen oder die doppelten, verstärkten die entsprechenden Obertöne in der von den Stimmbändern erzeugten
menschlichen Stimme. Seitdem haben sich manche Forscher der
Sache weiter angenommen, aber ohne durchschlagenden, alle
überzeugenden Erfolg. Die Ansätze der einzelnen Untersucher
für diese oder jene Einzelheit stimmen nicht nur nicht recht zueinander (was sich noch durch Verschiedenheit der Aussprache
ihrer Versuchsmänner erklären ließe), sondern auch die Grund-
sätze ihrer Anschauungen und ihres Verfahrens sind nicht ganz
einheitlich. In letzter Zeit hat vor andern der auch schon erwähnte Engländer R. J. Lloyd die Ansicht von der Zusammen-

setzung der Vokaltöne in eigenartiger Weise durch seine Versuche
gefördert und verfochten; er behauptet — und darin berührt
er sich vielleicht mit einigen Vorgängern —, das Wesentliche
für den Vokalton sei nicht sowohl die eigentliche, feste Tonhöhe
eines Haupthalls, sondern das Verhältnis verschiedener gerade
in Wettbewerb tretender Teilhalle; diese Teilhalle sucht er dann
durch seine Flasche (S. 87) auch zu bestimmen. Seine Auffassung hat manches für sich und findet u. a. auch eine Stütze
in der Tatsache, daß die Vokale in ziemlich beliebiger Tonhöhe
und Färbung erzeugt werden können und trotzdem immer ungefähr dasselbe bleiben.

d) Die künstliche Hervorbringung der Vokale.

Wenn diese Ansicht von der Zusammensetzung der Vokaltöne richtig ist, dann muß sich auch mit ihr eine Probe machen
lassen: man muß dann durch Zusammensetzung seiner Teiltöne
einfach wieder den Vokalton hervorbringen können. Das hat
man auch wirklich mehrfach unternommen. Wir übergehen
aber einige tastende Versuche seiner Vorgänger, um gleich zu
Helmholtz zu gelangen. Entsprechend seinen Lehren hat dieser
sich Stimmgabeln von verschiedener Höhe anfertigen lassen
und durch einen elektrischen Strom in bestimmter Auswahl zusammen zum Tönen gebracht. Seine Ergebnisse waren nach
seinem Bericht ziemlich befriedigend; die tiefen Vokale u o ö gelangen sogleich, von den übrigen a ä und auch e später; aber
bis zu dem hohen i konnte er nicht 'hinaufreichen'.

Auch auf dem Klavier hat man ähnliches versucht.

e) Die Anordnung der Vokale.

Wir stehen jetzt vor einer neuen Aufgabe, vor der Anordnung der Vokale. Wir erinnern uns, es sind ihrer gut
15, mit den genäselten Nebenformen gut 30. Wie soll man
die in Reih und Glied stellen? Eine Einteilung und Anordnung kann nur nach einem wesentlichen Merkmal des Einzutei-
lenden gemacht werden. Aber wie viele solcher Merkmale ver-
fügen wir? Üblich und berechtigt ist die Einteilung nach dem
Wesen der Dinge; diese würde eine Anordnung nach den Einstellungen des Ansatzrohres erfordern. Ihrem Wesen nach aber
sind die Vokale auch wieder Töne; als solche haben sie einen

bestimmten allgemeinen Klang, aber auch — wie man vermutet — eine feste Tonhöhe. Kann man nicht darnach auch einteilen?

Man hat tatsächlich alles versucht: man hat alle drei Gesichtspunkte maßgebend sein lassen, den Eigenton (Klang), wie man es genannt hat, die Tonhöhe und die Erzeugungsstelle.

1. Die Klangreihen.

Bei dem ersten Gesichtspunkt ging man von einigen wichtigen und auffälligen Vertretern der ganzen Klasse aus und suchte diese in ein gegenseitiges Verhältnis zu bringen. Als Eckpfeiler des Ganzen schienen sich a i u abzuheben, und neben sie brauchte man nur die übrigen als Zwischenglieder oder Abart einzufügen.

So ergab sich von selbst das Bild eines Dreiecks oder einer Pyramide, deren Ecken eben die drei genannten Vokale darstellten. Es ist das berühmte deutsche Vokaldreieck, als dessen Vater und Erfinder Hellwag gelten muß (S. 4). Seine Anordnung ist in der Folge vielfach geändert und verbessert, aber im wesentlichen doch nicht angetastet worden. Wir werden nachher gleich auch den Grund sehen.

2. Die Eigentonreihen.

Nach der Tonhöhe hat in neuerer Zeit die Vokale Moritz Trautmann angeordnet. Von der Ansicht ausgehend, daß jedem Vokal eine feste, unveränderliche Tonhöhe eigen sei, ordnete er diese Laute in der Form eines Kreuzes an, von dem für uns freilich nur drei Arme wichtig sind, und brachte daneben noch Zwischen- und Nebenvokale unter, indem er zwischen je zwei Hauptvertreter der Klasse noch jeweils ein Zwischenglied einschaltete und zwischen die vier Hauptarme auf der Strecke der Winkelhalbierenden noch vier Nebenarme einfügte. So ordnen sich seine Vokale etwa so an:

Dabei bilden alle Glieder eines Armes — in geflüsterter Form natürlich — einen Septimenakkord; und die geschlängelten Linien deuten die von uns nicht weiter ausgestalteten Nebenarme an.

Wir ahnen schon, welche Schwäche seine Anordnung haben muß. Die Tonhöhe der Vokale ist ja — mindestens heute — noch nicht sicher bestimmt und wahrscheinlich überhaupt nicht so einfach bestimmbar, da die Vokale nicht nur an sich zusammengesetzt sind, sondern ihre Bestandteile nach den Umständen auch noch mannigfach wechseln können. Und Trautmanns Ordnung leidet auch sonst noch an einem doppelten Fehler, daß sie entweder die wirklich vorhandenen Vokale doch nicht immer gut und einwandsfrei unterbringt, oder daß die von seiner Ordnung an einer bestimmten Stelle vorausgesetzten Gebilde in Wirklichkeit nicht vorkommen. Darum hat sie auch wenig Anhänger gefunden.

3. Die Einstellungsreihen.

An dritter Stelle hat man nach dem Ort der Erzeugung eingeteilt. Dieses Merkmal ist zwar insofern nicht ganz wesentlich, als es über die Natur der Laute gar nichts aussagt, aber es ist sicher und bequem. Man berücksichtigt dabei die Einstellung der Zunge in doppelter Richtung, von oben nach unten und von vorn nach hinten. Aufgebracht und angewendet wurde diese Einteilung zuerst von englischen Gelehrten; man nennt sie darum und nach seiner Form nicht mit Unrecht das englische Vokalviereck.

Wir kennen auch schon seine Schwächen. Die Einstellung aller in Betracht kommenden Teile läßt sich gar nicht nach einem einheitlichen Merkmal beurteilen, weil bald dies und bald jenes mitspricht, und wenn man umgekehrt alle diese Gesichtspunkte in Rücksicht zieht, ergibt sich zwar eine große Anzahl von Vokalen, aber doch ohne daß wieder alle vorhandenen ohne Künstelei untergebracht werden können. Und andererseits können wir von manchen Angehörigen auch des englischen Vokalvierecks als unüblich oder selten wieder ganz absehen.

Aber im wesentlichen bleibt es doch sicher bestehen. Die Hauptvertreter haben darin ihren festen Platz, und ihr Verhältnis zu einander kann leicht bestimmt werden.

Sieht man von allem unnützen Beiwerk ab, so bleiben für

den alltäglichen Gebrauch von dem englischen Viereck doch etwa
gerade die Gebilde zurück, die auch das deutsche Vokaldreieck
schon berücksichtigt und festgelegt hatte. Viereck und Dreieck
fallen so in eins zusammen, die Anordnung nach dem Klang
deckt sich mit der Anordnung nach den Erzeugungsstellen, sobald
man von dem Nebensächlichen absieht oder etwas hinter die
Erscheinungen blickt. Das ist eine gewisse Gewähr für die
Richtigkeit oder mindestens Brauchbarkeit dieser Zwillings-
ordnung.

II. Die Hemmungslaute (Konsonanten).

Von den Öffnungslauten oder Vokalen schreiten wir weiter
zu den Lauten, die auf einer im Ansatzrohr vorgenommenen
Hemmung der Sprechluft beruhen. Diese Laute nennt man am
einfachsten Hemmungslaute; nach ihrem gesamten Klangwert
kann man sie auch als Geräuschlaute bezeichnen, insofern bei
ihnen durchgängig — abgesehen von der reinen, geräuschlosen
Spielart der r- und l-Laute (S. 102) — ein schwaches Geräusch
mindestens miterzeugt wird; dagegen paßt für sie der Ausdruck
Konsonanten nur in dem starren, nicht mehr wörtlich zu neh-
menden Sinne, der nur ihre Entstehung ins Auge faßt und nicht
ihre wechselnde Verwendung (S. 96 ff.).

Als Unterabteilungen weist diese ganze Hauptklasse bekanntlich wieder auf die Engen- oder Reibelaute und die Ver-
schluß- oder Stoßlaute.

Wir beginnen mit den Engenlauten.

a) Die Engen- oder Reibelaute.

1. Die eigentlichen Reibelaute.
(Engengeräusche.)

a) **Labiale Reibelaute.** Von dieser ganzen Lautgruppe
bekommt man am ehesten einen Begriff, wenn man ihre am
leichtesten zu beobachtenden Angehörigen zuerst ins Auge faßt,
nämlich die an der Mundöffnung gebildeten. Es sind das
zwei reine Lippenerzeugnisse, F und w, und zwei mit Hilfe der
Zähne hervorgebrachte Lippengebilde, f und v.

Man sieht und fühlt ohne weiteres, daß diese vier Laute
entstehen, indem man die Luft durch eine Enge hindurchzwängt,

die das eine Mal von den beiden Lippen gebildet wird, das andere Mal von der Oberlippe und den Unterzähnen. Das Wesentliche an ihnen ist das Geräusch, das die an den Rändern der Enge sich reibende Luft hervorbringt.

Selbstverständlich sind F und f stimmlos, w und v dagegen stimmhaft.

Wir wissen auch schon, daß von diesen vier Lauten so ohne Einschränkung üblich eigentlich nur zwei sind, f und v, also die zahnlippigen Vertreter der ganzen Gruppe. Besonders den Norddeutschen sind diese beinahe durchgängig eigen; der Süden und die Mitte des Landes spricht freilich auch vielfach zahnlippige Gebilde, und zwar neben den doppellippigen, aber in verschiedenem Umfang und in verschiedener Abgrenzung. Sehr oft hängt wenigstens die Einstellung von der lautlichen Umgebung ab; dann werden vor u und o etwa die beiden Lippen eingestellt, vor i und e dagegen treten die Zähne mit ins Spiel: es heißt Fuchs und wuchs und wo, aber fiel und vie (= 'wie'); oder man braucht F und w vor oder nach reinen Lippengebilden wie b p m, dagegen f und v in sonstiger Umgebung, so daß man sagt: abFahren, SchubFach, abwischen, um Fier, DampF, aber Einfahrt, Anvohner, vor fier.

Und diese letzte Art der Angleichung wird überhaupt in Deutschland häufig vorkommen, nicht nur im Süden, sondern auch im Norden.

Beim Eintritt in den eigentlichen, hinter den Zähnen liegenden Mundraum wird die Beobachtung schwieriger. Von den hier erzeugten Lautgruppen kommen für uns in Betracht eine aus drei Hauptvertretern bestehende vordere Gruppe und eine aus zwei Untergruppen zusammengesetzte hintere Gruppe. Die vordere Gruppe gehört dem Gebiet der Zähne und ihrer nächsten hinteren Nachbarschaft an, dem Zahndamm und dem vordersten Stück des harten Gaumens; die hintere Gruppe fällt in das mittlere und hintere Gebiet der Mundhöhle, von der Mitte des harten Gaumens bis gegen das Zäpfchen hin.

b) Dentale Reibelaute. Die eben erwähnten drei Hauptvertreter des vorderen, des Zahngebiets sind s, dann der Laut, den unsere deutsche Schrift mit der Buchstabenverbindung 'sch' wiedergibt, und den man in wissenschaftlicher Schrift mit š bezeichnet, endlich der Laut der englischen Buchstabenverbindung th, den man wissenschaftlich zunächst mit þ umschreibt; dieser letzte Laut ist zwar dem Deutschen jetzt ganz und gar fremd und wird hier nur berücksichtigt, weil er ein gewisses Licht wirft auf seine nächsten Verwandten s und š.

Die stimmhaften Entsprechungen dieser drei Laute schreibt man der Reihe nach z, ž und ð.

Im allgemeinen ist man sich über das Wesen dieser drei Laute schon klar. Man bringt sie dadurch hervor, daß man die Vorderzunge, einschließlich der Zungenspitze, gegen den vordersten Teil des Hartgaumens und gegen die Zähne hebt und hier eine Enge bildet, durch die nun die Sprechluft so stark hindurchgezwängt wird, daß sie sich an den entgegenstehenden Kanten zischend reibt. Das diesen also mit Recht so genannten Zischlauten eigentümliche Geräusch ist demnach nur der Hall des durch die eben beschriebene Einstellung hergestellten, mehrfach geteilten, scharfrandigen vorderen Mundraumes.

Aber im einzelnen erheben sich hier gleich verschiedene Fragen über die feineren Unterschiede dieser drei Laute und ihrer Spielarten.

Am besten kann man die Einstellung für das englische þ und seine stimmhafte Nebenform ð angeben, obwohl es hier schon zwei bis drei Unterarten gibt: entweder schiebt man die Zungenspitze etwas unter den oberen Schneidezähnen vor und läßt die Luft durch die hier zwischen Zungenspitze und Zähnen gebildete Enge hindurchstreichen, oder man nähert die Zungenspitze der Hinterseite der oberen Schneidezähne oder auch dem Zahndamm und preßt die Luft vor der Zungenspitze vorbei, entweder nach abwärts auf die Kanten der beiden Zahnreihen zu, oder auch zwischen den Ritzen der Oberzähne hindurch; auf dem einen Wege entsteht das seltene Zahnrand-th (oder interdentales th), auf dem anderen die viel häufigeren Zahnrücken- und Zahndamm-th (das postdentale und das alveolare oder supradentale th).

Aber über die näheren Bedingungen des s und des š weiß man nicht so viel Sicheres. Zwar hebt man beim s und seiner stimmhaften Nebenform z die Zungenspitze gegen die Rückwand der oberen Schneidezähne oder gegen den Zahndamm und erzeugt so das Zahnrücken-s (das postdentale s) und das Zahndamm-s (oder Alveolar-s) in einer Rinne, in der die Luft auf die Kante der Oberzähne hingespritzt wird. Oder man schiebt

die Zungenspitze nach unten, gegen die Unterzähne zu, und
nähert die Oberfläche der Vorderzunge, das Zungenblatt, der
Rückseite der Oberzähne oder dem oberen Zahndamm; dadurch
erzeugt man das Zungenblatt-s in seinen beiden Spielarten,
dem dorsal-postdentalen s und dem dorsal-alveolaren s.

Aber was macht man Besonderes und davon Abweichendes
bei der Hervorbringung des š und seiner stimmhaften Nebenform ž? Nach der Auffassung Trautmanns unterscheiden sich
s und š nicht durch den Ort, sondern nur durch die genauere
Art der Einstellung, und man kann nach ihm an mehreren
Stellen ein s und ein š — ja sogar auch noch ein þ — nebeneinander hervorbringen. Im Grunde kann man Trautmann
insofern recht geben, als man anerkennt, daß wahrscheinlich
bei der Hervorbringung des š die Zunge anders gelegt wird,
als bei der Erzeugung des s; während sie bei s im Längs-
durchschnitt eine einheitliche flache Wölbung bildet, zeigt sie bei
dem š vermutlich — wie Sievers betont — eine kesselförmige
Einsenkung und zwar wahrscheinlich vorn, vor der Enge, vielleicht aber manchmal auch noch hinten, bildet also im Längs-
durchschnitt mindestens eine Doppelwölbung. Daß die Luft
sich in diesem Kessel fängt und im Strudel dreht, macht dann
wohl gerade die eigentümliche Klangfarbe dieses Zischlautes
aus. Bremer nimmt sogar — ähnlich wie vor ihm schon
Brücke — für š nicht eine einheitliche einzige, sondern eine getrennte, eine Doppeleinstellung an, erklärt š also für einen
Mischlaut oder Doppellaut, nämlich eine Verbindung des Zahn-
engenlauts s und des gleich nachher zu beschreibenden Gaumen-
engenlautes χ'.

Andere haben noch auf anderes aufmerksam gemacht.
Vietor sieht den Hauptunterschied zwischen š und s darin, daß
bei š die ausgestoßene Luft in einem breiten Strome daher-
flute, bei s dagegen in einem feinen, dünnen Strahle; nach
Sievers dagegen sind bei š auch noch die Lippen vorgestülpt.
Daneben bezweifeln viele Forscher die Trautmannsche Behauptung
ausdrücklich, daß s und š immer an dem gleichen Orte erzeugt
würden; sie nehmen für š vielmehr eine kleine Zurückziehung
der Zunge an gegenüber dem s.

Offenbar ist an allen diesen Aufstellungen etwas Wahres,
und doch stellt keine für sich allein die reine Wahrheit dar.
Nur kommen die von den verschiedenen Beobachtern ins Feld

geführten Gesichtspunkte alle gleichmäßig ins Spiel, nicht einer ausschließlich für sich; und sie kommen abwechselnd ins Spiel, hier der, dort jener: was man als š bezeichnet, ist gar kein einheitliches Gebilde, sondern wird in Wirklichkeit bald so erzeugt, bald anders. Der eine zieht dabei die Zunge etwas zurück oder schiebt die Lippen vor, indessen er beim s gerade umgekehrt die Zunge vorschiebt und die Lippen zurückzieht; und während ein anderer seine Vorderzunge löffelartig aushöhlt oder gar die Mittel- oder Hinterzunge etwas hebt, bildet der dritte auf seiner Zunge wieder eine breitere Ausflußrinne. Da s selbst auf verschiedene Weise hervorgebracht werden kann, liegt es nahe, daß man von ihm auch š in mannigfacher Art auseinanderhalte.

Die bis jetzt vorhandenen Gaumenbilder stimmen unter sich auch nicht ganz überein. Bei Bremer z. B. kommt es hauptsächlich auf die Ausflußöffnung an; diese ist bei s schmal, bei š mindestens doppelt so breit; dagegen ist die Länge der Öffnung und die Ausdehnung der Berührung von Zunge und Gaumen bei beiden Lauten annähernd gleich; bei Techmer hinwiederum ist gerade diese Länge der Öffnung wichtig; bei s ist sie kurz, bei š aber mindestens doppelt so lang; Techmer, der wohl einen flacheren Gaumen hat als Bremer, setzt also seine Zunge so fest an, daß sie rechts und links ein ganzes Stück des vordersten Hartgaumens berührt, nicht bloß einen schmalen Saum längs des oberen Zahndammes.

Ich selbst nähere mich bei der Erzeugung der beiden Zischlaute mehr Vietor, als Sievers und Bremer; ich ziehe bei š die Zunge etwas weiter zurück als beim s, bilde aber wohl niemals einen kesselförmigen Raum, sondern lege das Zungenblatt flach hin, hebe auch nicht die Mittel- oder Hinterzunge; dafür stülpe ich aber die Lippen beim š deutlich vor, die ich beim s dagegen wieder ganz zurückziehe und straff an die Zähne lege.

c) Die palatalen und gutturalen Reibelaute. Wir richten jetzt unsere Augen im Mundraum ein wenig weiter nach hinten, nach der Mitte und dem hinteren Teile des Gaumens. Wir entdecken hier zwei Gruppen von Erzeugnissen; eine, die dem Gebiet des Hartgaumens angehört, und eine andere, die schon in den Bereich des Weichgaumens fällt.

Die uns übliche Schrift wirft die Angehörigen der beiden Gruppen leider unterschiedslos durcheinander, indem sie

die ſtimmloſen Vertreter gleichmäßig durch 'ch' widergibt, die
ſtimmhaften meiſt durch 'g' (z. B. in Rachen und Rechen,
logen, lagen und liegen); damit verdeckt ſie einen wichtigen
lautlichen Unterſchied, den man auch bei geringer Aufmerkſamkeit ſchon unzweideutig wahrnimmt; die wiſſenſchaftliche Um-
ſchreibung muß genauer ſein; ſie bezeichnet die beiden Angehörigen der vorderen Gruppe durch χ' und j, die der hinteren
durch χ und z.

Beide Gruppen unterſcheiden ſich nur durch den Ort der
Einſtellung.

1. Um das vordere Lautpaar, χ' und j, zu erzeugen, hebt
man die Vorderzunge ſo gegen die Mitte des harten Gaumens,
daß ſie hier in der Mitte für die Sprechluft nur einen ſchmalen
Durchgang frei läßt, in dem ſich die Luft reibt. Das Bild,
das Techmer bei der Einſtellung nach i erhalten hat, iſt auf-
fallend regelmäßig, jedenfalls viel regelmäßiger als z. B. bei
Vietor, auf deſſen Zeichnung die offen bleibende Enge ſogar
zwei Einſchnürungen aufweiſt, eine ziemlich vorn, die andere
etwas weiter hinten, und zwiſchen ihnen eine kleine Erweiterung.
Die Einſtellung nach e würde vermutlich nicht ganz genau
ebenſo, aber doch ſehr ähnlich ausſehen.

Vorhanden iſt dieſer hartgaumige Reibelaut im Deutſchen
in ſeiner ſtimmloſen Geſtalt nach e und i, ö und ü überall
da, wo die herkömmliche Schreibung 'ch' anwendet, alſo in
Wörtern wie rächen, riechen, reichen, röchen, flüchen;
in ſeiner ſtimmhaften Nebenform dagegen unter denſelben
Bedingungen möglicherweiſe überall da, wo man 'g' ſchreibt,
alſo in Wörtern wie legen, liegen, lögen, lügen; ferner
im Munde ſehr vieler norddeutſcher Sprecher für jedes ge-
ſchriebene 'j', alſo in Wörtern wie jeder und jung.

2. Die hintere, weichgaumige Gruppe iſt an ſich in zwei
Spielarten vertreten, von denen in unſerer Gemeinſprache wie
in den meiſten Mundarten allerdings nur die eine üblich iſt;
dieſe eine umfaßt die Laute, die wir ſtimmlos herkömmlicher-
weiſe nach u, o und a für 'ch' und ſtimmhaft in ſehr vielen
Gegenden für den Buchſtaben 'g' ſprechen; ſie ſind mit anderen
Worten enthalten in Beiſpielen wie ſuchen, pochen, lachen
einerſeits und in trugen, trogen, tragen andererſeits.

Um ſie hervorzubringen, hebt man die Hinterzunge und
nähert ſie dem vorderen Teil des weichen Gaumens, ſo daß

Zunge und Gaumen hier eine schmale Enge bilden, durch die sich die Sprechluft hindurchzwängen muß. Auf Bremers Gaumenbild befindet sich der Einstellungsort an dem Weichgaumen ganz in der Nähe der Stelle, wo dieser in den Hartgaumen übergeht. Zwar bestehen im einzelnen bei diesem vorderen Weichgaumenlaut noch kleinere Unterschiede je nach der lautlichen Nachbarschaft; nach u z. B. wird die Einstellung vermutlich durchweg anders sein als nach o, und hier wieder anders als nach a; aber Genaueres läßt sich darüber in Kürze zurzeit noch nicht sagen, zumal da hier die Sprecher anscheinend wieder auseinander∙gehen, was angesichts der Verschiedenheit in der Erzeugung des hier ja meist vorausgehenden u und o auch gar nicht mehr wundernehmen kann.

Die zweite, seltenere Spielart des Weichgaumenreibelautes liegt noch etwas weiter hinten im Mundraum als die eben be∙schriebene gemeindeutsche Form und ist nur stimmlos vorhanden; es ist das der den Schweizern so eigentümliche Ach∙Laut, der überall für das geschriebene 'ch' gesprochen wird, aber in Fällen wie ich, richten deshalb ganz besonders ins Ohr fällt, weil wir dafür in der Gemeinsprache einen ganz verschiedenen Laut einsetzen, eben den oben behandelten Hartgaumenlaut χ′.

2. Die Klanggeräuschlaute.
(r, 1 und Nasale).

Die r∙Laute, die l∙Laute und die mit Mundverschluß ge∙bildeten Nasenlaute (m, n, η) gehören insofern zu einer einzigen Abteilung zusammen, als sie alle in mehrfacher, aber doch ganz gleichmäßig wechselnder Gestalt auftreten können. Es kommt eben auf das Verhältnis an, in dem sich Klang und Geräusch bei ihnen mischen: entweder bestehen sie, wie zuerst Sievers gesehen und hervorgehoben hat, nur aus Klang; dann sind sie noch reine Öffnungslaute, gehören also nicht mehr in den vor∙liegenden Abschnitt herein; oder sie sind ein Gemisch aus Klang und Geräusch, sind also stimmhafte Geräuschlaute, ganz wie w v z ž ð j ʒ; oder sie sind drittens und letztens reines Ge∙räusch, das die Sprechluft bei den r∙ und l∙Lauten zwischen Zunge und Gaumen, bei den Nasenlauten dagegen in der Nasenhöhle hervorbringt; sie stehen dann auf einer Stufe mit

den stimmlosen Geräuschlauten F, f, s, š, þ, χ´ und χ und könnten
selbst als solche gerechnet werden.

Die stimmhaften Spielarten dieser ganzen Gruppe, sowohl die mit Geräusch versehenen als die des Geräuschs ent-
behrenden, sind vorwiegend im Wortinnern in stimmhafter
Umgebung üblich, also besonders zwischen Vokalen; so in
Wörtern wie Ware, Schale, lahme, mahne, bange.
Im Anlaut und in stimmloser Nachbarschaft sind sie dagegen
in vielen Gegenden des Landes mehr oder weniger stimmlos;
so z. B. in rot, lau, Mai, nie; ferner einerseits in Kraut,
flau, Knie, andererseits in Berg, Welt, Hals, Amt,
Kant, Dank. Mindestens ist in den hier vorhandenen Kon-
sonantenverbindungen jeweils der Teil unseres Lautes stimmlos,
der an die stimmlose Nachbarschaft grenzt, also in Kraut der
Anfang des r, in Berg sein Schlußteil.   In der Schrift
könnte man das ausdrücken durch Zerlegung des sonst an-
gewandten größeren Buchstabens in zwei kleinere, r = ᵣ+ᵣ, wo
ᵣ den stimmhaften Teil bezeichnete, ᵣ dagegen den stimmlosen;
es wäre also genauer zu schreiben Krraut und Berrg, und
ebenso Halls, Kannt, Knnie.

Einige sehr vielen dieser Laute gemeinsam eigentümliche
Einzelheiten der Einstellung haben zwar eine allgemeinere, aber
im ganzen doch nur nebensächliche Bedeutung, so vor allem
das Verhalten der Hinterzunge. Diese kann unabhängig von
der Tätigkeit der übrigen Sprachwerkzeuge häufig ganz verschieden gelagert werden, z. B. bei den r- und l-Lauten. Bleibt
sie gesenkt, so haben diese Laute ihre gewöhnliche, für die
Mehrzahl der Deutschen sozusagen natürliche Färbung, die ungefähr dem Klang von 'ä' entspricht; hebt sie sich aber, so klingt
das r oder l u-farbig. Man kann also r sagen und ᵣ, l und
ł, wenn auch den u-farbigen Spielarten nur eine landschaftliche
Wichtigkeit zukommt. Diese u-farbige Abart nennt man sonst
guttural, die e-farbige palatal. Im Grunde verlangen also
die gutturalen r- und l-Laute eine doppelte Einstellung der
Zunge, sind mithin eigentlich Mischlaute. Natürlich kann
nur das vordere r guttural erzeugt werden, nicht so leicht
auch das hintere, aus leicht begreiflichen örtlichen Gründen.

Neben diesen allgemeinen Angaben bleibt aber auch im
besonderen über jede einzelne dieser Lautgruppen noch manches
zu sagen.

a) Die r-Laute.

Was von den r-Lauten eben ganz allgemein bemerkt worden ist, gilt im besonderen so ziemlich gleichmäßig von den beiden r-Arten, die uns hier allein näher angehen, dem vorderen r oder Zungenspitzen-r, und dem hinteren R oder Zäpfchen-R; denn das von den Kutschern zum Anhalten ihrer Pferde gebrauchte Lippen-r können wir als nicht sprachlich übergehen.

Beide Arten können stimmhaft sein und stimmlos; beide können ferner aus einem einzigen Schlag bestehen oder aus mehreren sich rasch wiederholenden Schlägen, sie können mit andern Worten ungerollt sein oder gerollt; das gerollte r ist also sozusagen nur eine Reihe von einfachen r (r $+$ r $+$ r usw.), zumal bei dem Zungen-r, wo das abwechselnd erfolgende Aus-setzen des Stimmtons deutlicher ins Ohr fällt als bei dem Zäpfchen-R.

Das vordere oder Zungen-r, dessen Klang wesentlich hervorgebracht wird durch das Auf- und Abschwingen der Zungenspitze, kann im einzelnen bei uns wieder ein Zahn-rücken- oder ein Zahndamm-r sein, je nachdem die Zungen-spitze dabei der Rückwand der oberen Schneidezähne gegenüber-steht oder — was seltener ist — dem anliegenden Zahndamm.

Die Zahl der Schläge dieses r hat man schon verschiedentlich beobachtet; darnach schwankt sie im Zahlenraum von 1—40: nur bei stark gerolltem r hat man 15—39 Schläge festgestellt, bei gewöhnlichem r im Anlaut 2—5, im Inlaut nach kurzem Vokal 3, nach langem 2, und vor einem Konsonanten gar nur 1.

Bremer spricht nach seinem Gaumenbild anscheinend ein Zahndamm- (oder Alveolar-) r. Bei ihm legt sich die Hinter- und Mittelzunge rechts und links fest an den Damm der Backen-zähne an, während die Vorderzunge löffelartig ausgehöhlt wird und ihre Spitze in einem ziemlich breiten Felde schwingt.

Auch von dem Zäpfchen-R gibt Bremer ein sehr deut-liches Bild. Man sieht darauf, wie sich das Zäpfchen in einem scharfen Bogen nach vorn krümmt, der in der Mitte der Hinter-zunge entlang laufenden Rinne zu, gegen die es hin- und zurück-schwingt. Die Zunge selbst schmiegt sich auf beiden Seiten ganz an den weichen Gaumen an, bis zu dem hintersten Back-zahn, während das Gebiet des Zitterns auf die allernächste

Nähe des Zäpfchens beschränkt und bei weitem nicht so aus-
gedehnt ist wie bei dem Zungen-r.

Beachtenswert ist auch noch die landschaftliche Verteilung der beiden r. Während das Zungen-r, wie es scheint,
ursprünglich allein vorhanden war, weicht es seit 150 bis
200 Jahren mehr und mehr vor dem Zäpfchen-R zurück. Das
ist ein Vorgang der Sprachgeschichte, den auch kein Bedauern
und Jammern mehr aufhalten kann, wie es z. B. unnützerweise
M. Trautmann anstellt, der in dem Schwinden des Zungen-r
einen beklagenswerten Verlust für unsere Sprache sieht, und
den 'das Zäpfchen-R in unschöner Weise an das Ratschen erinnert, jenes Geräusch, das man vor dem Ausspucken zu machen
pflegt'. — Heute sprechen Zäpfchen-R insonderheit die Bewohner
der Städte und die Gebildeten, während das Zungen-r noch auf
dem Lande in weiten Strecken — man schätzt sie auf $^3/_5$ des
ganzen Sprachgebiets — wie zu alter Zeit üblich ist. Für die
Bühne und den Kunstgesang verlangt man gebieterisch das
vordere r, auch von den Künstlern, die es von Haus aus gar
nicht sprechen können und es sich oft in langer mühsamer Arbeit
anquälen müssen. Daß es weiter dringt als das Zäpfchen-R,
zumal wenn dieses mit ausgeprägtem Reibegeräusch oder gar
ganz stimmlos gesprochen wird, ist keine Frage, rechtfertigt aber
doch kaum dieses oft harte Gesetz, das, wie wir noch sehen
werden (S. 178 f.), im letzten Grunde doch nur ein Nachklang der
früheren italienischen Vorherrschaft in der Gesangskunst ist und
heute, bei den ganz anderen Sprachverhältnissen wie so manche
andere Vorschrift auf diesem Kunstgebiet nur eine Schulmeisterung
und Bevormundung unserer Sprache darstellt.

Das Volk ist sich selbst in seinen breiteren Massen des
Unterschieds der beiden r voll bewußt, und die Bewohner der
Zungen-r sprechenden Landschaften ziehen ihre zum Zäpfchen-R
übergegangenen Nachbarn vielfach auf. So ist sonst in Ost-
friesland nur Zungen-r gebräuchlich, in Aurich aber Zäpfchen-R,
dessen Erzeugung mundartlich bräjen heißt. Wenn nun ein
Auricher nach Emden oder Petkum kommt, fordert man ihn auf,
folgendes auszusprechen: "Min Vader bräjet, min Moder bräjet,
blot ik sprek rein herut". Und in Mosbach am Neckar, wo
man den entsprechenden Vorgang 'lorpsen' heißt, legt man den
Zäpfchen-R-Sprechern die sie lächerlich machenden eitlen Worte
in den Mund: "Meiñ Dadder lorpst, meiñ Mudder lorpst, norr

ich kann frei raus sage: "Der Brandhaffe hot en Brandriß" ('Der Brandhafen hat einen Brandriß').

Daß dieses Zäpfchen-r sehr oft an χ oder z anklingt und von harmlosen Gemütern oft mit diesem verwechselt wird, ist schon andernorts erwähnt worden (S. 63).

Häufig s ch w i n d e t aber das r überhaupt aus dem Deutschen. Einmal wird in gewissen Gegenden regelmäßig Zunge und Zäpfchen nicht mehr in Schwingung versetzt, sondern nur annähernd, in die r-Stellung gebracht und dann wieder zurückgezogen, so daß für r vielmehr eine Art von kurzem schwachem Vokal entsteht, der wie ă oder wie ĕ klingt und in wissenschaftlicher Darstellung mit dem umgekehrten Buchstaben (ɐ, ǝ) wiedergegeben wird; man spricht also Beăg oder Beĕg oder gar Beⁱg. Die Hessen werden ja so mit der Aussprache des Namens ihrer Hauptstadt 'Darmstadt' gehänselt, und nicht ganz ohne Grund.

In der nachtonigen Silbe -er hat diese Bewegung schon so stark um sich gegriffen, daß man dafür in vielen Gegenden auch nur noch ein schwaches ă hört. Während man sonst zuweilen, z. B. von den Deutschrussen, hier ein vernehmliches, meist stimmloses Zungen-r hört (Messr, Vatr), heißt es in Nord- und Mitteldeutschland jetzt vielfach Messă und Vată. Th. Fr. Vischer hat seinerzeit (1859), mehr vom Gefühl geleitet als vom Verstand, die Leiden 'des armen Buchstabens r' eindringlich beklagt und als guter Schwabe und überzeugter Anhänger Österreichs die bösen Preußen für alles Unheil verantwortlich gemacht, ohne in seiner Entrüstung zu bedenken, daß nicht bloß der unbescheidene Berliner 'Jaundaz' sagt für 'Jahrhunderts', sondern auch viele biedere Süd- und Mitteldeutsche, zum Teil nicht weit entfernt von den Grenzen seines Schwabenlandes und noch an den Ufern seines in Tübingen und Canstadt nur an Zungen-r gewöhnten Neckars; den weitbekannten spöttelnden Zuruf "Jockele, sperr! sperr!!", mit dem die Tübinger Studenten die unten vorbeischiffenden Neckarflößer regelmäßig ärgern, können ihre Heidelberger Kommilitonen schon nicht mehr richtig nachmachen; denn hier wohnen ja schon Neckaschleimă ('Neckarschleimer'), die ăpeă sprechen.

β) Die l-Laute.

Die l-Laute haben viel weniger einschneidende Schicksale durchgemacht als die r-Laute; bei dem l greift der Unterschied in der Längsrichtung auch in viel geringerem Maße ein als der in der Querrichtung. Man kann zwar zur Erzeugung des l die Zungenspitze (seltener das Zungenblatt) entweder an der Rückwand der oberen Schneidezähne oder am oberen Zahndamm oder noch höher hinauf einstellen; aber das ergibt für den Durchschnittsmenschen kaum hörbare Feinheiten. Nicht leicht erfaßbar sind freilich auch die Unterschiede in der seitlichen Einstellung; aber sie haben eine große grundsätzliche Bedeutung.

Eigentlich müßte das l doppelseitig hervorgebracht werden, so wie es z. B. Bremer für sich angibt. Dann legt man die Zunge rechts, links und vorn an den Zahndamm an und läßt nur an der Seite, hier aber gleichmäßig und an genau gegenüberliegenden Stellen, die Sprechluft durch einen schmalen Spalt hindurchziehen.

Aber man kann die eine Seite auch mehr oder weniger ausschalten; dann erschallt ein nur rechtsseitiges oder nur linksseitiges l, besonders im raschen Strom der Rede, wo der fortwährende jähe Wechsel der Einstellung von selbst manche Vereinfachung herbeiführt.

Das Verhalten der Hinterzunge hat für Gesamtdeutschland keine nennenswerte Bedeutung, ist aber bezeichnend für gewisse Gegenden. Hebung der Hinterzunge, also u-farbiges l, findet man in einzelnen Landstrichen Norddeutschlands, so in Friesland, Mecklenburg und Westfalen, aber auch hie und da in der Schweiz; das Umgekehrte, Niederdrückung der Hinterzunge und ausgeprägt i-farbiges l, schreibt man dafür einigen süddeutschen Gegenden zu, z. B. denen, die l mundartlich schon ganz zu i gewandelt haben, wie das Münchnerische in foisch 'falsch' und hoib 'halb'.

γ) Die Nasenkonsonanten.

Wenn der Mundausgang zeitweise abgesperrt und die Sprechluft indes durch die Nase hindurch ins Freie geleitet wird, entstehen die genäselten Laute m, n, η (geschrieben 'ng'), die man kurz Nasenkonsonanten nennen kann. Sind sie rein stimmhaft, so bestehen sie nur aus dem Hall des von den Stimmbändern erzeugten Stimmtons; sind sie stimmlos, so bestehen sie einfach aus dem Geräusch, das die durchstreichende Sprechluft bei ihrer Reibung an den Wänden und Rändern der Nasenhöhle verurſacht; und ſind ſie ſtimmhafte Geräuſche, ſo ſetzen ſie ſich aus beiden Beſtandteilen zuſammen.

Je nach dem Ort der Mundabſperrung ſind dieſe Naſenkonſonanten wieder 3—4facher Art, Lippennaſale, Zahnnaſale oder Gaumennaſale.

Durch Schluß der beiden Lippen entſtehen die doppellippigen m (ſtimmhaftes m und ſtimmloſes m̥). Nähert ſich dagegen die Zunge der gegenüberliegenden Zahngegend, ſo entſtehen die verſchiedenen Dentalnaſale n (und zwar wieder ſtimmhaftes n und ſtimmloſes n̥): entweder ein Zahnrücken-n (oder poſtdentales n) durch Berührung der Rückwand der oberen Schneidezähne, oder ein Zahndamm-n (oder Alveolar-n) durch Berührung des oberen Zahndamms. Alle dieſe Zahngebilde können im einzelnen wieder mit der Zungenſpitze oder mit dem Zungenblatt gebildet ſein; das eine Mal heißen ſie denn auch wieder koronal (Zungenſpitzenlaute), das andere Mal dorſal (Zungenrückenlaute); im ganzen ſind alſo allein in Hinſicht der Einſtellung ſchon vier verſchiedene n möglich. Der Norden Deutſchlands hat eine Vorliebe für die Zungenſpitzenart, die Mitte und der Süden für die Zungenrückenart; Bremer legt deshalb die Zungenſpitze an den oberen Zahndamm an, Vietor dagegen das Zungenblatt an dieſen Zahndamm und den nächſt angrenzenden Teil des harten Gaumens; ich ſelbſt bringe die Zungenſpitze an die Rückwand der unteren Schneidezähne und ſtelle ſonſt ganz ein, wie Vietor es angibt.

Die nach den Lippen- und den Zahngebilden noch übrig bleibenden Gaumennaſale gliedern ſich, wie die Reibelaute, auch wieder in zwei Gruppen: eine vordere oder Palatalgruppe, und eine hintere oder Gutturalgruppe. Dieſe werden auch beide wieder dadurch erzeugt, daß ſich der Zungenrücken an den Gaumen anſchmiegt: bei der vorderen Gruppe tritt der mittlere Zungenrücken etwa mit der Mitte des harten Gaumens in Verbindung; ſo entſtehen die nach den vorderen Vokalen i und e üblichen Gaumennaſale, alſo die durch ‘ng’ wiedergegebenen Laute der Wörter ſinge und ſenge und die durch ‘n’ wiedergegebenen der Wörter ſinke und ſenke; bei der hinteren Gruppe hebt ſich die Hinterzunge gegen den vorderen Teil des Weichgaumens ganz nahe der Stelle, wo der Weichgaumen in den Hartgaumen übergeht; ſo entſtehen die Gaumennaſale, die man im Deutſchen nach den hinteren Vokalen u, o und nach a ſpricht, alſo die auch wieder mit 'ng' oder mit 'n' wiedergegebenen Laute der Wörter jung, Gong, lang, Unke, Onkel, Dank.

Diese Nasale sind aber oft sehr unfeste Laute. Zwar kommen sie in gewissen Fällen immer sehr rein und deutlich vor; so alle drei im Inlaut zwischen Vokalen, also in Wörtern wie Same, dehne, lange, und im einfachen Auslaut, also in Fällen wie lahm, schön, jung; und zwei davon, m und n, finden sich so auch im Anlaut, abgesehen von der Einbuße, die sie hier am Stimmton erleiden, also in Wörtern wie Mai (= mai oder ₘmai), nie (= nı oder ₙnı); der Gaumennasal η ist dagegen anlautend bei uns nicht üblich.

Aber außer diesen Fällen sind die Nasalkonsonanten oft starken Veränderungen ausgesetzt. Einmal gleichen sie sich alle drei in unmittelbarer, alter stehender Nachbarschaft eines andern Konsonanten im Einstellungsort gern an diesen Konsonanten an, auch heute noch; vor einem Lippenlaut werden·n und η leicht zu m; vor einem Zahnlaut m und η zu n, und vor einem Gaumenlaut m und n zu η. Mit gutem Willen kann man zwar schon sagen Zaunpfahl, Einfahrt, Handvoll, Jung·frau, Jungmannschaft, langwierig, Baumkrone, um·graben, Ankunft, hingehn, und soll es auch in der Musteraus·sprache; aber daraus wird doch sehr oft Zaumpfahl, Eimfahrt, Hamvoll, Jumfrau, Jum·mannschaft, lammwierig, Baungkrone, ung·graben, Ang·kunft, hing·gehn. Und ebenso wird Knecht und Knie leicht zu Knecht und Knie.

Ebenso leicht tritt diese Angleichung ein in junger stehender Nachbarschaft, wie sie z. B. dargestellt wird durch mehr oder weniger geschwächte Nachtonsilben in Wörtern wie sagen, Knochen, geben, klopfen, aus denen sehr häufig der Reihe nach wird sageη, Knocheη, gebem, klopfem. So kann man scherzweise behaupten, in Sachsen gebe es dreierlei Lehm: der Lehm, das Lehm und die Lehm; nämlich der Lehm die Erdart, das Le'm im Gegensatz zum Tod, und die Le'm in der Wüste oder in der Tierbude, in schriftgemäßer Aussprache und Schreibung also der Lehm, das Leben und die Löwen.

b) Die Verschlußlaute (Verschlußgeräusche).

1. Örtliche Unterschiede. Auch die Verschlußlaute sind im Deutschen, wie zu erwarten, wieder in 3—4 nach dem Ein·

stellungsort verschiedenen Gruppen vorhanden, als Lippenverschlüsse, Zahnverschlüsse und Gaumenverschlüsse.

Die Lippenlaute (p, b) sind hauptsächlich in der doppellippigen Sonderform üblich; die labiodentale Nebenform, bei der die Oberlippe einen Verschluß bildet mit den Unterzähnen, kommt höchstens in der Verbindung mit einem labiodentalen Reibelaut vor, also in der Lautgruppe pf von Wörtern wie Dampf und Pfand.

Die Verschlüsse der Zahngegend, die Dentale t und d, werden in viel mannigfaltigerer Weise erzeugt; bald an der Rückwand der oberen Schneidezähne, bald am oberen Zahndamm und dem unmittelbar darüberliegenden Teil des harten Gaumens; und an diesen beiden Orten bildet bald die Zungenspitze den Verschluß, bald das Zungenblatt; es kommen also einerseits wieder postdentale und alveolare (sowie ganz vordergaumige) Gebilde vor, anderseits koronale und dorsale.

Wie bei den Reibelauten und Nasalkonsonanten bevorzugt auch hier der Norden die Zungenspitzenerzeugnisse, während die Mitte und der Süden auch Zungenrückenerzeugnisse kennt. Bremer setzt daher die Zungenspitze an den oberen Zahndamm, Vietor dagegen das Zungenblatt an den Zahndamm und den angrenzenden Abschnitt des harten Gaumens. Ich mache es in der Regel wie Vietor.

Die Gaumenverschlüsse erfolgen wieder an den zwei bekannten Stellen; doch liegen diese nach den Angaben maßgebender Gewährsmänner wie Sievers und Vietor nicht so weit auseinander wie bei den entsprechenden Reibelauten und den Nasalen, und etwas weiter nach hinten; bei der vorderen Gruppe legt sich die Mittelzunge ungefähr an der Grenze des harten und weichen Gaumens an, bei der hinteren etwa an die Mitte des Weichgaumens. Bremer erzeugt die vorderen Laute aber in der Mitte des harten Gaumens, während Trautmann umgekehrt die hintersten k, die neben u und o stehenden, an der Grenze des weichen Gaumens und des Gaumensegels gebildet sein läßt und das vor a stehende k schon in der Mitte des Weichgaumens. Es bestehen also offenbar große Unterschiede nach Landschaften oder nach Sprechern. Ich selbst mache einen merklichen Unterschied zwischen den beiden Gruppen, stelle aber nicht so weit hinten ein und lege bei beiden Gruppen die Zunge auf einer längeren Strecke an den Gaumen an.

Für beide Spielarten schreiben wir gleichmäßig 'k' und 'g'. Gesprochen wird die vordere Gruppe in der unmittelbaren Nachbarschaft der vordergaumigen Vokale e und i, besonders vor ihnen, also in Wörtern wie Kind, kennt, Gier, Ger, aber auch in dick, Deck; die hintere Gruppe dagegen ist zu Hause in der Nachbarschaft der hintergaumigen Vokale u und o sowie a, also in Beispielen wie Kuhn, Kohn, Gulden, golden, Ruck und Rock.

2. Druckunterschiede. Jede dieser 3—4 durch den Ort der Einstellung unterschiedenen Gruppen von Verschlußlauten, die labiale, die dentale, die palatale und die gutturale, ist nun selbst wieder in 3—4facher Gestalt vertreten.

Die erste Gestalt hat als wesentliches Merkmal den Stimmton; ihre Vertreter sind die stimmhaften Verschlußlaute bdg, wie sie vorliegen in der norddeutschen Aussprache der Wörter Bein, dein, gut.

Die drei andern Gestalten entbehren alle des Stimmtons und unterscheiden sich untereinander nur durch die Stärke der Ausatmung und die Spannung der Muskeln.

Entweder liegen die verschlußbildenden Muskeln ganz schlaff, und der durch den Verschluß gestoßene Luftstrom ist gleichzeitig sehr schwach; so entstehen die schwachen stimmlosen Verschlußlaute, die man in Süd- und Mitteldeutschland spricht für das geschriebene 'b', 'd', 'g' in denselben Wörtern Bein, dein, gut; in lautwissenschaftlichen Darstellungen umschreibt man sie genauer durch die Zeichen b d g.

Oder die Verschlußmuskeln werden straff gespannt, und der zwischen ihnen hindurchgehende Luftstrom ist notwendig stärker; so entstehen die starken stimmlosen Verschlußlaute, die man im Deutschen am besten beobachten kann an Sachsen und Thüringern, wenn sie geschriebenes 'p', 't', 'k' wiedergeben in Wörtern wie passe, Tasse, Kasse. Hier wird der Verschluß nicht sowohl von der Luft gebrochen, als vielmehr selbst freiwillig geöffnet. Darum unterscheidet sich diese Gestalt nicht sehr von der vorhergehenden, mit der sie auch zu einer Gruppe zusammengefaßt werden könnte.

Ganz anders steht es mit der vierten und letzten Gestalt, den behauchten stimmlosen Verschlußlauten. Hier wird der Luftstrom so stark zwischen den straff gespannten, widerstrebenden Verschlußmuskeln hindurchgepreßt, daß er jäh mit einem lauten nachhaltigen Geräusch herausstürzt und nicht nur durch die Sprengung des Verschlusses den eigentlichen Spreng- oder Stoßlaut p t k hervorbringt, sondern durch den darauf folgenden Schwall auch noch einen eigenen Hauch erzeugt wie ein h, so daß man das ganze Gebilde mit ph, th, kh umschreibt oder (mit Zuhilfenahme des griechischen Spiritus asper) mit p', t', k'. Diese behauchten Verschlußlaute verwendet die Schrift- sprache im Anlaut von Wörtern wie P'aß, T'asse, K'asse.

Es liegen also nebeneinander vor:

1. die stimmhaften Verschlußlaute b d g, die man nach dem Vorgang der lateinischen Grammatiker auch Medien nennt (S. 2);

2. die schwachen stimmlosen Verschlußlaute oder die schwachen Tenues b d g.

3. die stärkeren stimmlosen Verschlußlaute, die stär- kere Spielart der Tenues, p t k, und

4. die behauchten stimmlosen Verschlußlaute oder die aspirierten Tenues (tenues aspiratae in rein lateinischer Be- zeichnung) p' t' k'.

Wie verteilen sich nun aber diese vier Gestalten im Deut- schen? Das geschieht nach verschiedenen Gesichtspunkten; nach Landschaften, nach der Stellung im Wort, und ganz zu- fällig nach der Bedeutung.

Zunächst kommen die stimmhaften Verschlüsse überhaupt nur in Norddeutschland vor; denn die Mitte und der Süden brauchen durchgängig nur stimmlose Gebilde der Art. Wo aber beide Formen einmal vorhanden sind, besteht der durch sie vertretene Unterschied von Hause aus und ist, wenn man so sagen darf, allein geknüpft an die Bedeutung. Norddeutsche Wörterpaare wie Bein und Pein, glimmen und klimmen, Drohne und Throne verhalten sich daher in ihren beiden Gliedern zueinander wie die Paare Tuff und Puff, oder Leim und Reim.

Im Süden und in der Mitte des Landes tritt an Stelle dieses Unterschiedes der Stimmhaftigkeit und Nichtstimmhaftigkeit allein der Unterschied in der Lautstärke, wenigstens beim Ge- brauch der Schriftsprache und der Schriftaussprache und we- nigstens bei Wörterpaaren wie Bein und Pein, Damm und Tamm (Eigenname), Gent und Kent.

Sonst werden die stimmlosen Formen in weitem Umfange durch die Art der Verwendung auseinander gehalten; jedenfalls gilt das von dem Nebeneinander der behauchten und der nichtbehauchten Gestalt der stimmlosen Verschlüsse; diese beiden wechseln mithin ohne Unterschied der Bedeutung miteinander ab, pᶜ mit p, tᶜ mit t, kᶜ mit k.

Das genauere bestimmt im wesentlichen folgendes Gesetz:

1. Die behauchte Form pᶜ, tᶜ, kᶜ erscheint unmittelbar vor dem Tonvokal: Pᶜost, Pᶜaß, Tᶜanne, Tᶜon, kᶜann, Kᶜahn, Kᶜeim, aber auch im Vorton bei Fremdwörtern wie Pᶜakᶜet, Tᶜapᶜete, Kᶜattᶜun, endlich in schriftdeutschem tᶜod-féind u. ähnl.

2. Die nichtbehauchte Form — und zwar im Norden sicherlich meist die stärkere — erscheint

    a) in der Tonsilbe, als erster Teil einer Gruppe mit l, r, n oder s, also nicht unmittelbar vor dem Tonvokal; es heißt demnach platt und Pracht mit einfachem p (nicht pᶜ), Treue mit einfachen t (nicht tᶜ) und klein, Kram, Knie sowie Xaver mit einfachem k (nicht kᶜ);

    b) im Nachton, auch gleich vor Vokal; man sagt also Unke, wollte, konnte, hemmte, Wespe, Weste.

Freilich trifft man in diesen beiden Unterfällen im Norden auch sehr häufig die behauchte Form, die deshalb von vielen Aus-sprachelehrern hier auch ausdrücklich vorgeschrieben wird; es wäre darnach also pᶜlatt, kᶜlein, Kᶜram, Kᶜnie sowie Unkᶜe, wolltᶜe, Wespᶜe zu sprechen; auch 'st' und 'sp' in Stahl und Spahn wird so verschieden gewertet, als št und štᶜ, als šp und špᶜ.

3. Die unbehauchte schwächere Vertretung des stimm-losen Verschlusses spricht man dagegen als ersten Teil von Ver-schlußverbindungen, die man 'bt', 'gt' und ähnlich schreibt, also in Wortformen wie lebte, fragte, Abfall, leidvoll, Trag-bahre.

Sehr häufig gebraucht man gerade diesen schwächeren Laut aber auch, wo man 'p', 't', 'k' oder ähnlich schreibt, also in Wort-formen wie klappte, deckte, Trittbrett, Deckbett, Pack-raum. Ja, die Mitte und der Süden, kann man sagen, spricht ausschließlich so. Wir werden daher bei der Behandlung der Schriftaussprache (S. 165 f.) noch einmal auf diese Fragen zurück-kommen müssen.

V.

Die Lautverbindungen.

Entsprechend unserem früher (S. 91) entwickelten Grund-
plan haben wir bis jetzt nur die Laute einzeln für sich betrachtet. Diese kommen aber in der Wirklichkeit so nicht sehr
häufig vor; sie finden sich nur teilweise als Ausrufe- und
Empfindungswörter (als 'Interjektionen'), und zwar die Vokale
in viel größerem Umfang als die Konsonanten. So braucht
man von Vokalen ä und ā, ẹ und ę, ẹ und ọ, ĭ und ī, ŏ und ọ,
ŭ und ū, ö und ȫ, ü und ǖ, um seine Überraschung, seinen Un-
willen, seinen Abscheu, sein Bedauern oder etwas ähnliches aus-
zudrücken, wenn die gewöhnliche Sprachlehre diese Gebilde —
wie so manches — auch noch nicht vollständig verzeichnet und
die herkömmliche Rechtschreibung das wenige Berücksichtigte durch
Schriftbilder wie 'ah, eh, oh' mehr verdunkelt als klarstellt.

Von Konsonanten verwendet man s, um Stille zu gebieten, f um etwas Heißes kalt zu blasen, z um ein Surren
oder Sausen zu bezeichnen, m als Ausdruck fragender Neugierde
oder geringschätziger Ablehnung, und h endlich entwickelt man
unwillkürlich bei starkem und schnellem Atmen.

Aber abgesehen von diesen Sonderfällen kommen die bisher
beschriebenen Laute nur in einem fortlaufenden Ganzen vor,
durch dessen künstliche Zerlegung wir sie eigentlich erst entdeckt
und als Grundbestandteile der Rede erkannt haben.

Es ist nun unsere Aufgabe, dieses Lautganze etwas genauer
ins Auge zu fassen, nach mehreren Gesichtspunkten.

1. Einige Anlautsgesetze und Auslautsgesetze.

An sich ist der Wechsel, in dem sich die einzelnen Laute im
Sprachganzen und in Wörtern vorfinden, sehr bunt. Gewisse
einschränkende Ausnahmen kennt zwar jede Sprache, bald allgemein, bald nur für den Beginn des Wortes, bald nur für
dessen Ende, bald auch — aber seltener — nur für dessen
Inneres. Wie im Wortanfang von Einzellauten bei uns
kein χ oder η vorkommt, so ist in der Schriftsprache hier auch
η nur nach k üblich (wie in Knie), m nur nach š (wie in
Schmied), l dagegen nicht nach s, aber sonst wohl (z. B. in
schlau, flau und blau); ferner können zwei Verschlußlaute

nicht ein Wort miteinander eröffnen, also z. B. nicht kt oder pt, und unter den Verbindungen eines Verschluß- und eines Reibelautes ist auch nur pf und ts möglich, aber nicht ks, ps oder kš und pš, außer natürlich, wo wir es in Fremdwörtern übernommen haben wie in Xaver, Xerxes, Xanten, Pfammetich; endlich sind die Klanggeräusche auch nicht miteinander vereinbar, also nicht lr, ln, mn, nr u. dgl. Es kommen also im Wortanlaut beispielsweise nie vor: sr, ns, nf, pn, tm, tl, tn, sl, sn, sm, fm, fn, kf, tp usw. Und st und sp werden von den Gebildeten nur in der Nordwestecke des Reiches gesprochen, die wegen dieses 'spitzen s' ja weithin bekannt ist.

Die Mundarten gehen dagegen ungescheut ihre anderen Wege und eröffnen Wörter und Sätze z. B. mit ks (wie in gsucht 'gesucht'), kš (wie in Gschäft), ps (wie in bsetzt 'besetzt'), pš (bschere 'bescheren'), kf (gfunne 'gefunden'), km (gmal 'gemein'), ja bei ursprünglichen Wortverbindungen sogar mit sf (s Faß 'das Faß'), nf (n Faß 'ein Faß') oder tt (d Vatter 'den Vater').

Auch auslautend gelten im Deutschen einige Einschränkungen; unmöglich ist beispielsweise tk und tp, während die umgekehrten kt und pt erlaubt sind (wie in denkt und klappt oder schiebt); unmöglich ist tf und kf, aber nicht pf oder ts, ks, ps (wie in Topf, Schatz, Fuchs, Schöps) und auch nicht tš (wie in Quatsch) oder kš und pš (wie in den Eigennamen Brugsch, Priebsch); unmöglich ist endlich sf und sχ, aber nicht die umgekehrte Folge fs und χs (wie in Schafs und Bachs).

Gerade ein Vergleich mit den Mundarten oder noch besser mit ganz anders gearteten Fremdsprachen, z. B. Französisch oder Griechisch, setzt da unsere Verhältnisse erst in das richtige Licht.

2. Stehende Namen für häufige Lautverbindungen.

In der großen Masse der Möglichkeiten kommen aber gewisse Verbindungen doch häufiger vor; auf diese hat man schon frühe seine Aufmerksamkeit gerichtet und sie als Ganzes benannt oder gar mit einem einzigen Buchstaben wiedergegeben. Diese Verbindungen müssen wir im folgenden etwas genauer betrachten; wir unterscheiden dabei wieder die vokalischen Verbindungen von den konsonantischen; denn Mischverbindungen von Vokalen und Konsonanten kommen dabei nicht vor.

a) Die Diphthonge und die Triphthonge.

Schon in den Sprachen des Altertums, vor allem im Griechischen, weniger im Lateinischen, kommen gewisse Öffnungslaute (Vokale) häufig nebeneinander vor, so ai, oi, au. Schon die griechischen Grammatiker stellen diese Verbindungen als solche fest und nennen sie Diphthonge oder Doppelvokale.

Das Schriftdeutsche hat hauptsächlich drei solcher Verbindungen, ai, au und oi, wie wir sie, von einigen landschaftlichen Schwankungen absehend, kurz bezeichnen können. Die herkömmliche Schrift gibt sie allerdings irreführender Weise teilweise ganz ungenau wieder; ai meist mit 'ei' (wie in Seite, kein), seltener und meist nur, wo zwei Wörter mit verschiedener Bedeutung auseinandergehalten werden sollen, durch 'ai' (wie in Saite, Laich, Rain, aber auch in Kaiser), und oi mit Rücksicht auf seine Herkunft bald durch 'eu' (wie in heute und Leute), bald durch 'äu' (wie in Häute und läute); nur au wird einfach mit 'au' bezeichnet (wie in Haut und Laub).

In diesen Verbindungen ist immer der erste Bestandteil (a oder o) schallkräftiger als der zweite (i oder u). An sich ist auch die umgekehrte Folge denkbar, i+a, u+a, i+o; diese schreibt man dann in lautwissenschaftlicher Darstellung genauer u̯a, i̯a, i̯o, um anzudeuten, daß eben der zweite Teil der Gruppe der Hauptträger des Schalles ist.

Nach diesem Wechsel der Schallstärke unterscheidet man auch die beiden Reihenfolgen durch besondere Bezeichnungen; die erste Art, die Folge ai, au, oi, nennt man fallende Diphthonge, weil der Schall hier stark einsetzt und gegen das Ende zu abfällt; die andere Art heißt steigend.

Die deutschen Mundarten führen in dieser Hinsicht aber zu einiger weiterer Erkenntnis. Zunächst besitzen sie noch eine ganze Reihe von Vokalverbindungen, die in die bisher behandelte Gattung einschlagen; sie kennen so ei (genau e+i) wie im Schwäbischen (in Wörtern wie Zeit und mein, neben breit und kein mit wirklichem ai), so ui wie im Bayrischen (in Wörtern wie fuir 'Feuer' und Luitpold 'Leupold, Leopold'); dann haben sie aber auch Verbindungen mit langem erstem Bestandteil wie ā̯i und ā̯u (z. B. im alemannischen brā̯it 'breit' und Lā̯uf 'Lauf'). Des weiteren weisen sie aber auch Gebilde auf, die ganz neu sind und nicht in den bisherigen Rahmen paſſen. So hat das Alemanniſche die Verbindung iͤ (i mit nachgeſchlagenem ſchwachem e), die man in lautwiſſenſchaftlicher Darſtellung genauer i͜e ſchreibt (in Wörtern wie li e b 'lieb' und Bri e f 'Brief'), ferner u͜e (in Wörtern wie gu e t 'gut', Bu e b 'Bube, Junge'), ſodann ü͜e (in Wörtern wie mü e d 'müde', Hü e t 'Hüte'). Und das Bayriſche hat für dieſe alemanniſchen Entwicklungen wieder die Entſprechungen ia (in liab und Briaf), u͜a (in guat und Bua), und ü͜a (in müad nnd Hüat).

Hier beſteht zwiſchen den beiden Beſtandteilen der Gruppe nicht mehr das Verhältnis der Schallſtärke, das wir bei ai und ia, bei au und u͜a haben kennen lernen. In den Verbindungen a͜i und i͜a, a͜u und u͜a behalten die einzelnen Laute ihre natür\-liche Schallſtärke, und dieſe Schallſtärke beſtimmt ſogar den Wert des Lautes in der ganzen Gruppe; bei den erwähnten mund\-artlichen Verbindungen widerſpricht aber das vorliegende Stärke\-verhältnis gerade dem natürlichen; i iſt von Hauſe aus ſchall\-ſchwächer als e; in der Verbindung i͜e gibt man durch die Art der Stimmführung oder genauer durch die Verteilung der Atem\-ſtärke dem i mehr Kraft als dem e; der an ſich ſchallſchwächere Laut wird künſtlich zum ſchallſtärkeren gemacht, und umgekehrt.

Darnach unterſcheidet man echte Diphthonge und unechte.

Die echten Diphthonge ſind diejenigen, in denen die einzelnen Beſtandteile ihre natürliche Schallſtärke behalten (alſo ai und ia, au und u͜a, oi und io); unechte ſind hingegen ſolche, in denen der an ſich ſchallſchwache Laut künſtlich zum ſchallſtarken Teil der Gruppe wird (alſo i͜a, i͜e, i͜o und u͜a, u͜e, u͜o).

Die Mundarten lehren uns aber noch ein weiteres: ſie kennen auch Verbindungen von drei Öffnungslauten oder drei Vokalen. Dieſe dreiteiligen Verbindungen nennt man Tri\-phthonge oder Vokaldreiklang. Von ſolchen Gruppen weiſt das Alemaniſche z. B. üe͜i auf in Wörtern wie blüæjə 'blühen'. Doch ſind die Triphthonge gegenüber den Diphthongen immerhin ſehr ſelten.

Allerdings iſt die Unterſcheidung und Heraushebung der ganzen Klaſſe der Diphthonge und Triphthonge, deren Grenzen

durch die mundartlichen Angehörigen schon weit auseinander-
geschoben worden sind, in letzter Zeit immer mehr entbehrlich
geworden. Je umfassender die sprachliche Betrachtung wird,
um so mehr kommt man zu dieser Erkenntnis. Die Entwicklung des Begriffs der Silbe wird uns das noch deutlicher und
von einem überragenden Standpunkt aus zeigen (S. 145).

Vorher haben wir uns aber noch kurz die stehenden konsonantischen Lautverbindungen anzusehen.

b. Aspiraten und Affrikaten.

Aus der großen Zahl der vorkommenden konsonantischen
Lautfolgen ist eine viel geringere Anzahl so auffällig und so
stehend geworden, daß man für sie besondere Namen erfunden
hätte; nicht die altüberkommene Sprachlehre, sondern erst die
ganz neue Sprachforschung und die ebenso junge Lautwissenschaft haben in dieser Hinsicht einigen Stoff bereit gestellt; es
sind hauptsächlich zwei Erscheinungen, von denen wir die eine
schon kennen und die andere mit unserer bisher erworbenen
Kenntnis ohne weiteres begreifen: die Aspiraten und die
Affrikaten.

1. Die Aspiraten sind dasselbe, was wir bei der Darstellung der Verschlußlaute genauer 'Tenues aspiratae' oder behauchte stimmlose Verschlußlaute genannt haben. Wir könnten
sie hier dem Zusammenhang entsprechend auch die Hauchverbindungen der Verschlußlaute nennen. Sie bestehen
bekanntlich aus einem der stimmlosen Verschlußlaute p t k und
einem nachstürzenden Hauche, und werden demgemäß mit ph,
th, kh oder p^c, t^c, k^c bezeichnet.

An sich wären auch andere Verbindungen denkbar, vor
allem z. B. stimmhafte Hauchverbindungen bh, dh, gh, die
aus dem entsprechenden stimmhaften Verschlußlaute und dem
gleichen stimmlosen oder einem stimmhaften Hauch h, den wir
ja kennen (von S. 42 her), zu bestehen hätten. Diese kommen
aber nicht nur nicht im Deutschen, sondern auch in allen uns
leichter zugänglichen Sprachen nicht vor.

Aber auch einen Reibelaut kann man zusammen mit
einem Hauch erzeugen (z. B. s^c, f^c), ebenso wie eines der
Klanggeräusche (z. B. r^c, m^c), weniger einen Vokal (z. B.
a^c, u^c). Man nennt diese Haucherscheinungen auch den gehauchten Absatz der Laute (z. B. der Vokale) und setzt diesem

gehauchten Absatz gegenüber den gehauchten Einsatz, der sich vornehmlich bei Vokalen bemerkbar macht in Lautungen wie 'a, das die gewöhnliche Schrift mit 'ha' wiedergibt.

Beachtenswert ist nur noch die Bezeichnung 'Aspiratae'. Sie ist nicht zu verwechseln mit dem lautlich anklingenden Ausdruck Spirant, den wir schon früher haben kennen lernen im Sinne von Reibelaut: f, s, š, þ, χ´, χ, ferner w, v, z, ž, ð, j, ȝ sind Spiranten, ph, th, kh dagegen Aspiraten.

2. Anderer Art ist wieder die Affrikata, die Reibelautverbindung des Verschlußlauts; sie besteht aus einem der stimmlosen Verschlußlaute und dem zugehörigen, gleichortigen stimmlosen Reibelaut; also entweder aus p + f, oder t + s, oder aus k + χ. Dieses pf liegt vor anlautend in Pfand, inlautend in Hopfen und auslautend in Kopf; ts entsprechend der Reihe nach in Zahn, setzen und Satz oder hats (aus 'hat es'); kχ dagegen kennt die Schriftsprache nicht, sondern nur die hochalemannische Mundart, die kχ für das schriftsprachliche k eintreten läßt und darum sagt Kχind 'Kind', starkχ 'stark'. Für die Affrikata ts verwendet die heute giltige Schrift meistens den Buchstaben 'ȝ', den Klopstock deswegen auch auf zufällig zusammentretende t + s übertragen wollte, wie beispielsweise in geȝ 'geht's'.

Neben diesen stimmlosen Affrikaten pf, ts und kχ wären auch stimmhafte möglich; sie würden bw (bv), dz und gj (gȝ) lauten. Das Deutsche kennt sie zwar nicht, auch nicht in Wortzusammensetzungen wie liebwert oder Wortverbindungen wie Leb' wohl, die beide stimmlosen Verschlußlaut annehmen am Silbenende; dagegen ist dz auslautend im Englischen ganz üblich in Formen wie words 'Worte' und reads 'liest'.

Nur anhangsweise sei hier noch einer Schreibverbindung gedacht, damit über deren Wesen und Wert keine Unklarheit bleibe, nämlich des 'x'. Es ist das eine aus dem Altertum überkommene Abkürzung für ks, die man an sich gut entbehren und durch ks ersetzen könnte, indem man Akst 'Axt' und Tekst 'Text' schriebe, so wie man ja auch deckst schreibt und weckst, nicht etwa dext und wext. Man könnte es ebenso opfern, so wie man schon lange auf die Schreibabkürzung für ps verzichtet hat, deren sich die alten Griechen ziemlich regelmäßig bedienten, nämlich das Psi (ψ). Für dieses hat man schon im Altlateinischen und nach seinem Muster auch von

jeher im Deutschen ps und bs durchgeführt (z. B. in Formen
wie rülpfen oder Korbs [für Korbes]).

3. Die Silbe.

Zu den Lautverbindungen gehört auch die Silbe. Was
ist eine Silbe? Diesen Begriff, mit dem schon die Kinder der
unteren Volksschulklassen angelerntermaßen arbeiten, müssen wir
hier etwas ausgiebiger erörtern.

a) Die möglichen Arten der Silbentrennung.

1. Schallgrenzen und Schallsilben. Wir gehen aus
von beliebigen Verbindungen von Lauten wie ap, as, ai, ast,
sat, ais, aut u. dgl. In solchen Verbindungen fallen die
einzelnen Teile verschieden stark ins Ohr (S. 96): in ap das a stärker
als das p, in ast das a stärker als das s und das t, unter
denen beiden natürlich das s an Schallfülle auch wieder voran-
steht vor dem t; ferner ist in ai das a schallkräftiger als das
i, in ais schallkräftiger als das i und s. Endlich ist in der
Verbindung st oder in pst auch das s wieder schallkräftiger als
das t und als das p. Ähnlich steht es aber auch mit Gruppen
wie lant, pelt, simt, arst, wunst.

Man kann überhaupt die Laute in dieser Hinsicht alle in
eine Stufenfolge bringen. Am schallkräftigsten sind die stimmhaften Öffnungslaute (die Vokale), vor allem das a, nach ihm
e und o, und nach diesen wieder i und u; am schwächsten sind
die stimmlosen Verschlußlaute (p t k), und dazwischen fügen sich
alle übrigen Laute ein.

Beginnt man mit dem schallkräftigsten oben und stellt,
soweit noch nötig und möglich ist, in einer Gruppe den schall-
stärksten auch wieder voran, so ergibt sich folgende Reihe:

Vokale	a
	e o ö
	i u ü
stimmhafte Klanglaute	r l m n
„ Engenlaute	z w j ʒ
stimmlose Engenlaute .	s š f χ
stimmhafte Verschlußlaute	b d g
stimmlose „	p t k

Je nach ihrer Bedeutung unterscheidet man die Laute in solchen

Gruppen auch noch durch besondere Namen: den schallkräftigsten Teil, der sozusagen das Ganze trägt, nannte man früher Vokal, jetzt nennt man ihn Sonant; die übrigen Laute, die sich an ihn anschließen, nur durch ihn eigentlich ins Ohr fallen, heißt man Konsonanten. In der Gruppe ast ist a also Sonant, s und t Konsonanten, und ebenso in der Gruppe sat; in bist ist dagegen i Sonant und einerseits b, anderseits st Konsonanten. Nun ist aber ferner in einer Gruppe wie bist das i Sonant, in einer Gruppe wie ais das i aber Konsonant; das i kann also je nach den Umständen beides sein, Sonant und Konsonant, und die Rolle, die es spielt, hängt einfach von seiner Umgebung ab. Ebenso verhält es sich mit u in den beiden Gruppen lut und laut. Aber damit nicht genug, ist in pst das s Sonant, das sonst, z. B. in haus oder ast, nur Konsonant ist.

Gewisse Laute — wir werden später sehen, daß es sogar die meisten sind — können also in doppelter Weise verwendet werden, als Sonant und als Konsonant.

Gerade angesichts dieser doppelten Verwendung haben aber die Namen Sonant und Konsonant ihr Mißliches; diese Ausdrücke, besonders Konsonant, sind ja im Laufe der Zeit schon in anderer Bedeutung festgelegt worden und bezeichnen bestimmte Laute nach ihrem feststehenden Wesen, nicht nach ihrer augenblicklichen Verwertung. Es empfiehlt sich daher, ihren Gebrauch zu vermeiden, wenn nicht überhaupt, so doch in dem vorliegenden Falle. Dann nennt man den einen Laut, der Träger des Schalles ist, eben unzweideutig Schallträger oder Schallkern, die übrigen, die sich an ihn anlehnen, Schallbegleiter.

Nun gehen wir einen Schritt weiter. Wie ap, as, aj, so betrachten wir jetzt längere Verbindungen wie apa, asa, aja. Auch hier wechseln schallstarke Teile ab mit schallschwachen, aber mit dem Unterschiede, daß hier der schallschwache Teil immer zwischen zwei schallstärkeren steht. Ebenso ist in isi das s schallschwächer als die beiden umgebenden i, und in aisi schwächer als das vorausgehende a und i und das folgende i. Ganz so gliedern sich aber auch wirkliche Wörter wie tragen oder lesen oder Absicht oder Verderben oder Pünktlichkeit.

Zu erinnern ist aber im Vorbeigehen noch an eines, von dem früher auch schon die Rede war. Auch in Wörtern wie

Handel, raten, Atem, aber, in denen das nachtonige 'e' nur geschrieben, selten mehr gesprochen wird, bildet der Verschluß-laut den Einschnitt; der darauf folgende Klanglaut ist aber schallstärker, also Sonant (S. 97).

Überall steht also einmal oder wiederholt ein schallschwä-cherer Laut zwischen schallstärkeren, überall bildet der schwächere Teil in dem Fluß des Ganzen einen kleinen Einschnitt. Das Lautganze, das so zwischen zwei aufeinanderfolgenden laut-schwachen Stellen steht, heißt nun Silbe, und die Einschnitte, die sie vorn und hinten abschließen, Silbengrenzen.

Nun werden diese Silbengrenzen verursacht durch die Schallarmut des einen Lautes; darum heißen sie genauer Schall-grenzen, und die Silben ebenso Schallsilben.

Die Schallsilben entstehen also durch den natürlichen Wech-sel von schallstarken und schallschwachen Lauten.

Und da diese schallschwachen Laute selbst auch eine gewisse Dauer besitzen, ist die Schallgrenze auch kein plötzlicher, strich-artiger Einschnitt, sondern immer ein längeres oder kürzeres Trennungsgebiet, ein Schallgrenzgebiet.

b) Druckgrenze und Drucksilben. Nun kann ich aber auch in einen einzigen Laut einen Einschnitt legen. Wenn ich beim Erzeugen eines langen ā zwischenhinein mit der Stimme nachlasse oder ganz aussetze, entsteht ein zweiteiliges a, oder wenn ich so will, zwei a: a-a. Bei Konsonanten ist teilweise das gleiche möglich, z. B. bei s, m oder l: hier kann ich ganz gut sagen s-s, m-m, l-l. Da dieser Einschnitt gebildet wird durch Verminderung des Drucks, mit dem der Luftstrom aus den Lungen gestoßen wird, unter Umständen auch durch eine Ver-ringerung des Widerstandes, mit dem sich die eigentlichen, obe-ren Sprechwerkzeugteile diesem Strom entgegensetzen, redet man hier von einer Druckgrenze; diese Druckgrenze kann auch ein Druckgrenzgebiet sein; gewöhnlich ist sie jedoch nur eine Druck-grenzlinie, weil hier die Lauterzeugung leicht nur an einer bestimmten Stelle ganz eingestellt oder doch merklich geschwächt werden kann.

Diese Druckgrenze tritt nun häufig auf dem Schallgrenz-gebiet auf und bildet auf dem natürlichen Schwächungs-raume einen künstlichen Schwächungspunkt oder eine künst-liche Schwächungslinie. In einer Lautfolge ama, wo das schwächere m die Schallgrenze darstellt, kann ich abteilen a-ma, aber auch am-a, und endlich gar am-ma. Das erste Mal unterbreche ich die Lautung vor dem m, das zweite Mal nach dem m, das dritte Mal mitten im m. Auf dem einen Schallgrenzgebiet lege ich die Drucklinie also nacheinander an drei verschiedenen Stellen ein. Von wirklichen Sprachgebilden unterscheiden sich so z. B. hat | er und ha'| t der, ferner eß' | ich und Essig u. ähnliches.

Die Lautabschnitte, die eine solche künstliche Trennung nach Druckgrenzen hervorbringt, heißen selbst wieder genauer Drucksilben.

b) Die tatsächliche Silbentrennung im Deutschen.

Im allgemeinen unterscheidet man bei der Silbenbildung also — je nach der Art der Trennung — Schallsilben und Drucksilben. Von diesen sind die Schallsilben von selbst fest bestimmt und daher überall und immer gleich; die Drucksilben sind dagegen künstlich und wandelbar und darum im einzelnen möglicherweise sehr verschieden. Deshalb kommen sie auch für uns hier noch weiter in Betracht, und wir müssen fragen: Wie steht es mit der Silbentrennung im Deutschen?

Darüber ist es wichtig etwas zu wissen, nicht nur an sich, sondern auch, weil es Einfluß hat auf die Silbentrennung im Schreiben. Allerdings ist die Antwort auf unsere Frage nicht so leicht, jedenfalls nicht ganz einfach, und zwar aus verschiedenen Gründen.

An sich weiß nämlich wenigstens nicht jeder, wie er eigentlich seine Silben abtrennt, und auch eine eigens angestellte Selbstbeobachtung hilft nicht gleich weiter, sondern erfordert mindestens eine gewisse Übung.

Sodann teilen aber anscheinend auch nicht alle Deutschen beim Sprechen die Silben in der gleichen Weise ab. Der Schweizer z. B. trennt wahrscheinlich durchweg ganz anders, in vielen Fällen mindestens deutlicher, als der Rheinländer oder der Sachse, z. B. wenn er e-ssen sagt oder es-sen.

Aber von diesen Feinheiten und Schwierigkeiten dürfen wir doch absehen; auch so ergeben sich schon manche einschneidende Folgerungen.

Zunächst wird die Druckgrenze im allgemeinen offenbar immer **vor** den schallschwächsten Laut gelegt, gleichviel, welches seine Nachbarschaft ist; mit andern Worten:

man legt den Einschnitt vor den schwachen Mitlauter, mag er nun von Selbstlautern umgeben sein oder von andern, etwas schallkräftigeren Mitlautern. Man trennt beim Sprechen also 'Va-ter', 'Le-sung', 'wa-ren', 'ho-len'; ferner 'al-te', 'war-te', 'wohn-te', 'nann-te', 'san-dte', 'Lam-pe', aber auch 'A-dler', 'Be-ttler', 'lie-blich', 'mö-glich', 'Rä-tsel', 'A-chsel', 'He-xe' (= 'He-kse'), 'rei-zen' (= 'rei-tsen'), 'Hi-tze', sodann 'Gi-pfel', 'au-frecht', 'Ha-bsucht', und endlich 'Hal-me', 'Tromm-ler', 'war-ne', 'Wär-me'; des weiteren aber auch 'Dorn-busch', 'Gür-tler', 'Gär-tchen', 'Kör-bchen', 'Er-bsen', 'Kar-pfen', 'em-pfangen', 'Schul-dner'. Mindestens ist diese Sprechweise möglich und in gewissen Gegenden auch üblich. Darnach müßte es auch heißen 'Dre-chseln', 'We-chseln' und 'Dre-chsler', 'We-chsler', 'gi-pflig'.

Zweifelhafter sind zwei Fälle.

Einmal scheint in den Wörtern, in denen auf einen kurzen Selbstlauter ein einfacher — in der Schrift freilich doppelt gesetzter — Mitlauter folgt, die Grenze nicht so ausgesprochen vor diesem Mitlauter zu liegen, zumal wo es sich um Nasal oder Liquida handelt. Man kann zwar 'fa-llen' sprechen, 'ke-nnen', 'ha-tten', 'hu-rrah', 'la-ssen', 'kli-mmen'; aber es ist eine Frage, ob man es immer tut, ob nicht gewisse Gegenden hier die Grenze eher — wenn auch ganz schwach — in den Mitlauter legen; Fälle mit dem hintergaumigen Nasal wie 'finger', 'hängen' drängen sich da besonders vor: 'fi-nger', 'hä-ngen' sagt jedenfalls keiner, der den vorausgehenden Selbstlauter selbst schon näselt.

Und bei den andern Mitlautern steht es ähnlich. Man kann ja Lautungen hören wie 'Ri-tter', 'fa-ssen', 'ga-ffen', 'Gri-ffel', besonders im alemannischen Sprachgebiet, und man tut vielleicht gut, diese Sprechweise einfach als maßgebend gelten zu lassen. Zweitens kommen aber die Verbindungen in Betracht, in denen ein stimmloser Engenlaut vor einem stimmlosen Verschlußlaut steht, also besonders 'st', aber auch 'ft' und vielleicht noch 'cht'. Man trennt ja wohl nach der kurz zuvor gegebenen Regel 'ach-te' und nicht 'a-chte', wohl auch 'haf-te' und nicht 'ha-fte', 'gaff-te' und nicht 'ga-ffte'. Aber heißt es 'Schwe-ster' oder 'Schwes-ter', 'Ka-sten' oder 'Kas-ten', 'Ri-spe' oder 'Ris-pe', 'Kno-spe' oder 'Knos-pe'? und dementsprechend auch 'Fen-ster' oder 'Fens-ter', 'För-ster' oder 'Förs-ter'? Bei den s-Verbindungen spräche für den Einschnitt nach s die Erwägung, daß s schall-

stärker ist als t und p. Darnach müßte man trennen 'Schwes-ter'
und 'Knos-pe'. Aber es heißt doch wohl allgemein 'Ge-stell'
und 'Ge-spann', nicht 'Ges-tell' oder 'Gest-ell' oder gar 'Gest-tell',
und auch die üblichen Aussprachen 'Stein', 'Spiel' wird man
für einsilbig ansehen müssen, obwohl hier t und p lautschwächer
sind als ihre Umgebung, mithin eigentlich eine Schallgrenze
bilden; ähnlich steht es mit den Fällen wie 'gibst', 'Papst', die
auch als 'gi-bst' und 'Pa-pst' aufgefaßt werden könnten. Darnach
wären aber auch 'Wechs-ler' möglich und 'Drechs-ler'.

Es kommt eben noch ein Besonderes in Betracht: die Art,
wie das Deutsche den Druck überhaupt verteilt. Bei unserer
deutschen Bühnenaussprache fällt auf den eigentlichen Tonträger
und seine unmittelbar folgende Nachbarschaft so viel Tongewicht,
so viel Druck, daß für die späteren Teile des Wortes nicht mehr
viel übrig bleibt, daß sie alle nur noch sehr schwach erzeugt
werden, sich mithin nicht mehr stark voneinander unterscheiden.
Besonders ein langer Selbstlauter beansprucht viel Kraft, so daß
nach ihm ein merklicher Einschnitt entsteht: 'Va-ter', 'Pa-pst'.
Bei einem kurzen Selbstlauter fällt auf die folgenden Mitlauter
noch so viel Schallkraft, daß sie der etwa folgende weitere
Selbstlauter nicht mehr stark überragt: 'komme', 'fasse'; so steht
es aber auch mit den Wörtern 'Gipfel', 'gibst', die nur Gipf',
gipst lauten. Alle diese Formen werden nur mit einem einzigen
Luftstoß erzeugt, der nach hinten stark nachläßt; sie sind hinsichtlich des Druckes einsilbig, so wie es 'Stein', 'Spahn' auch
sind. Es liegt eben keine Druckgrenze mehr vor.

Dieser Umstand verschleiert den Ort der Silbengrenze überhaupt sehr; daher auch die Unsicherheit, selbst bei genauer
Selbstbeobachtung.

c) Die Silbentrennung in der Schrift.

Wie steht es nun mit der Schreibung? Wie soll man die
Silbentrennung auf dem Papier durchführen, wo die Aussprache
so wenig feste Anhaltspunkte gibt?

Tatsächlich gilt die Silbentrennung für eine der schwierigsten
Fragen der heutigen Rechtschreibung, und wie die Dinge jetzt
liegen, leider einigermaßen mit Recht.

Wie so vieles in der Rechtschreibung, ist diese Trennung
im Grunde aber nur eine Nebensache, eine kleinliche Äußerlich-
keit; dennoch werden darüber mit Gewicht Vorschriften erlassen,

gewiſſenhaft eingetrichtert und getreulich gelernt. Und am
Schluſſe glauben die Kinder etwas zu verſtehen, was nicht
einmal die Lehrer verſtehen, was ſie auch nicht verſtehen können,
weil man das überhaupt nicht verſtehen kann.

An ſich iſt die ſchriftliche Trennung eine reine Willkür.
Früher hat man getrennt, ſo wie es der Raum verlangte; man
ſetzte einen, zwei, ſechs oder acht Buchſtaben in die eine Zeile
und den Reſt in die andere: K-ünſtler oder Kü-nſtler oder
Kün-ſtler oder Künſt-ler oder Künſtl-er u. ſ. f. Auf Stein·
inſchriften, nicht nur griechiſchen oder altlateiniſchen, ſondern auch
mittelalterlichen oder frühneuhochdeutſchen, kann man das häufig
beobachten.

Anderſeits könnte man ja auch ganz gut ohne jede Tren·
nung auskommen, zumal auf dem billigen und jedermann reich·
lich zur Verfügung ſtehenden Papier: wenn ein Wort nicht
mehr ganz in die eine Zeile zu gehen ſcheint, ſo ſetzt man es
kurzer Hand ganz in die nächſte.

Nun will man in unſerer Zeit aber trennen, und zwar
nach Silben trennen! Wie ſoll man das machen? Wir haben
ja dafür amtliche Vorſchriften. Kann man ſich nicht ohne
weiteres nach dieſen richten? Nein! Nicht ſo ganz. Denn dieſe
Vorſchriften verdienen leider nicht in allem ein unbedingtes
Vertrauen.

Zwar das eine oder andere iſt ſchon klar und gut. Daß
nach ihnen z. B. ein einzelner Mitlauter auf die folgende Zeile
kommen ſoll, hat darin ſeinen Grund, daß hier immer ein
langer Selbſtlauter vorhergeht, nach dem ja ein natürlicher Ein·
ſchnitt vorliegt. Und daß von mehreren Mitlautern der letzte
auf die folgende Zeile rücken ſoll, ſtimmt auch zu der Ausſprache
der Fälle, in denen dieſer letzte Laut ein Verſchlußlaut iſt, wie
'An·ker', 'War·te', 'hal·te', ſtimmt vielleicht auch zu der Lautung
(mit dem kurzen Selbſtlauter) in 'Rit·ter', 'Waſ·ſer', zur Not
auch noch für 'Ach·ſel' und 'tap·fer', für 'Städ·te' aber nur
dann, wenn man es mit kurzem Selbſtlauter ſpricht. Daß 'ſt'
immer ungetrennt bleiben ſolle, begreifen wir nach dem Voraus·
geſagten auch.

Aber unbegreiflich iſt das folgende. Wenn 'ſt' zu·
ſammenbleiben ſoll, muß auch 'ſp' zuſammenbleiben, alſo 'Kno·
ſpe' vorgeſchrieben werden, nicht 'Knoſ·pe'. Und wenn es 'He·xe'
heißen ſoll und 'rei·zen', müßte man vom lautlichen Standpunkt

auch 'Ach-sel' verlangen und wohl auch 'kra-tzen'; hier hat man
sich aber nach dem geschriebenen Doppelzeichen gerichtet! Aus
demselben Grunde hat man 'x' und 'z' als einfache Laute behandelt, also 'He-xe' und 'rei-zen' empfohlen, aber 'ck' in zwei
'k' aufgelöst; nun könnte man doch ebenso gut auch 'Ha-cke'
trennen!

Aus welchem Grund soll man auch 'Fin-ger' zerlegen und
'Verwand-te'? Das 'ng' bezeichnet ja einen einzigen Laut wie
'ch', 'sch', 'ß', 'ph' und 'th'. Wie 'Fin-ger', so dürfte man auch
'Sac-he', 'was-che' (oder 'wasc-he'), 'Sop-hie' und 'Demost-henes'
zulassen! Denn die Verhältnisse liegen in diesen Formen lautlich
und schriftlich ganz gleich. Die Schreibung 'Verwand-te' endlich
hat gar keinen Sinn, jedenfalls keinen lautlich begründeten, wie
das bei allen sonstigen Beispielen doch noch einigermaßen der
Fall war.

Die amtlichen Vorschriften sind nicht ganz folgerichtig. Das zeigt sich auch an zwei weiteren Stellen. In
einer Sonderbemerkung wird zugunsten der lateinisch-griechischen
Fremdwörter eine Ausnahme gemacht und — im Gegensatz zu
dem Brauch in den deutschen Wörtern — 'Pu-blikum', 'Me-trum',
'Hy-drant' empfohlen, weil diese Trennung in den alten Sprachen
üblich ist. Und im folgenden Absatz wird für die zusammengesetzten Wörter die Zerlegung in ihre Bestandteile zugelassen,
also 'Diens-tag' im Gegensatz zu 'fen-ster' und 'Em-pfangs-
anzeige' im Gegensatz zu 'Kämp-fen'. Wenn die Dorfbuben
nur immer so recht zerlegen können und 'her-ein' und 'dar-über'
nur durchschauen, von 'war-um' und 'wor-an' gar nicht zu reden!

Die jetzige Fassung der Regeln ist zwar ein großer Fortschritt gegen die frühere. Aber sie dürfte doch noch etwas einfacher sein. Wenn man von mehreren Mitlautern den
letzten auf die folgende Zeile setzt, wonach 'Drechs-ler',
'Wechs-ler', 'Drechs-lerei' und 'Wechs-lerei' zu zerlegen
wäre, so gestatte man das auch für 'st' und empfehle
'Kas-ten', 'Fens-ter', gerade wie 'Diens-tag', gestatte aber
auch 'Emp-fangsanzeige' neben 'Kämp-fen'. Und 'tz'
und 'ck' lasse man auch unangetastet, da man doch einmal 'x' und 'z' duldet. Man hat dann eine einfache Schreib-
regel, die vielleicht mit der Sprechgewohnheit nicht übereinstimmt,
aber auch nicht übereinzustimmen braucht, — schon weil die
Übereinstimmung kaum möglich ist.

Bis jetzt mag eine gründliche Vereinfachung nicht durchzuführen gewesen sein, da bei der letzten Berliner Tagung (1901) der Regierungsvertreter zu viele waren und die darunter vorhandenen Kenner die Nichtfachleute nicht zu überzeugen vermochten, sie auch nicht allzu unsanft behandeln wollten, um wenigstens einmal eine Einheit in der Schreibung zu erreichen, wenn sie sachlich auch nicht gerade vollkommen sei. Aber die Zukunft wird da schon einen weiteren Fortschritt bringen, leider vielleicht erst eine ferne Zukunft. Wenn nur die Aufsichtsbehörden einstweilen hierin Einsicht zeigen und nicht Dinge verlangen, die wegen ihrer Unbegründetheit nicht begriffen werden können und nur eine Last darstellen für das Gedächtnis und einen Schraubstock für das Gehirn. Einer solchen wohlwollenden und verständigen Nachsicht möchten auch diese Zeilen das Wort reden!

4. Lautangleichung.

Die Silbentrennung betraf die Aussprache eines zusammenhängenden größeren Lautganzen und wurde im letzten Grunde geregelt durch die Verteilung der Sprechluft. Derartiger Erscheinungen gibt es aber noch mehrere bei der Erzeugung größerer Lautgruppen, und zwar recht wichtige und einschneidende. Sie betreffen vornehmlich das Verhalten anderer Teile der Sprechwerkzeuge als der die Luftverteilung besorgenden Lungen, nämlich des Kehlkopfs und des Ansatzrohres, und sie zerfallen in allgemeine, in gewissem Sinne unbedingte, und in besondere, örtlich bedingte.

Wir beginnen mit den allgemeinen.

a) Allgemeine Lautangleichungen.

Wir wissen, ein wie verwickeltes Gebilde schon der einzelne Laut ist, und wie viele Teile des menschlichen Leibes daran mitarbeiten. Um wie viel lebendiger muß das Spiel aller dieser Teile sein bei der Erzeugung einer größeren Folge von Lauten, um wie viel vielseitiger und wechselvoller! Eben wirken diese zwei oder drei Teile zusammen, im nächsten Augenblick wieder zwei bis drei andere, und zwar bald von den ersten ganz verschiedene, bald auch einige darunter von den eben beteiligten. Trotz der größten Übung der leiblichen Teile und trotz größter Bereitschaft der geistigen Kräfte ergeben sich hierbei ab und zu

Anstände und Unstimmigkeiten. Die Schwäche der menschlichen
Natur bringt es mit sich, daß nicht alles so in Ordnung ist,
wie man es sich von vornherein ausdenkt. Vereinfachungen,
Angleichungen sind nicht zu vermeiden, und es wirkt mit über-
raschender Häufigkeit vor allem ein Satz, den Winteler zuerst
deutlich ausgesprochen hat, daß Bewegungen, die benachbarten
Lauten gemeinsam sind, tunlichst nur einmal ausgeführt werden.
Dieser Satz begreift mehrere allgemeine Lauterscheinungen in
sich, die wir einzeln herausheben und aufzählen müssen. Wir
beginnen mit dem Verhalten der Stimmbänder.

α) Das Verhalten der Stimmbänder.

Wenn die Stimmbänder bei einer Lautreihe in gleicher Art
beteiligt sind, wenn sie also entweder gleichmäßig mitwirken oder
gleichmäßig außer Tätigkeit bleiben, erheben sich keine Schwierigkeiten: die Lautreihe ist dann entweder fortlaufend stimmhaft oder
fortlaufend stimmlos. Bei jähem Wechsel dagegen überwiegt
im Deutschen die Stimmlosigkeit, die Stimmbänder streben nach
Ruhe, wenigstens wenn es sich um das Nebeneinander von
mehr oder weniger geräuschhaften Lauten handelt: also etwa
um die Verbindung eines Klanglauts und eines reinen Geräusch-
lauts wie z. B. um ηk oder kη, um lt oder pr. Hier wird in
dem eigentlich durchweg stimmhaften Laute der Teil stimmlos,
der an die stimmlose Nachbarschaft angrenzt: ηk wird $\eta\eta$k,
lt wird ḷt, pr wird pṛ.

β) Die Näselung.

Weniger eingreifend wirkt die Näselung. Es ist zwar
kaum zu umgehen, daß bei der Aufeinanderfolge eines Vokals
und eines Nasenkonsonanten der Vokal etwas genäselt werde,
zumal bei Länge des Vokals, daß man also sagt nicht än und
Bāhn, sondern ãn und Bā̃hn. Auch bei umgekehrter Folge
wird man leicht nīe und nūr sprechen für nie und nur. Aber
auf weitere Entfernung erstreckt sich der Einfluß des Nasals
doch nur selten, etwa so, daß ein ganzes Wort genäselt würde,
und man demnach Nẽbl sagte für 'Nebel' oder Mūttö̃r für
'Mutter'.

Näselungen vollends, wie man sie den Amerikanern für ihr
Englisch nachsagt und in gewissen Gegenden ihres Landes auch

wirklich hört, trifft man in Deutschland nur in einzelnen Gegenden bei einzelnen Sprechern an, deren Mundwerkzeuge entsprechend gebaut oder erkrankt oder fehlerhaft eingeübt sind.
Diese allgemeine Näselung gehört aber nicht hierher, weil sie
durch keinen Nachbarlaut verursacht ist, sondern, unabhängig
von der Umgebung, vielmehr durch die Beschaffenheit der Artikulationsbasis bedingt wird.

γ) Gutturalisierung, Palatalisierung und Labialisierung.

Viel mehr anerkannt aber und auch häufiger und wichtiger
sind gewisse gegenseitige Beeinflussungen in dem Bereich der
Mundhöhle; man nennt sie Gutturalisierung, Palatalisierung und Labialisierung.

Bei der Gutturalisierung veranlaßt ein im hinteren
Mundraum erzeugter Vokal, daß die ihm benachbarten Laute
auch mit möglichster Verwendung der hinteren Teile des Mund-
raums erzeugt werden. Bei den Gaumenlauten äußert sich
das darin, daß neben u, o und a überhaupt nur deren hintere
Spielart verwendet wird, daß man also sagt Kuh, Gut sowie
Buch, doch, Dach, trugen und lagen.

Bei den Zahn- und Lippenlauten wirkt dieser Einfluß
auch, aber etwas anders; da werden diese vorderen Laute schon
selbst mit Hebung der Hinterzunge erzeugt. Bei der Aussprache
von du oder Bub bleibt die Zunge also nicht in der Ruhelage,
bis das d und b verklungen ist und sie für das u eingestellt
werden muß, sondern sie hebt sich schon bei der Herstellung des
Zahnverschlusses oder bei der Schließung der Lippen. Zungenspitze und Hinterzunge treten also bei du, Lippen und Zunge
bei Bub gleichzeitig in Tätigkeit.

Bei der Palatalisierung spielt der vordere Mundraum
die Hauptrolle. Die Gaumenlaute werden also neben den vorderen Vokalen e und i nur an der vorderen Gaumenstelle erzeugt, so daß es also heißt Kind, kennt und Pech, dich,
legen, liegen mit der vorderen Spielart des Gaumenlautes,
und bei den Zahn- und Lippenlauten hebt sich die Vorderzunge
auch schon frühe, gleichzeitig mit der Einstellung für diese Laute,
wenn sie dem Vokal vorangehen, oder sie bleibt noch nachträglich in dieser Lage, auch während der Erzeugung dieser Laute,
wenn sie nachfolgen. In dir und Bier oder in Lied und
Hieb spricht man also d und b mit Hebung der Vorderzunge.

Die Labialiſierung beſteht in der Vorſchiebung und Vorſtülpung der Lippen und wird auch wieder hervorgerufen durch die Nachbarſchaft eines u oder o, die beide ja eine größere oder kleinere Vorſtülpung der Lippen beanſpruchen: man ſpricht alſo du, Schuh und Sud, ſowie Hub, Buſch, Huß von Anfang bis zu Ende mit ausgeprägter Lippenrundung, dir, ſchier, Sieb dagegen mit Zurückziehung der Lippen. Im letzteren Falle wird alſo ſtark entlabialiſiert.

Es verſteht ſich von ſelbſt, daß Labialiſierung und Gutturaliſierung oft Hand in Hand gehen, weil ſie durch die gleiche Urſache hervorgerufen werden, ebenſo wie Entlabialiſierung ſich häufig mit Palataliſierung verbindet. In du wird d alſo erzeugt mit Vorſtülpung der Lippen und Hebung der Hinterzunge, in dir dagegen mit Zurückziehung der Lippen und Hebung der Zungenſpitze.

b) Beſondere Lautangleichungen.

Einige andere Lautangleichungen ſind an gewiſſe Sonderbedingungen geknüpft, ſei es an dieſe oder jene Stellung im Wort, ſei es an die Betonung, ſei es endlich an das Zuſammentreffen beſtimmter Laute oder Lautgruppen.

Dem Wortanlaut eigen iſt der feſte Einſatz der Vokale. Es iſt das die Verwendung des Knackgeräuſches im vokaliſchen Wortanlaut, die wir ſchon kennen (S. 49). Man ſagt im Deutſchen zur Bezeigung ſeines Erſtaunens nicht o, alſo nicht etwa ſo, wie der Franzoſe ſein Wort für 'Waſſer' hervorbringt (eau), ſondern man ſagt deutlich 'o, und das ſüddeutſche än klingt nicht ſo, wie der Franzoſe für 'Eſel' ſagt (âne), ſondern auch wieder vernehmlich 'än.

Sonſt iſt im Anlaut nur noch der Stimmton bedroht, zumal im Süden und in der Mitte des Landes. Hier, in dieſen Gegenden ſagt man Mai, nie, lau, rauh, ferner wo und auch ja, im Gegenſatz zum Norden, der den Stimmton von m n r l v j im Wortanfang überall auffällig hören läßt. Bei den andern Lauten kennt der Süden und die Mitte ja gar keinen Stimmton; dafür ſchwächt in dieſem Falle der weſtliche Teil des Nordens die Stimmhaftigkeit etwas. Es iſt ein Unterſchied, ob ein Bremer bei ſagt oder ein Oſtpreuße und Poſener; der Bremer bringt genau genommen etwa ein b̥bae heraus,

die Ostdeutschen eher ein reines bap mit einem von vornherein
stimmhaften b.

Im Auslaut dagegen stoßen wir auf ein wichtiges und
unverbrüchliches gemeindeutsches Gesetz. Es fordert, daß hier
die Geräuschlaute überall ihren Stimmton verlieren, und zwar
im Wortauslaut ebenso sehr wie im Silbenauslaut; einem inlautenden b d g entspricht also auslautend p t k (oder p ̣ ḍ g̣)
einem z, j und ʒ der Reihe nach s, χ′ und χ, und — soweit es vorkommt — auch einem w ein f; darum stehen nebeneinander gebe:
gib, Lande: Land, Tage: Tag, Hause: Haus, Sieje:
Sieχ′, Auze: Auχ′, braver: brav (= 'brawer': 'braf'); ebenso
aber auch lebe: lebte, klage: klagte, löse: löste, Fälle
freilich, die sich auch schon durch die kurz zuvor erwähnte Angleichung des stimmhaften Lautes an die stimmlose Nachbarschaft
erklären, also gerade so wie die hier sicherlich nicht in Betracht
kommenden einsilbigen Formen lebt, klagt, löst. Die Vokale
sowie die Klanglaute bleiben im Auslaut dagegen unverändert;
man sagt Mai, Tau, wohl, sehr, Bahn. Doch schmälert
der Süden und die Mitte des Landes bei den Klanglauten stellenweise auch wieder gern den Stimmton etwas, so daß man hier
zuweilen hört wohl̥ statt wohl, Bahn̥ statt Bahn.

Von dem Silbenauslaut der Fälle kannte, wollte usw. ist
ja schon die Rede gewesen im Zusammenhang mit der Betrachtung auch der einsilbigen Formen kennt, gilt u. dgl. (S. 128, 154).

Alle die noch zu erwähnenden Erscheinungen gehören dem
Inlaut an und betreffen nur ganz bestimmte, vereinzelte Lautfolgen. So wird z. B. ss oft vereinfacht zu s; für Kreis-
schulrat und Hausschlüssel hört man dann Krei-schulrat,
Hau-schlüssel. Oder man vereinfacht die Verbindungen der
Verschlußlaute in gewissen konsonantenreichen Lautfolgen, sagt
also für 'Hauptstück' nur Haupstück, für 'Kunststück' nur
Kun-stück, für 'Hauptmann' auch nur Haupmann, für 'Haupt-
schlüssel' nur Haupschlüssel, für 'feststellen' nur fe-stellen.

Doch verlieren wir uns nicht weiter in Einzelheiten, sondern wenden uns noch einigen allgemeineren Erörterungen zu,
ehe wir diesen Abschnitt schließen. Sie betreffen die nachtonigen Endsilben und die Angleichung an sich getrennter
Wörter einer längeren Wörterreihe.

Im ersten Fall handelt es sich um die Verbindung eines

nachtonigen e mit einem folgenden Klanglaut, hauptsächlich n, in gewissem Sinn auch m, l und r, mit andern Worten um die Endsilben von Wörtern wie laufen, hüpfen, decken, tragen, heben, Atem, fühlen, besser u. dgl. In solchen nachtonigen Endsilben wird mangels genügenden Tongewichtes der Lautkörper stark vereinfacht. Zunächst wird der einstmals volle Vokal teilweise nur gemurmelt, so daß für früheres -en, -em, -el, -er nur noch -ǝn, -ǝm, -ǝl, -ǝr vorliegt; teilweise fällt aber — bei fortschreitender Schwächung der Silbe — der Vokal auch ganz aus, und es bleibt nur der Klanglaut, der immer, wo er hinter einem schallschwächeren Laut steht, sonantisch wird und für sich allein die Silbe bildet, die er vermöge seiner Schallfülle ja auch gut tragen kann; so ergibt sich laufn, hüpfn, deckn, tragn, Atm, fühln, bessr usw.

Die Entwicklung kann aber noch weiter schreiten, — und hier kommen wir zu den Erscheinungen, die uns hier allein an-gehen —: die schließenden n, seltener m, l und r, gleichen sich einmal an die vorausgehenden Geräuschlaute in doppelter Weise an. Auf der einen Seite verlieren sie nach Stimmlosen auch ihren Stimmton, so daß sich aus laufn ein laufn̥ ergibt, aus deckn ein deckn̥; andererseits verändern sie auch den Ort ihrer Einstellung; aus n wenigstens wird m oder η, je nachdem ein Lippenlaut oder ein Gaumenlaut vorausgeht; so entstehen laufm, hüpfm, hebm, deckη, tragη u. dgl. Diese Veränderung tritt auch nach Klanglauten in gewissem Maße ein; aus fühlen wird fühlǝl, aus ʼkommenʼ wird kommǝm, und das wird schließlich zu zweigipfligem fühl und kom̂, gerade so wie ʼnennenʼ auch nur nen̂ ergibt.

ǝr geht aber seinen eigenen Weg (S. 151); es gleicht sich nicht an, sondern der bei dem r nötig fallende Verschluß wird immer lockerer und immer weniger ausgeprägt, so daß an Stelle des r schließlich ein rein vokalisches Gebilde tritt, das man ɐ schreiben kann; aus ǝr wird also ǝɐ, und das schreitet noch weiter fort zu einfachem ɐ; so heißt es am Ende nur noch bessɐ, abɐ, Vatɐ.

Die letzte Erscheinung, die uns in diesem Zusammenhang beschäftigt, ist die Wortangleichung im Satzganzen, der Satz-sandhi, wie man es mit einem schon von den alten Indern gebrauchten Ausdrucke nennt. Sie besteht darin, daß von zwei Wörtern die im Satze nebeneinander stehen, der Auslaut des erften fich an den Anlaut des zweiten angleicht. Befonders gilt das auch wieder von n; fo wird z. B. ftatt in Berlin gefagt im Berlin, für in Göttingen fagt man **ing** Göttingen, für an Bord ebenfo am Bord, und für an Gott vielmehr **ang** Gott.

Sodann wird in diefer Stellung gleicher Auslaut und gleicher Anlaut auch leicht vereinfacht; anftatt der beiden gleichen Konfonanten ertönt nur ein einziger, der urfprünglich wohl immer lang war, es aber nicht durchweg geblieben ift: aus **warm machen** wird **warmmachen,** mit langem m, das zunächft auch noch zweigipflige Betonung trägt, dann aber ganz einfaches **war-machen;** ebenfo ergibt aus **Salzburg** nur **au-Salzburg,** und mit **Tod** nur **mi-Tod,** geradefo wie im Wortinnern auch **Stadttor Platz** machen muß einem einfachen **Stä-tor.** Hier, an den Beifpielen im Berlin, warm machen uff. zeigt eben die Jugend und Lebendigkeit des Wechfels, der fich von Fall zu Fall erneut, fo recht anfchaulich, wie die Angleichung im ftarren Wortinnern vor fich gegangen fein muß, über die man keine Beobachtungen mehr anftellen kann, weil fie eben abgefchloffen vor uns liegt.

VI.
Die Musteraussprache.

Wir haben verfchiedentlich von landfchaftlicher Lautgebung und daneben von gemeindeutfcher und von bühnenmäßiger Ausfprache reden müffen. Was ift das? Wie find diefe Unterfchiede entftanden, und wie ift über ihre Berechtigung zu urteilen?

I. Die mundartliche Ausfprache.

Eine natürlich entwickelte Sprache tritt uns immer in Mundarten gegliedert entgegen. Wie im alten Griechenland die kleinafiatifchen Jonier, Homer und Herodot ganz anders redeten wie die aus Attika ftammenden Sophokles, Thukydides und Xenophon oder der dem dorifchen Sprachgebiet angehörige Theokrit, fo ift das aus der älteften Zeit überlieferte Deutfch auch fchon gefpalten; fchon im Althochdeutfchen, in der Karolingerzeit, haben wir alemannifche, bayrifche und fränkifche Quellen unvermifcht nebeneinander vor uns.

Diese Spaltung liegt im Wesen der Sprache. Wo sich eine Sprache selbst überlassen bleibt, verändert sie sich stetig, aber an jedem Punkt des Gebietes, das sie einnimmt, selbständig und darum schon voraussichtlich verschieden. Aus kleinen, unbemerkbaren Anfängen werden scharfe, trennende Abweichungen nicht nur im Satzbau, in Wortbildung, Wortabwandlung und Wortschatz, sondern ebenso auch in der Lautgebung. Grund dafür ist, daß die beim Sprechen in Tätigkeit tretenden Kräfte niemals ganz unwandelbar gleich arbeiten, sondern daß sie fortwährend etwas schwanken und abweichen, wie der Arm, der eine Keule schwingt oder eine Kegelkugel auf einen Eckkegel lossausen läßt, auch seines Zieles nicht ausnahmslos sicher ist.

Dieser Vermannigfaltigung steht aber auch wieder ein Streben nach Einheit gegenüber. Sobald der Verkehr die Angehörigen verschiedener Landstriche zusammenbringt, gewöhnt sich jedes auch Eigentümlichkeiten der Nachbarn an, und es bildet sich eine Mischsprache heraus, die alle groben Unterschiede abgeschliffen hat und Bestandteile der verschiedenen Grundsprachen einträchtig in sich vereinigt. Handel und Heirat sind die Hauptquellen, aus denen solche Ausgleichungen fließen.

Das können wir auch im Deutschen beobachten. Schon im Mittelalter, in der Blütezeit der staufischen Kaiser, sind Ansätze vorhanden zu einer Art Gemeinsprache, sicherlich in der Schrift, vielleicht auch in der Aussprache. Aber die bald wieder einsetzende staatliche Zersplitterung ließ auch diese Bewegung im Sande verlaufen. Zwar bildeten die Kanzleien der deutschen Fürsten, sobald sie einmal deutsch schrieben, nicht mehr lateinisch, wie sie bisher ausschließlich taten, bald wieder ein gewisses Muster für weitere Gebiete, und eine angesehenere Kanzlei eines mächtigen Fürsten konnte auch wieder für die kleineren ein Vorbild werden, wie die Kaiserliche Kanzlei in Prag und Wien, oder die Kursächsische in Wittenberg. Aber diese Kanzleien behandelten immer nur bestimmte Gebiete des menschlichen Lebens und beschränkten sich dabei auch in ihrem Ausdruck auf einen herkömmlichen, begrenzten Sprachstoff. Darum konnte, was sie begonnen hatten, nur ein gewaltiger Schriftsteller zum guten Ende führen, der persönlich und stofflich weite Kreise des Volkes in seinen Bannkreis zog, wie es bei M. Luther der Fall war. Luther hat mit seiner schriftstellerischen Tätigkeit, besonders seiner Bibelübersetzung, den

Deutschen eine Schriftsprache geschaffen, die sich zwar in seinem
Munde und unter seiner Hand selbst noch stetig veränderte, und
die auch nach ihm noch Jahrhunderte brauchte, bis sie durch-
drang. Aber sie drang durch! Der protestantische Norden und
nach ihm auch allgemach der katholische Süden nahmen die
von ihm ausgestaltete von Hause aus obersächsische protestantische Gemeinsprache an, und als so gerade die letzten Widerstände gefallen waren, die ihr entgegenstanden, kamen die großen
Schriftsteller des ausgehenden 18. Jahrhunderts, besonders der
allumfassende Goethe, und bauten sie sicherer und schöner aus.
So haben wir rund seit dem Jahr 1800 eine reiche und auf
dem ganzen Gebiet anerkannte und angesehene Gemeinsprache,
aber nur auf dem Papier, also eine gemeinsame Schreib-
sprache, aber keine Sprechsprache. Jeder gab eben die Druck-
buchstaben mit den Lauten seiner heimischen Mundart wieder.
Wie Schiller bei der Vorlesung seines 'Fiesko' in Mannheim so
stark schwäbelte, daß seine Zuhörer ganz um den Genuß kamen,
sein Werk verachteten und seine Verfasserschaft selbst für die
'Räuber' bezweifelten, und wie Goethe noch in seinem Alter
überliefertermaßen durch seine Aussprache an Frankfurt erin-
nerte, so sprach im ganzen 19. Jahrhundert hindurch der
Münchener münchnerisch, der Hamburger hamburgisch und der
Königsberger königsbergisch. Aber hier hat der einsetzende Verkehr, der sich in unserer Zeit ja viel mächtiger entwickelt hat
als je zuvor, schon Wandel geschaffen und drängt zu weiterer
Vereinheitlichung. Süd und Nord, Ost und West begegnen sich
jetzt und lernen einander schätzen in Wesen und Treiben, in
Brauch und Wort. So liegen Anzeichen vor, daß wir uns jetzt
einer gemeinsamen Aussprache unserer schönen Muttersprache mehr und mehr nähern.

Wie weit sind wir damit? Und was bleibt im einzelnen
noch zu tun? Eine Kenntnis des Unterschieds wird auch hier
seine Beseitigung anbahnen.

Beginnen wir mit einigen allgemeinen Bemerkungen!

Trotz zahlloser Abweichungen im Kleinen und Einzelnen
trennt eine große Grenze das ganze deutsche Sprachgebiet in
zwei Hauptteile: sie zieht von der Moselgegend im Bogen bei
Kassel und Wittenberg vorbei in das Posensche hinein und
schließt — abgesehen vom Rheinland und Westfalen — das
alte deutsche Landesgebiet ab von den erst im Laufe des Mittel-

alters wieder neu besiedelten Landstrichen, auf denen sich in-
zwischen — in den ersten nachchristlichen Jahrhunderten —
hauptsächlich slavische Völkerschaften niedergelassen hatten. Der
eine Teil, der große Gebiete des alten Keltenlandes einnimmt,
heißt heute Süd- und Mitteldeutschland, zusammengefaßt Hochdeutschland; der andere Teil heißt Norddeutschland oder Niederdeutschland. Die heutige deutsche Schriftsprache entstammt
eigentlich dem südlichen Gebiete; sie setzt sprachlich nur seine Formen fort, so wie sie sich auch zunächst aus seinem Wortschatz
zusammensetzt; und ihre Lautgebung war im Mittelalter, wo sie
nur im Süden und in der Mitte wirklich gebraucht wurde,
auch dementsprechend; das Mittelhochdeutsche und das Neu-
hochdeutsche bis über Luther hinaus war also rein hochdeutsch
in des Wortes ureigener Bedeutung. Noch im Ausgang des
18. Jahrhunderts trug das Meißnische oder die Sprachform,
die durch Gottsched und Adelung lehrhaft verkörpert wurde,
auch in der Aussprache dieses hochdeutsche Gepräge.

Die geschichtliche Entwicklung des letzten Jahrhunderts
schob indessen in Fortsetzung einer Bewegung, zu der schon
Friedrichs des Großen Taten den Anstoß gegeben hatten, den
Norden plötzlich stark in den Vordergrund, mit dem Preußen-
tum der alten, mittleren und östlichen Provinzen an der Spitze.
Märker und Pommern, Ostpreußen und Niederschlesier, Posener
und Magdeburger, Westfalen und Rheinländer, schließlich auch
Schleswig-Holsteiner und Hannöversche verschafften sich in dem
Stimmengewirr des deutschen Mundartendurcheinanders jetzt
plötzlich mehr und mehr Gehör, und gewohnt sich überall durch-
zusetzen, gaben sie jetzt auch in sprachlichen Fragen allmählich
mehr den Ton an, obwohl das Hochdeutsch, das sie sprechen,
eigentlich für sie, die Söhne Niederdeutschlands, eine fremde
Sprache ist. Denn ihre angestammte Mundart, das Platt,
haben sie abgelegt und dafür das Hochdeutsche, die Mundart
ihrer südlichen Stammesgenossen eingetauscht. Es ist wie in
Italien, wo die übrigen Landschaften auch die Sprache Tos-
kanas haben annehmen müssen, und ähnlich wie in Frankreich, wo auch der Provenzale, der Bewohner der südlichen
Hälfte des Landes, das Nordfranzösische, die Mundart seiner
nördlichen Mitbürger, gegen seine eigene Sprechweise eingetauscht hat.

Diese Vorgänge drücken den heutigen Ausspracheverhält-

nissen in Deutschland noch deutlich ihren Stempel auf, in dem
Klang der Vokale ebensowohl wie in dem der Konsonanten.

Betrachten wir daraufhin zuerst die Vokale! Bei uns
hier, in Heidelberg, in der gesegneten Pfalz und damit noch
auf dem nördlichen — mitteldeutschen — Streifen des in zwei
von Westen nach Osten ziehende Striche geteilten hochdeutschen
Gebietes, liegen die Dinge sehr einfach, vielleicht mit am einfachsten in Deutschland: wir haben — von Nebensächlichem abgesehen — nur einen a-Laut, einen e-Laut, ein i, ein u und
ein o; wir sagen **Stadt** und **Staat**, **bette** und **bete**, **bitte**
und **biete**, **Ruſſen** und **ruʒen**, **Schotte** und **Schote**; und
ebenso erzeugen wir in gebildeter Rede, wo wir uns Mühe
geben, künstlich nur ein ö und ein ü: wir sagen (er) **ſchöſſe**
und **Schöʒe**, **Hütte** und **Hüte** ohne Unterschied. Die Mundart kennt diese beiden Gebilde hier überhaupt nicht und setzt
dafür überall die ungerundeten e und i ein, indem sie **bees**
braucht anstatt **böse**, und **Hīt** anstatt **Hüte**, beschränkt sich
also auf die fünf Hauptvokale a e i o u. Genau so steht es
auf dem Gebiet der Diphthonge: wir haben nur ein ai, nur
ein au und nur ein oi; wir sagen gleichmäßig **weit** und **breit**,
ſchnaufen und **laufen**, **Häute**, **heute** und **Bäume**.

Wir brauchen aber nur eine Stunde südlich oder südöstlich
mit der Bahn zu fahren, um ganz andere Verhältnisse vor-
zufinden. Schon bei Karlsruhe hört man alemannische Klänge
und bei Heilbronn oder Pforzheim schwäbische. Am feinsten
unterscheidet der Alemanne, zumal in den südlicheren Strichen,
noch in Baden. Er kennt vor allem zwei e-Laute, daneben
aber auch zwei i, zwei u und zwei ü; darum sagt er ganz
deutlich vernehmbar **freſſer** (mit offenem e), aber **beſſer** (mit
geschlossenem); und weniger deutlich für den Uneingeweihten,
aber unbezweifelbar und für geschulte Ohren unverkennbar
unterscheidet er ebenso in ganz oder halb mundartlicher Rede
den Vokal in **Zit** 'Zeit' und **mit** 'mit', und anderseits in **us**
'aus' und **Schuß** 'Schuß', indem er im ersten Fall jeweils geschlossen spricht (i und u), im zweiten Fall offen (ɪ und ʊ).
Diese Doppelheit setzt eine alte geschichtliche Verschiedenheit
fort, die beim Zurückgehen auf den altdeutschen Lautstand in
die Augen springt. In den beiden e-Lauten spiegelt sich der
Unterschied einerseits des alten Umlauts-e, das durch i-Umlaut
aus altem a entsprungen ist (neuhochdeutsch **beſſer** hieß alt-

hochdeutsch bezziro, gotisch aber batiza), anderseits des alten
Brechungs-e, das durch ein a der folgenden Silbe entweder in
seiner Ursprünglichkeit als e erhalten oder aus einem früheren,
ursprünglichen i entwickelt worden ist (nhd. 'fressen' hieß . alt-
hochdeutsch frëzzan und gehört zu lat. ĕdere 'essen'), während
die übrigen Vokaldoppelungen (i und į, u und ų, ü und ų̈)
alten Dauerunterschieden ihr Dasein verdanken: die alten
Längen werden jetzt noch geschlossen gesprochen, die alten
Kürzen offen (Zit aus mhd. zît 'Zeit', mįt aus mhd. mit;
ebenso us aus mhd. ûz 'aus', Schuß aus mhd. schuz, Genetiv
schuzzes 'Schuß').

Ähnliches zeigt sich im Bereich der Diphthonge. Schon
in Karlsruhe hält man ai auseinander in weit und breit,
indem man zwar weit spricht, wie sonst in Deutschland, aber
brāit, mit etwas längerem a, wie sich besonders beim Vor-
dringen nach Süden zu immer auffälliger ergibt; und ebenso
liegen im Alemannischen zwei au vor in schnaufen und laufen,
und zwei oi in Räume und Bäume; im ersten Fall klingen
die Laute jeweils auch wieder so wie sonst im Deutschen, im
zweiten Fall (bei laufen und Bäume) ist ihr erster Bestandteil
etwas länger als gewöhnlich: es heißt dann also āu und ōi.

In dieser diphthongischen Lautgebung begegnet sich der
Alemanne nun aber stark mit seinem Stammverwandten, dem
Schwaben. Auch dieser ist ja weithin dafür bekannt, daß er
Seite (mit ei) und Saite (mit ai) auseinanderhält, und ebenso
schnaufe (etwa mit âu) und laufe (mit â), sowie Räume
und Bäume, und daß er in einem Atem nebeneinander sagt
koi Ze-it 'keine Zeit'. Alles das, die alemannische Eigenheit
wie die schwäbische, ruht auf einem geschichtlichen Untergrund. In den heutigen schriftdeutschen Diphthongen sind
jeweils zwei ältere Lautungen unterschiedslos zusammengeflossen,
in nhd. ai ein mhd. î und ei, im nhd. au ein mhd. û und ou,
und im nhd. oi ein mhd. ü (geschrieben iu) und öu. Und das
Nebeneinander von mhd. wît 'weit' und breit 'breit', von
schnûfe 'schnaufe' und loufe 'laufe' und von miuse 'Mäuse'
und böume 'Bäume' haben Schwaben und . Alemannen durch
die Jahrhunderte hindurch treu bewahrt.

Ganz anders der Norddeutsche. Der Norddeutsche
spricht nicht mehr geschichtlich, jedenfalls nicht mehr, wie wir

gleich sehen werden, in der Weise der süddeutschen Landschaften, und kann es auch nicht mehr sprechen. Denn eine geschichtliche Überlieferung steht ihm ja nicht zu Gebote für das Hochdeutsche, diese von ihm einmal künstlich gelernte Sprache. Dagegen richtet er sich bei der Aussprache der Vokale nach der Lautdauer (S. 110f.); die langen Vokale spricht er geschlossen, die kurzen offen. Und zwar gilt das ganz unverkennbar für i und e, u und o, und ü und ö; weniger scharf ist es durchgeführt bei a, dessen Gesamtart eine solche Unterscheidung ja auch weniger begünstigt. Im Norden heißt es also bette, aber bete, bitte, aber biete, Russen, aber rußen, Schotte, aber Schote, (er) schösse, aber (die) Schöße, Hütte, aber Hüte, während Städt seltener mit Stäät wechselt. Die Wurzel dieser schriftdeutschen Unterscheidung ist für den Norddeutschen in gewissem Sinne anscheinend die Lautgebung des Niederdeutschen. Im Niederdeutschen — freilich auch im nördlichen Mitteldeutschen — entsprechen den hochdeutschen kurzen i-Lauten ganz ausgesprochene e-Formen, und ebenso den hochdeutschen kurzen u-Lauten deutliche o-Formen: so braucht das Platt Schepken für 'Schiffchen', Bosk für Busch, und darum finden sich hier auch Namen wie Scholte für süddeutsches Schulze, Droste für Truchseß, und Möller für Müller. Der Zug geht im Plattdeutschen also jedenfalls deutlich dahin, die kurzen Vokale offener zu machen, ganz wie es bei der norddeutschen Aussprache des hochdeutschen Schriftbildes Sitte ist. Insoweit kann man diese norddeutsche Unterscheidung der Kürzen und Längen auch geschichtlich nennen; nur ist das eine andere Art geschichtlichen Zusammenhangs wie bei den Schwaben und Alemannen. Denn der Süddeutsche setzt uralte Doppelungen geradlinig fort, der Norddeutsche dagegen überträgt lautliche Unterschiede seiner angestammten Mundart unbewußt in die von außen aufgenommene hochdeutsche Kunstsprache.

Wie steht es nun aber mit den Konsonanten? Hier finden wir ganz ähnliche Zustände wie bei den Vokalen. Auch hier hält ein großer Unterschied Hochdeutsche und Niederdeutsche, Süd und Nord auseinander, wobei die Mitte auch wieder getreu zum Süden steht. Er liegt darin, daß Mitte und Süden viel sparsamer mit dem Stimmton umgehen als der Norden. So können alle Oberdeutschen von Hause aus zunächst keine stimmhaften Geräuschlaute hervorbringen, sie erzeugen vielmehr,

um mit den Verschlüssen zu beginnen, b d g ebenso ohne Stimmton wie p t k, während der Norden stets scharf zwischen stimmlosem p t k und stimmhaftem b d g scheidet; der Norden sagt
also P‘ein und Bein, der gebildete Süddeutsche P‘ein und
Bein. Beinahe das gleiche gilt von den Reibelauten in Wörterpaaren wie Sachen : sagen, kriechen : kriegen, reißen :
reisen. Während sich hier im Norden χ und z, χ‘ und j, s und
z deutlich gegenüberstehen, spricht der Süden wenigstens das s
durchweg ohne Stimmton, sagt also reisen in dieser Hinsicht mit dem gleichen s wie reißen. In Bezug auf χ : ʒ
und χ‘ : j ist das Gebiet freilich geteilt; während der weitaus größte Teil, beinahe ganz Mitteldeutschland, hier dem Beispiel des Nordens folgt und den stimmhaften Reibelaut erhalten
hat, sind an einzelnen Stellen — hauptsächlich sind es wohl
Städte am südlichen Rande des mitteldeutschen Sprachgebietes —
beide Lautgestaltungen in die eine stimmlose Form zusammengeflossen. So hört man beispielsweise in den Städten der
badischen Pfalz ausschließlich sachen für ‘sagen’, kriechen für
‘kriegen’, während die dazwischenliegenden Ortschaften noch
ebenso regelmäßig scheiden und ein ausgeprägtes sāʒən und
bɪjən erzeugen. Oberdeutschland kommt in dieser Frage der
Gaumenlaute, wie wir gleich noch hören werden, nicht mit in
Betracht, da es in Fällen wie sagen und kriegen gar keine
Reibelaute kennt, sondern dafür einen (stimmlosen) Verschlußlaut (g) hat eintreten lassen. Dafür bewahrt gerade der äußerste
Süden hier wieder einen feinen Unterschied der Stärke und
Dauer; er spricht bald einen langen und starken Reibelaut, bald
einen kurzen und schwachen und unterscheidet damit nicht nur
wie der Norddeutsche reißen und reisen, sondern auch schaffe
und Schafe, hoffe und Hofe.

Die norddeutsche Vorliebe für den Stimmton schafft aber
noch weitere mundartliche Unterschiede im Schriftdeutschen, z. B.
bei den Klanglauten l m n r; auch hier wendet der Norden
mehr Stimme auf als die Mitte und der Süden, vor allem im
Anlaut. Im Anlaut pflegen wir im Süden auch vor stimmhafter
Nachbarschaft den Stimmton teilweise zu unterdrücken und zu
sagen laut, Mai, nie, rot (oder Rot); im Norden aber heißt
es auch in Gegenden, wo sonst keine Verschwendung getrieben wird
mit dem Stimmton, doch viel stimmhafter als bei uns laut,
Mai, nie, rot.

Schließlich ist auch noch bei dem w und dem j dieser Unterschied wenigstens im Anlaut vorhanden. Wir sprechen mindestens halbstimmlos wo, wie sowie ia 'ja', der Norddeutsche dagegen ziemlich stimmhaft vo, vie und — soweit er hier ein i erzeugt — auch ia.

In einem gewissen Zusammenhang mit der Verwendung des Stimmtons steht die Druckverteilung. Der Norden bietet darum auch bei der Hervorbringung der stimmlosen Verschlußlaute einen solchen Druck auf, daß er diese Laute viel stärker und viel häufiger behaucht als der Süden (S. 138); er erzeugt behauchte Verschlußlaute nicht nur im Wortanlaut vor betonten Vokalen, sondern auch in Verbindung mit folgendem l n r, ja auch in nachtonigen Silben, also sowohl in Wörtern wie Pˈlan, Kˈnie, tˈreu, als auch in solchen wie Ostˈen, Wespˈe, wolltˈe. Hochdeutschland gebraucht dagegen die Hauchverbindung nur im Anlaut vor betontem Vokal, und auch da nur in bestimmter Abstufung: einerseits bei k mehr als bei p und hier wieder mehr als bei t, anderseits in gebildeter und feierlicher Aussprache häufiger als in dem Alltagsgebrauch und hier wieder häufiger als in der richtigen Mundart: um nur die beiden äußersten Fälle einander entgegenzusetzen, heißt es im Munde des Gebildeten Kˈamm, Pˈelz, Pˈost, Tˈau, im Munde des Volkes dagegen nur Kˈamm, neben Pelz, Post, Tau (oder mit etwas verständlicherer Schreibung: Belz, Bošt, Dau). In der norddeutschen Schriftsprache steht also, wenn man das alles kurz zusammenfaßt, behauchtes pˈtˈkˈ gegenüber stimmhaftem b d g, in der süddeutschen Musteraussprache dagegen behauchtes pˈtˈkˈ gegenüber stimmlosem schwachem b d g.

Sonst verdienen als landschaftlich unterscheidende Lautmerkmale nur noch ein paar Einzelheiten Erwähnung. Zwei davon sind allerdings von einiger Tragweite, die Verhältnisse bezüglich des r, sowie die Aussprache des Buchstabens 'g'. Von dem r wissen wir schon alles Nötige (S. 130). Wir erinnern uns, daß in den Städten jetzt das Zäpfen-R erzeugt wird, auf dem Lande dagegen noch das Zungen-r üblich ist, und daß Gesangskunst und Bühne der herrschenden Gewohnheit zum Trotz noch an diesem vorderen Laute festhalten, weil er weiter trage. Wir werden darauf zurückkommen bei der Behandlung der Bühnen- und der Gesangsaussprache (S. 178 f.).

Nun noch zu den 'Leiden des armen Buchstabens 'g''!

Hier wird die Übersicht dadurch erschwert, daß nicht nur die einzelnen Landstriche auseinandergehen, sondern daß auch die Stellung im Wortan-, -in- oder -auslaut von Wichtigkeit ist.

Örtlich heben sich drei Gebiete voneinander ab: Oberdeutschland einerseits, also das alemannische, schwäbische, bayrische und österreichische Sprachgebiet, anderseits Mittel- und Niederdeutschland, und als Drittes ein Stück aus Niederdeutschland, das in die Gegend der Grenze von Hannover und Mecklenburg fällt. In Oberdeutschland entspricht dem Buchstaben 'g' der stimmlose schwache Verschlußlaut g an allen Stellen des Wortes: man sagt also gut, Magen, neben mag.

Karlsruhe durchbricht aber schon diese hübsche Einheitlichkeit. Hier tritt auslautend der stimmlose Reibelaut ein, so daß es heißt heilige, aber heilich. Damit nähert sich Karlsruhe schon dem Zustande des zweiten Gebietes.

Dieses, Mitteldeutschland und Niederdeutschland, weist anlautend zwar Verschlußlaut auf (mitteldeutsch gut, niederd. gut), sonst aber Reibelaut, und zwar inlautend stimmhaften, auslautend stimmlosen (Māzən 'Magen', max 'mag'). Und zwar geht da Mitteldeutschland und Niederdeutschland Hand in Hand. Heidelberg und die übrigen pfälzischen Städte machen davon aber eine merkwürdige Ausnahme, eine Ausnahme auch gegenüber dem umliegenden Lande. Sie bieten überall, nicht nur auslautend, sondern auch inlautend, stimmlosen Reibelaut und sagen Māxən ebenso wie max.

Umgekehrt greift der stimmhafte Reibelaut auch auf den Anlaut des Wortes über, so in der Gegend von Magdeburg und in der Mark, aus der ja die Berlinische jute jebratene Jans weithin bekannt und sprichwörtlich geworden ist, während stimmloser Reibelaut im Wortanlaut den Thüringer und Sachsen verrät, den man deshalb auch immer Herr Chesus für 'Herr Jesus' ausrufen läßt.

Auffällig und wichtig ist aber die dritte Vertretung, der stimmhafte Verschlußlaut an allen Wortstellen (also gut, Magen, neben mag), wie ihn die Grenzstriche um Mecklenburg herum zeigen, also Teile von Holstein, Hannover, Pommern und Mecklenburg selbst. Das ist die genaue, eigentlich niederdeutsche Entsprechung der hochdeutschen Lautverhältnisse und darum von grundsätzlicher Bedeutung für die Frage der gemeindeutschen Aussprache dieses vielseitigen Buchstabens.

Eine letzte Eigentümlichkeit, von der wir nur deshalb noch reden wollen, weil wir sie schon verschiedentlich erwähnt haben und sie deshalb nicht neu ist, hat zwar allgemeinen Wert, fällt aber beinahe gar nicht ins Ohr. Sie betrifft den Ort und die genauere Art der Einstellung bei der Hervorbringung der Zahnlaute, und besteht kurz darin, daß der Norden, vor allem der Nordwesten, dabei die obere Spielart des Lautes hervorbringt, also die Zungenspitze noch an die Oberzähne selbst oder an ihren Damm heranbringt, der übrige Teil des Landes, insonderheit der Süden, die untere Spielart erzeugt, also die Zungenspitze in die Gegend der Unterzähne schiebt, und anstatt der Spitze vielmehr das Zungenblatt die für den Laut wesentliche Einstellung besorgen läßt.

So liegen die Dinge heutzutage. Sie zeigen, daß wir von einer Einheitlichkeit noch weit entfernt sind. Wie ist über eine solche Einheitlichkeit überhaupt zu denken? Ist sie überhaupt erstrebenswert, und ist sie durchführbar?

2. Die Einheitsaussprache.

Es ist nicht zu verkennen, daß eine Einheitlichkeit auch in der Aussprache, nicht nur in der Schrift, ihren Vorteil hat, vornehmlich für das Theater und den Kunstgesang, dann aber auch für die Schule, die Kanzel, ja auch für das Heer und das Gericht.

Die Bühne und die Gesangskunst haben deshalb der Einheitlichkeit auch schon von selbst beträchtlich vorgearbeitet, weil sie das mußten. In einem ernsten Stück kann nicht der eine Schauspieler böhmisch reden, ein anderer schwäbisch und ein dritter pfälzisch, wenn sie alle drei die Angehörigen eines kleinen landsässigen Kreises verkörpern sollen, etwa die Glieder einer einfachen bodenständig gebliebenen Bürgersfamilie oder die Bewohner eines bescheidenen Landstädtchens. Da müssen sie alle gleichmäßig aussprechen. Wie schlecht würde es sich auch machen, wenn sich in einer ernsten Aufführung zwei Auftretende in verschiedener Mundart ansprechen oder ansingen wollten! Wenn der Darsteller des Faust z. B. in gutem Sächsisch fragte: Scheenes Freilein, därf ichs wachen, Härz und Hand Ihnen anzutrachen? Und Gretchen ließe ihn in ausgesprochenem

Berlinisch abfahren, indem es antwortete: Ben weda froilein weda schön, kann ünseleitet nâch Hause jehn!

Ebensowenig aber können Schauspieler in irgend einem Teile des Reiches vor ihre Zuhörer mit Lautgewohnheiten treten, die bei dem ersten Wort schon ihre Herkunft aus der oder jener entlegenen anderen Ecke des Landes verraten! Wollten z. B. zu Berlin in einem Trauerspiel die Darsteller insgesamt gut weanerisch reden oder stroßburjerisch, so würde Berlin mit Recht über sie lachen und ihnen bald den Rücken kehren.

Und ähnlich steht es mit dem getragenen Gesang, nur mit dem Unterschied, daß hier der Einfluß und das Vorbild seines Ursprungslandes Italien sozusagen gleich ein fertiges Muster an die Hand gab, wenn es auch — nach meiner bescheidenen Meinung —, wie wir noch sehen werden (S. 180), nicht ganz paßte.

Einstweilen waren aber alle diese Ansätze zu einer Ausgleichung und Vereinheitlichung noch durchweg mehr Ergebnisse des Lebens als Folgen wissenschaftlicher Überlegung. Aber es hat schließlich doch auch nicht an Versuchen gefehlt, hier an der Hand der Wissenschaft mit Vorschriften einzugreifen.

So haben sich die Bühnen von sich aus verschiedene Male ausdrücklich zu einer Einheit verpflichtet. Wenn wir absehen von den Anregungen, die Goethe seinerzeit dem Weimarischen Theater in dieser Hinsicht gab, und die lange nachwirkten, ging Preußen dabei voran. Unter anderem erließ Graf Hochberg vor etwa einem Vierteljahrhundert Vorschriften 'zur Erzielung einer einheitlichen Aussprache des Buchstabens g auf den königlichen Bühnen'. Obwohl sich diese Vorschriften 'auf die diesbezüglichen Ansichten Tiecks und Edw. Devrients' berufen, sind sie doch recht unfachmännisch abgefaßt; aber trotz dieses Mangels haben sie immerhin einmal einen richtigen Grundsatz amtlich anerkannt und durchgeführt, und nicht so unglücklich war auch ihr Hauptgedanke, daß 'g' überall als 'leicht anschlagend', mit unseren Ausdrücken zu reden als stimmhafter Verschlußlaut hervorzubringen sei, mit Ausnahme der kurzen Nachtonsilbe 'ig', für die der Reibelaut anbefohlen wird.

Damit war der Hebel allerdings nur an einem Punkte angesetzt worden, und man hätte darnach sonst in vieler Hinsicht immer noch reden können, wie einem der Schnabel gewachsen war. Aber man muß es den deutschen Bühnen lassen, — und ich kann es aus eigener Beobachtung bestätigen, — daß auch so ihre

Aussprache in einem recht guten Zustande war. Unterdessen
konnte die Wissenschaft Zeit finden, auch dieser Frage näher zu
treten, um schließlich darin der Kunst die Hand zu reichen. Das
geschah im Jahre 1898. Damals kamen auf Anregung von
Eduard Sievers hin Künstler und Gelehrte in Berlin zu Beratungen zusammen, als Vertreter des deutschen Bühnenvereins
Graf Hochberg von Berlin, Freiherr von Ledebur aus Schwerin
und Eduard Tempeltey aus Koburg, als Vertreter der Wissenschaft Eduard Sievers aus Leipzig, Karl Luick aus Graz und
Theodor Siebs aus Greifswald. Was da beschlossen und als
mustergültig und nachahmenswert empfohlen wurde, hat der
zuletzt genannte Siebs zu Papier gebracht und nachher bequem
und handlich veröffentlicht.

Was hat sich nun aus diesen Beratungen ergeben? Im großen
ganzen hat der Ausschuß nur den schon bestehenden und in
großem Umfang anerkannten Grundsatz durchgeführt, daß als
Musteraussprache zu gelten hätten die hochdeutschen
Sprachformen mit den Lautwerten des Niederdeutschen;
er hat also stimmhafte Konsonanten für alle die Fälle verlangt, wo sie im norddeutschen Munde vorhanden sind, also
z. B. in Bein, dein, in Eisen, und er hat offene Lautung
der Vokale empfohlen, wo der Norden sie kennt, also wenn sie
kurz sind, z. B. in bester, bist, Kost, Lust, köstlich, Ge-
lüste. — Wo die drei großen Aussprachegebiete des Deutschen, Oberdeutsch, Mitteldeutsch und Niederdeutsch,
aber auseinandergehen, hat er einfach die Mehrheit
entscheiden lassen über die Minderheit; dann soll die
Sprechgewohnheit der zwei Gebiete maßgebend werden für das
dritte; und wo zwei Gebiete einander gegenüberstehen, das dritte
aber geteilt ist, so daß es stellenweise mit dem ersten übereinstimmt, sonst aber mit dem zweiten, da sollen die weitest aus-
einanderliegenden Landstriche den Sieg davontragen über die
dazwischenliegenden. Gerade von diesem letzten Gesichtspunkte
aus ist der Berliner Ausschuß zu einer Aufstellung gekommen,
welche die bisher vielbeachteten Vorschriften maßgebender Fachgelehrten in einem wichtigen Punkte verändert und verbessert;
das ist die uns ja schon genügend vertraute Frage der Aussprache des Buchstabens 'g'. W. Vietor und M. Trautmann,
zwei Mitteldeutsche — Trautmann ist aus Klöden bei Magdeburg
gebürtig, Vietor aus Kleeberg bei Wiesbaden —, hatten für das 'g'

zwischen Vokalen, also in Fällen wie tragen und biegen, stimmhaften Reibelaut empfohlen. Dieser ist aber schwer zu lernen und noch schwerer im Zusammenhang der Rede richtig und ungezwungen zu handhaben für alle, die ihn nicht von Hause aus mitbringen, also für die gesamten Oberdeutschen und für zahlreiche Mitteldeutsche. Das hat der Ausschuß auch wohl eingesehen, wenn er es auch nicht ausdrücklich erklärt; jedenfalls glaubte er von dem Reibelaut in dieser Verwendung absehen zu müssen; und dafür verband er hier geschickt die Aussprache des Nordens mit der des Südens. Der oberdeutsche Süden spricht stimmlosen Verschlußlaut, der Norden auch stimmhaften; folglich soll die Bühne stimmhaften Verschlußlaut annehmen. Zahlreiche Niederdeutsche sprechen diesen ja schon sowieso, die übrigen Niederdeutschen und die Mitteldeutschen, denen er auch geläufig ist, müssen ihn nur an den entsprechenden Stellen neu einsetzen, und wenn der Süddeutsche das nicht mitmachen kann, weil er zu sehr an den für ihn hergebrachten stimmlosen Verschlüssen klebt, so fällt das nicht ins Ohr und stört darum nicht allzusehr.

Das alles sind Erwägungen, die sich auf die mundartlichen Verhältnisse gründen; der Ausschuß hat aber auch einem Gesichtspunkt Ausdruck gegeben, der mehr die Art des menschlichen Denkens und die Unterstützung des Gedächtnisses im Auge hat; darnach soll zwischen den Gliedern einer sprachlichen Formenreihe möglichst Lautgleichheit geschaffen werden: darum ist im Hinblick auf die Bildungen Tages, Täge usw. die Form Tāg (mit langem ā) der sonst auch möglichen Nebenform Tăk (mit kurzem ă) vorzuziehen, zumal wo hier der Süden und die Mitte zusammenstehen gegen den Norden. Ebenso soll es natürlich heißen Hōf, Zūg usw.

Maßgebend übrigens — und das ist ein letzter allgemeiner Gesichtspunkt — soll in all diesen Fragen nur sein das ernste Schauspiel, weil dies eine Durchschnittsart der Aussprache verlangt; die Erregung verändert nämlich die Laute: Donner und Doria verlangt ein kräftigeres d als die Wörter dein oder du; und ebenso macht der Zorn die Selbstlauter offener, die Freude und Begeisterung geschlossener; die Stelle aus der 'Jungfrau von Orleans'

Errettung bringen Frankreichs Heldensöhnen
Und Reims befrein und deinen König krönen

kann daher unter Umständen so vorgetragen werden, daß ‘Söhnen’ zu Sö̜hnen wird, ‘König’ zu Kö̜nich, ‘krönen’ zu krö̜nen.

Auf Grund dieser allgemeinen Anschauungen hat nun der Ausschuß auch manche merkenswerte Einzelentscheidungen getroffen.

Um mit den Vokalen zu beginnen, soll bei den langen e-Lauten nach der Schrift unterschieden werden: geschriebenes ä soll offen, geschriebenes e nach Belieben mäßig offen oder mäßig geschlossen gesprochen werden; es soll also heißen wählen, gebären (mit ę̄), aber beliebig, leben, geht (mit ē oder ę̄). In der Aussprache der kurzen (offenen) e-Laute ist dagegen kein Unterschied, mögen sie in der Schrift nun als e oder ä erscheinen; der Held und er hält klingt also vollkommen gleich. — Von den Diphthongen soll geschriebenes ‘ei’ und ‘ai’ wie ae lauten, geschriebenes ‘au’ wie ao, und endlich geschriebenes ‘eu’ und ‘äu’ wie o͡ö, so daß es hieße: hae̯s ‘heiß’, hao̯s ‘Haus’ und ho͡öt̯ə ‘heute’.

Nun zu den Konsonanten! Von den Verschlußlauten sollen die stimmlosen, kräftigen p t k immer mit dem Hauch gesprochen werden, nicht nur anlautend, sondern auch inlautend und auslautend; es muß also heißen P‘at‘e, K‘ett‘e, t‘app‘en, dann aber auch p‘latt‘e, t‘reu, P‘racht, K‘leid, K‘reis. Die Aussprache des berühmten Buchstabens ‘g’ hat auch der Ausschuß nicht einheitlich geregelt, sondern er hat eine Ausnahmebestimmung beibehalten: während ‘g’ im allgemeinen, wie erwähnt, als stimmhafter Verschlußlaut wiederzugeben ist, bleibt in der Endung -ig der (stimmlose) Reibelaut nach wie vor Vorschrift, wenigstens silbenauslautend und vor Konsonanten; es heißt also Könich, freudichste, Könichs; aber inlautend zwischen Vokalen bleibt wieder der Verschlußlaut (z. B. in heiligen und Könige), ebenso wie vor der Endung -lich (in löniklich), weil hier sonst gleich ein Reibelaut derselben Art stände, könichlich aber ‘unschön klänge’. Aber auch damit ist es noch nicht genug: wenn das i der Silbe -ig ausgelassen wird, soll stimmhafter Reibelaut eintreten: ew‘je, üpp‘je, blut‘je, heil‘jen. Anderenfalls soll es dem Sprechenden freistehen, hier ein kurzes, flüchtiges i wieder einzuschmuggeln und dann stimmhaften Verschlußlaut zu sprechen (heiligen, ewiger).

Eine für den Süden merkwürdige Verfügung hat der Aus

schuß auch getroffen über die Behandlung der auslautenden
Verschlußlaute nach langer Silbe, also in Wörterpaaren wie
Rat: Rad; vor dem kräftigen Verschlußlaut soll die Stimme
nämlich rasch absetzen, vor dem schwächeren nur allmählich,
so daß im letzten Falle der vorhergehende Laut, sei er ein Vokal
oder r l m n, erst langsam verklinge, ehe das p t k schwach
eingesetzt und dann stark abgesetzt werde; es soll also heißen
Rāᶥtᶜ, aber Rāᵃtt, und ähnlich halt: bald, Kalk: Talg,
Ort: Mord, stark: barg, Fant: Fand. Das können die Süddeutschen sich nur mit Mühe anquälen, während es Sievers
selbst z. B. deutlich und doch ungezwungen spricht.

Dagegen entspricht die Behandlung des auslautenden 'ng'
in Wörtern wie Ding, bang wieder ganz den süddeutschen
Gewohnheiten: hier soll kein Schluß-k erzeugt, also nicht Dingk
gesprochen werden nach der Art gewisser Gegenden Niederdeutschlands, sondern Diŋ.

Wir kommen zu den Reibelauten. Die Regel, daß s
stimmhaft gebildet werde, gilt nach dem Ausschuß auch für Zusammensetzungen wie Gesang, strebsam, Trübsal und für
gewisse Fälle, in denen es neben stimmhaften Klanglauten erscheint, wie in Ferse, Hülse, emsig, winseln (aber nicht in
Krebse, Erbse, wo ein Verschlußlaut vorhergeht).

Die Verbindungen 'st' und 'sp' sollen anlautend št und šp
klingen, sonst st und sp: also štehn (und darum auch geštehn)
und špielen, aber Most, haspeln, erst. Bemerkenswerter-
weise sollen auch die eingebürgerten Fremdwörter so behandelt
werden, z. B. Štatue, Špalier, Konštanz und Rešpekt;
bei nicht eingebürgerten soll überall s eintreten, z. B. stabil,
Spaa, spontan.

Die Lippenlaute sollen zwischen den Lippen und den Zähnen
gebildet werden, also sowohl in Fenster, Vilmar, Villach,
Vilbel, Vechta (alle mit f) wie in Wald, Gewehr, quer,
schwarz (alle mit v); und zwar soll der stimmlose Laut auch
vorliegen in Bremerhaven und Wilhelmshaven, sowie in
den eingebürgerten Fremdwörtern wie Vers, Veilchen, Vesper,
ferner im Auslaut, z. B. in brav und Sklav; stimmhaftes v
soll dagegen erscheinen in Hannover (trotzdem hier die orts-
übliche Aussprache f aufzeigt), sowie in den gelehrten Wörtern,
wie Violine, Vokal, November, ferner — und das ist
sonderbar, weil da nicht die sonst grundsätzlich verlangte Gleich-

heit innerhalb einer Formenreihe eingehalten wird — in Sklaven, brave.

Auch über Silbentrennung und Wortbetonung hat sich der Ausschuß geäußert.

Hinsichtlich der Silbentrennung hat er verfügt, daß in Bildungen wie lieblich, möglich, schädlich die Grenze nicht vor den Verschlußlaut fallen dürfe, wie es der bei uns im Süden herrschende Gebrauch mit sich bringt (S. 149), sondern nach ihm; es sei also liep·lich, mök·lich, schät·lich zu trennen, nicht etwa lie·blich, mö·glich, schä·dlich. Selbstverständlich ist dann der Verschlußlaut auch ohne Stimmton zu sprechen, wie es die eben gegebene Schreibung ja schon andeutet.

Wortbindung, meint der Ausschuß weiter, sei zu vermeiden; jedenfalls seien alle Wörter einer Gruppe ganz so zu sprechen, als stünden sie allein; es müsse also heißen: an Karl (nicht aη Karl), in Bamberg (nicht im Bamberg) und ebenso deines Auges (nicht deinef Auges, mit stimmhaftem s). Wenn aber im Auslaut des einen Wortes etwa ein Vokal abgefallen ist, so gilt diese Regel nicht; die inlautend etwa stimmhaften Laute bleiben auch in diesem bedingten Auslaut stimmhaft. Darum soll ein Unterschied sein zwischen Grab' es aus und ins Grap legen, zwischen ich umhalf' ihn und um den Hals ihn.

Unter den Regeln schließlich, die der Ausschuß über die Wortbetonung gegeben hat, ist nur eines merkwürdig. Während im allgemeinen natürlich Wurzelbetonung verlangt wird (Sáchsen, Mónat), und während als Ausnahmen von dieser Regel auch wieder die bekannten Formen Forélle, Hollúnder, Wachhólder, lebéndig und unnötigerweise auch das halbe Fremdwort luthérisch anerkannt wird, läßt der Ausschuß bei Zusammensetzungen wie freiwillig die Wahl, aber eine für den Süden auffällige Wahl: er gestattet nämlich gleiche Betonung beider Teile (also fréiwíllig, hóldsélig, éigentúmlich, háuptsächlich, léutsélig), oder alleinige Betonung des zweiten Teiles (freiwíllig, holdsélig); die süddeutsche Übung, am stärksten den ersten Teil zu betonen und fréiwillig, hóldselig zu sagen, kommt demgegenüber gar nicht in Betracht, obwohl dies der ursprünglich deutschen Art zu betonen doch vielleicht eher entspricht als die beiden andern durch den Ausschuß zugelassenen Möglichkeiten.

Einwände gegen die Berliner Vorschriften. Natürlich kann man gegen diese gesamten Berliner Abmachungen auch
manches Beachtenswerte einwenden, und wirklich hat sich auch,
wie zu erwarten stand, gegen sie verschiedentlich Widerspruch
erhoben.   In Schwaben nimmt Karl Erbe einen stark ab-
weichenden Standpunkt ein, in Österreich haben Theodor Gartner
und in gewissem Sinn auch Karl Luick ihre Vorbehalte gemacht.
Gerade der letztere, Luick, hat nachträglich wenigstens noch in
einer besonderen Schrift klar und ausführlich dargelegt, wie sich
die österreichische Aussprache angesichts dieser Abmachungen aus-
nehme, und hat geschickt zusammengestellt, was ihnen gegenüber
mustergültig sein könne für den gewöhnlichen und den gebildeten
Österreicher.   Damit hat er nicht nur seinem Lande, sondern
auch ganz Deutschland einen großen Dienst erwiesen.   Denn
bisher hat man den Österreicher gerade in diesen Dingen viel
zu wenig gefragt, sondern ist ohne ihn zur Tagesordnung über-
gegangen.   Das ist bedauerlich, weil man ihn dadurch, ohne
es zu wollen, immer mehr von uns abdrängt und auf eigene
Bahnen verweist; aber es ist nach Lage der Dinge auch wieder
begreiflich.   Denn der Norden spielt nur deshalb seine ausschlag-
gebende Rolle, weil er einig ist oder wenigstens einig auftritt.
Das umfangreiche Preußen, das sich von Osten nach Westen
und von Norden nach Süden so weit und über so viele und
so verschiedenartige Gebiete ausdehnt, ist durch den gegenseitigen
Verkehr und durch den fortwährenden Austausch seiner Beamten
schon von selbst veranlaßt, eine einheitlichere Sprache zu schaffen,
und der geteilte Süden und die noch mehr geteilten Lande
Österreichs kommen ihm gegenüber mit ihren Stimmen nicht
zu Gehör.

Was läßt sich aber gegen die neue von dem Berliner
Ausschuß empfohlene Musteraussprache überhaupt einwenden?

Sehr verschiedenes, sowohl vom Standpunkt des Süddeutschen als vom Standpunkt der Ausschußmitglieder selbst.

Beginnen wir mit dem letzteren, so sind zunächst manche
Regeln nicht einfach genug, in erster Reihe die über die Aussprache des Buchstabens 'g'. Wenn sich der Ausschuß einmal
für den inlautenden Verschluß entschieden hatte, so hätte er
ihn am einfachsten auch bei der Endsilbe -ig vorschreiben sollen,
zumal wo er ihn bei folgendem -lich (in königlich) und bei
Wiedereinsetzung des i (in ewige statt ew'je) doch wieder zu-

gelassen hat; das Nebeneinander von Tak, Tage, Siek, Siege, Könichs, ewich, ewige, ew'je, ewige, ewiklich ist zu ver- wickelt, und verwirrt eher, als daß es aufklärt.

Ähnliches gilt von der Unterscheidung der langen e-Laute (wählen und leben); denn diese ist etwas einseitig; entweder hätte hier ohne Rücksicht auf die Schreibung eine ganz be- stimmte Klangfarbe als musterhaft anerkannt oder umgekehrt mangels der genügenden Unterlagen vorläufig völliger Spiel- raum gelassen werden sollen; dann hätte der persönliche Unter- schied unter den Schauspielern einstweilen das gleiche wertvolle Mittel der Klangwirkung geliefert, das der Ausschuß jetzt als Vorzug der bestehenden Verhältnisse und als Veranlassung zu seinen Vorschlägen hinstellt.

Allzu schonend sind dann durchweg die Fremdwörter behandelt. Die Auseinanderhaltung der eingebürgerten und der nicht eingebürgerten Formen gelingt sicherlich nicht jedem so ohne weiteres, erzeugt in einem größeren Kreise wahrscheinlich Meinungsverschiedenheiten und führt auch oft zu unnötigen Tüfteleien, wie der Unterscheidung von braf und brave, die auch noch gegen den vom Ausschuß selbst aufgestellten Grund- satz möglichster Gleichheit innerhalb der Formenreihen verstößt.

Dieser Umständlichkeit und Überfülle auf der einen Seite steht aber auf der anderen Seite auch wieder Lückenhaftig- keit und Dürftigkeit gegenüber, insofern als die vorhandenen Regeln in manchen Zweifeln völlig im Stich lassen. Ob er- innern, erobern, Verein im Innern mit Knackgeräusch zu sprechen sei oder nicht, mit andern Worten, ob beispielsweise er'innern zu verlangen sei oder erinnern, darüber erfahren wir nichts; ebenso aber auch nichts über die Dauer des u der wichtigen Vorsilbe un- in Formen wie unwahr, Untier, die ebenso wie An- in 'Ankunft' im Süden mit Länge, im Nor- den kurz gesprochen wird.

Im Allgemeinen betrachtet, bringen die Regeln, wie ihre Urheber selbst des öfteren hervorheben, keinen großen Fortschritt in der Vereinheitlichung der Gemeinsprache; ebensoviel wie der Ausschuß haben auch die vor ihm tätig gewesenen Fachgelehr- ten vorgetragen, und ihre Aufstellungen haben sich mit den Vorschlägen des Ausschusses nicht nur vielfach gedeckt, sondern waren vielleicht in manchen Dingen etwas einheitlicher.

Aber einen großen Wert haben die neuen Regeln doch.

Da sie unter der Mitwirkung maßgebender Bühnenleiter entstanden sind und gerade — so darf man doch wohl annehmen — an den Musterbühnen eingehalten werden, sind sie nicht nur ein schönes Beispiel einer verheißungsvollen Verbindung von Wissenschaft und Schauspielkunst, sondern sie sind auch sozusagen die erste von berufenen Männern vorgenommene amtliche Regelung der hier einschlagenden Fragen, und damit geben sie eine feste Grundlage ab zum Weiterbauen in der Zukunft.

Freilich, wenn sie im wesentlichen so bleiben, wie sie jetzt sind, wird der Süddeutsche auch in Zukunft viel an ihnen auszusetzen haben. Betrachten wir seine Anstände darum etwas näher.

Zunächst kann sich der Süddeutsche in vielen Fällen gar nicht befreunden mit der von dem Ausschuß vorgeschlagenen Dauer der Vokale; so nicht mit der Länge in Jāgd, Mägdeburg, Ārzt, Spāß, gehābt, Heimāt, Nachbār; Krēbs, Schwērt; Nīsche, Wiesbaden, Līter; Ōbst, Knōblauch, Ōsten (neben Ŏsten); Bŏrse, Bŏschung, ŏstlich (ŏstlich); Besūch, Flūch, Kūchen, Wūcher, versūcht, Gebūrt, flūgs, Reichtūm; Flüche, Tücher, Bücher, düster, Nüstern; anderseits widerstrebt seinem Sprachgefühl aber wieder die Kürze in Wărze, Fĕrse, Vŏrs, Ambŏß, Bischŏf, Herzŏg, Nŭß und Blŭst, auch wohl Rŭm.

Aber hier könnte man wenigstens leicht umlernen. Eine viel härtere Nuß ist dagegen für ihn die Stimmhaftigkeit der Geräuschlaute. Stimmhaftes b d g und z spricht von Haus aus kein Süddeutscher, und es kostet ihn, wenn er kein Fachmann oder ein mit einer besonderen Anlage versehener Mensch ist, schwere Mühe, sie sich anzueignen. Aber wenn er das auch getan hätte, wie könnte er diese stimmhaften Laute dauernd bei sich erhalten im Sprachkampf mit seiner hier stimmlos sprechenden Umgebung, und dabei sicher sein, daß er nicht auf Schritt und Tritt Fehler machte. Denn nur das wirkliche 's', nicht etwa das geschriebene 'ß' wäre stimmhaft zu sprechen.

Ein anderer Punkt greift über das süd- und mitteldeutsche Gebiet hinaus, die Aufnötigung des Zungen-r. Zungen-r ist, wie wir wissen, heutigen Tags zu gunsten des Zäpfchen-R sehr zurückgegangen, und es gibt zahlreiche Deutsche, die es auch mit Aufbietung großer Mühe nicht mehr fertig bringen. Eine früher in Heidelberg wohnhafte Dame, die sich zur Sängerin ausbildete und von ihrer Lehrerin angehalten wurde, auch nur vorderes r zu sprechen, brauchte ein Jahr, bis ihr der schwierige Laut bequem gelang. Und das kann man doch nicht jedem zumuten.

Das führt uns zu einer allgemeineren Frage: Ist dieses Zungen-r wirklich so unerläßlich nötig? Man gibt zu seiner Begründung an, es trage weiter, und das ist ja vielleicht zuzugeben, und zwar sogar mit der Hinzufügung, daß es für den, der es einmal besitzt, auch weniger anstrengend zu erzeugen sei als das besonders bei dauernd oder vorübergehend empfindlichem Rachen leicht unangenehm werdende Zäpfchen-R. Aber damit ist doch noch nicht seine Unentbehrlichkeit bewiesen für den, der es sich eben nicht mehr bequem aneignen kann.

Bei den nachtonigen Endsilben besonders, — aber auch sonst in gewissem Maße — kommt übrigens noch ein neuer Gesichtspunkt in Betracht.

Man klagt so oft — und mit Recht — über den Konsonantenreichtum des Deutschen. Nun wird das nachtonige ʻ-erʼ in den meisten deutschen Gegenden zu -ă, also zu einem Vokal! Müßte der, dem die vielen deutschen Konsonanten ein Greuel sind, nicht die Entwicklung dieses Vokals begrüßen und seine Anerkennung befürworten? Vată, Rednă klingt für jeden, der an diese Fragen ohne Voreingenommenheit herantritt, doch schöner als Vatr (zumal mit stimmlosem r), Rednr. Ebenso steht es mit anderen hier einschlagenden Fällen, z. B. mit den Wörtern fern, forst. Sollte man da nicht die landschaftlichen Lautungen feăn und foăst hegen und pflegen? Aber derartige Schlußfolgerungen wagt doch wohl keiner zu machen! Und vielleicht bringt die Zeit diese Entwicklung doch einmal mit sich.

Den Bedürfnissen des Gesanges käme eine solche Entwicklung noch viel mehr entgegen. Aber auf diesem Gebiete liegen die Dinge auch in anderer Hinsicht nicht so ganz, daß man sich an ihnen freute. Die Gesanglehrer bemühen sich zwar zum Teil — oder haben sich früher zeitweise bemüht — die in ihrer Kunst verbindlichen Regeln wissenschaftlich zu begründen, und sie haben dabei — nicht ohne Verirrungen — zu der Anatomie ihre Zuflucht genommen. Aber davon ist man jetzt glücklicherweise wieder zurückgekommen. Dabei hat man leider das

Kind mit dem Bade ausgeschüttet; wie die falsche Verwendung der Anatomie schädlich und verwerflich ist, so wäre ihre vernünftige Verwendung nützlich, vorteilhaft und lobenswert.

Dafür hängt man aber um so zäher an den Vorurteilen der eigenen Zunft. Das beweist am besten die in der Gesangskunst übliche und jedem Anfänger aufgezwungene Art der Silbentrennung. Die Lehrbücher der angesehensten Meister des Faches, z. B. auch das von August Iffert, schreiben vor, beim Singen immer hinter dem Vokal abzusetzen und alle folgenden Konsonanten zur nächsten Silbe hinüberzuziehen, also zu trennen:

E | rko | mmt mi | tDo | nne | rsŠti | mme.

Das ist allem Anschein nach eine Übertragung italienischer Aussprachsweise auf unser gutes, leider ganz anders geartetes Deutsch. Im Italienischen trennt man überwiegend hinter dem Vokal ab, schon deshalb, weil das Italienische sehr häufig nur einen Konsonanten hinter seinen Vokalen aufweist; man sagt also sa | pé | re 'wissen', chia | má | to 'gerufen', ferner i | strumén | to 'Werkzeug', ba | stó | ne 'Stock', cri | stiá | no 'Christ', néspo | la' 'Mispel'. Und wenn man sagt tém | po 'Zeit', sán | to 'heilig', fór | te 'stark', so verstößt der stimmhafte Klanglaut auch nicht viel gegen den Wohllaut und die erwähnte Regel.

Das Deutsche ist aber ganz anders gebaut als das Italienische, und — man darf das schon zugeben — zum Gesang viel weniger geeignet. Doch damit muß man sich eben abfinden, wenn man einmal singt.

Man wendet vielleicht ein, die italienische Trennungsweise erhöhe den Wohlklang und trage weiter. Man braucht dem nicht zu widersprechen. Aber damit rechtfertigt man doch nicht ein Verfahren, daß der Sprache schändliche Gewalt antut. Ebensogut könnte man vorschreiben, alle störenden Konsonanten einfach ausfallen zu lassen! Das wäre zwar kein Deutsch mehr. Aber das von den heutigen Sängern herausgequetschte Erzeugnis ist oft auch kein Deutsch mehr, und darum wohl auch manchmal so schwer verständlich. Glücklicherweise befolgen sehr viele von den Sängern diese Vorschriften nicht so genau, und retten so unsere Muttersprache vor dieser ausländischen Verstümmelung, über deren Verwerflichkeit alle sprachlichen Fachleute einig sind, wenn auch noch keiner dagegen seine Stimme erhoben hat. Um so mehr muß man es deshalb anerkennen, daß ein auch in den wissenschaftlichen Grundlagen seiner Kunst sehr bewanderter Gesanglehrer, Traugott Heinrich, den scharfen Blick, die Kenntnisse und den Mut gehabt hat, diese Schäden aufzudecken. Hoffentlich findet seine Stimme Gehör und Widerhall!

Doch kehren wir zu unserer Musteraussprache zurück! Sollen wir, sie wegen der zahlreichen ihr noch anhaftenden Mängel kurzerhand verwerfen? Nein, das ginge zu weit. In jedem Falle muß man das annehmen, was man an ihr billigt, und sonst seine Freiheit wahren, aber auch nichts sagen, wenn andere größere Verbände sich ihr anschließen oder zu ihr in dieser oder jener Weise Stellung nehmen. Ein solches Verhalten schafft zwar noch keine völlige Einheit, aber vorläufige Untereinheiten in Landschaftssprachen, die eine schließliche Gesamteinheit vorbereiten.

Freilich darf man eine solche Einheit auch nicht überschätzen und nicht zu viel von ihr erwarten, am allerwenigsten schon heutigen Tages. Die von dem Berliner Ausschuß gegebenen Vorschriften sind zunächst nur für die Bühne und die Gesangskunst gegeben; mögen diese sich einstweilen mit ihnen abfinden!

Was wollen wir aber machen in Fällen, wo wir nicht Theater spielen oder vorsingen? Sollen wir z. B. in den Schulen, auf den Kanzeln, im Gericht die einheitliche Sprechweise durchführen? Das wäre wohl zu viel verlangt. Man kann einem alemannischen Geistlichen nicht zumuten, daß er seine stimmlosen Verschlußlaute aufgebe zu gunsten stimmhafter, und auch nicht einem pfälzischen Lehrer, daß er für inlautendes s jetzt einen stimmhaften Reibelaut erzeuge anstatt des bisherigen stimmlosen. Was würde man auch von einem aus dem Volke hervorgegangenen und trotz aller seiner Bildung doch nie dauernd von seiner heimatlichen Scholle heruntergekommenen Amtmann, Richter oder Gymnasiallehrer denken, wenn er sich plötzlich Mühe gäbe, in einem farblosen, jedes Erdgeruches baren Schriftdeutsch zu reden? Er würde sich bei seinen Landsleuten lächerlich machen, und sein Versuch würde ihm wahrscheinlich doch nur mangelhaft gelingen. Käme er dagegen eines Tages für dauernd nach einer anderen Gegend, etwa von München nach Mainz, oder von Leipzig nach Stuttgart, dann

täte er gut, sich in seiner neuen Heimat seiner grob mundartlichen Spracheigentümlichkeiten zu enthalten, und sich entweder
dem etwas zu nähern, was hier gerade gäng und gäbe ist,
oder — noch besser — in mäßigem Umfang und nach Maß-
gabe seines ungezwungenen Vermögens den von dem Ausschuß
erlassenen Vorschriften nachzuleben.

Die im Jahre 1899 zu Bremen abgehaltene Ver-
sammlung deutscher Philologen und Schulmänner hat
unter Mitwirkung von Fachmännern wie Siebs und Sievers
geradezu empfohlen, die in Berlin vereinbarten Regeln nur für
die Bühne und den Gesang als verbindlich zu erachten, sie auf
den andern Gebieten des Lebens dagegen nur soweit zu berücksichtigen, als die Kunst überhaupt vorbildlich sein könne für
das Leben.

Erst mögen also Bühne und Gesang diesen neuen Forde-
rungen in allen Landstrichen und in allen Einzelheiten Genüge
tun! Bis das geschehen ist, ist Deutschland vielleicht auch sonst
einiger und einheitlicher als jetzt, und die jetzt noch vorhandenen mundartlichen Gegensätze sind mehr ausgeglichen. Dann
können wir vielleicht diese Musteraussprache auch in weiterem
Umfange durchführen.

Daß wir heute eine Reichsmusteraussprache noch nicht
durchführen können und nicht durchführen wollen, braucht uns
nicht zu entmutigen und zu enttäuschen. Andere Länder haben
sie auch noch nicht, auch wenn sie uns in der geistigen Entwicklung um Jahrhunderte überflügelt haben. In Großbritan-
nien spricht der Brightoner anders englisch als der Londoner,
und dieser wieder anders als der Liverpooler, von den englisch
sprechenden Schotten und Iren oder den Amerikanern gar nicht
zu reden. In Italien haben sich Mailand und Venedig, Pa-
lermo und Neapel dem Gebrauch von Florenz und Rom noch
nicht angeschmiegt, und selbst in Frankreich erkennt man den
Südländer und den Nordländer von einander an der Lautgebung, ja unter den Nordfranzosen unterscheidet sich wieder der
Mann von der belgischen oder schweizerischen Grenze deutlich
von dem Bewohner der mittleren Loire oder dem Pariser. Und
schließlich ist auch in Paris nicht alles so hübsch musterhaft und
einheitlich, wie man gewöhnlich sagt, und wie die bewundern-
den ahnungslosen Fremden leicht glauben und willig nachbeten,
auch wo sie es anders hören könnten.

Eilen wir daher der natürlichen Entwicklung in unserem Lande nicht künstlich voraus, sondern lassen diese allein wirken, zumal da wir ja auch andere Aufgaben zu bewältigen haben! Die Einheit wird schon allmählich von selbst kommen, und schließlich vielleicht doch etwas anders aussehen, als wir uns geträumt haben, und anders, als wir sie haben modeln wollen. So sparen wir uns am Ende gar noch viele verlorene Mühe.

Einführung in die Pädagogik. Von Prof. Dr. E. Dürr.

8. XII. u. 276 S. Geh. 3.80 M., in Originalleinenb. 4.40 M.

Das Wesen und die Aufgabe des Erziehungswerkes werden unter Anwendung der Methoden der Wertwissenschaft und der Psychologie bestimmt und gezeigt, auf welchen Fundamenten eine wissenschaftliche Pädagogik aufzubauen ist.

Experimentelle Didaktik, ihre Grundlegung mit besonderer

Rücksicht auf Muskelsinn, Wille und Tat von Dr. W. A. Lay. I. Allgemeiner Teil. 2. Aufl. 630 S. Geh. 9 M., geb. 10 M.

„Dazu kommt ein hervorragendes Geschick, in leichtfaßlicher, populärer Weise schwierige Dinge darzustellen, und die pädagogische Meisterschaft, die Kernpunkte der Erörterungen treffend zu formulieren." Pädagogische Zeitung 1905, Nr. 5.

Politische Bildung, ihr Wesen und ihre Bedeutung

Eine Grundfrage unseres öffentlichen Lebens. Von Dr. P. Rühlmann. Herrn Stadtschulrat Dr. Kerschensteiner gewidmet. VIII u. 158 S. gr. 8. Geh. ca. 2.60 M.

Eine zusammenfassende Würdigung dieser zurzeit leidenschaftlich erörterten Frage unter besonderer Berücksichtigung des Erziehungswesens.

Methodisches Handbuch zu Sprachübungen. Von

Dr. R. Michel und Dr. G. Stephan, Schulinspektoren. 4. Aufl. gr. 8. 165 S. Geh. 2 M., geb. 2.40 M.

„Es darf jedem Lehrer des Deutschen mit einem Nimm und lies! in die Hand gegeben werden." Geh. Reg.-Rat Dr. Jos. Buschmann.

Führer durch den Rechtschreibunterricht, gegründet

auf psychologische Versuche und verbunden mit einer Kritik des ersten Sach- und Sprachunterrichts, von Dr. W. A. Lay. 3. vermehrte Auflage. 245 S. Geh. M. 3.60, geb. M. 4.50.

„Solche Studien sind mehr wert als alle theoretischen Studien zusammen." Univ.-Prof. Dr. Forel in Zürich.

Anleitung zur Aufsatzbildung. Lehrplan und An-

schauungsbeispiele. Von Schuldirektor Dr. A. Bargmann. gr. 8. 183 S. mit einem Abbildungsanhang. Geh. M. 2.60. In Originalleinenband M. 3.40.

„Der Leser wird, wenn er dieses Werkchen durchgearbeitet hat, sagen können: So, jetzt weiß ich, wie ich's machen muß, wenn ich die Kinder zum Mitteilen von geordneten Gedankenketten bringen will. Deshalb ist dieses anregende Buch allen Kollegen zum eingehenden Studium dringend zu empfehlen." M. Badische Schulzeitung. 21. Dez. 1907.

Nazareth. Aus Löhr, Volksleben im Lande der Bibel.

Religion

David und sein Zeitalter. Von Prof. Dr. B. Baentsch.
8°. 176 S. Geheftet Mark 1.— In Originalleinenband Mark 1.25

„Das Buch ist ein wohlgelungener Versuch, die Gestalt des Königs David vor den Augen des modernen Menschen wieder aufleben zu lassen .... Allen Freunden kulturgeschichtlicher und religionsgeschichtlicher Betrachtungen sei es bestens empfohlen. Es eignet sich außer zum Selbststudium auch zum Vorlesen in Haus und Vereinen.“
Kirchliches Wochenblatt. Nr. 46. II. Jahrgang.

Die babylonische Geisteskultur. Von Prof. Dr. H. Winckler (vergl. Geschichte).

Die Poesie des Alten Testaments. Von Prof. Dr.
E. König. 8°. 164 S. Geh. Mk. 1.— In Originalbd. Mk. 1.25

„Der Verfasser ist in den Geist des A. T. wie wenige eingedrungen. Rhythmus und Strophenbau schildert er zuerst, charakterisiert sodann die alttestamentliche Poesie nach Inhalt und Geist, gruppiert sie nach den Seelentätigkeiten, denen sie ihre Entstehung verdankt, analysiert die epischen, didaktischen, lyrischen und dramatischen Dichtungen des A. T. und führt in die Volksseele des Judentums ein.“
Homiletische Zeitschrift „Dienet einander.“ 1907.

2

Volksleben im Lande der Bibel. Von Prof. Dr. M. Löhr.
8°. 138 Seiten mit zahlreichen Städte- und Landschaftsbildern.
Geheftet Mark 1.—   In Originalleinenband Mark 1.25

„... Verfasser gibt auf Grund eigener Reisen und genauer Kenntnis der Literatur eine Charakteristik von Land und Leuten, schildert das häusliche Leben, die Stellung und das Leben des Weibes, das Landleben, das Geschäftsleben, das geistige Leben, und schließt mit einem Gang durch das moderne Jerusalem. Überall zieht er die Berichte der Bibel vergleichend heran, untersucht, was noch von alten Sitten erhalten ist und verfolgt die seitherige Entwicklung ... Wer die Eigenart und Bedeutung des heiligen Landes kennen lernen will, wird gern zu diesem empfehlenswerten, flott geschriebenen Büchlein greifen."

(Ev. Gemeindebote. 5. Jg.)

Christus. Von Prof. Dr. O. Holtzmann. 8°. 152 Seiten.
Geheftet Mark 1.—   In Originalleinenband Mark 1.25

„Mit einer wunderbaren Ruhe, Klarheit und Überzeugungskraft faßt H. die Stücke zu einem abgerundeten, einheitlichen Bilde zusammen, die für die Jesusforschung bedeutsam waren und als ihr Reinertrag bezeichnet werden können." K. Koch. (E. Bl. z. Pb. Ztg. 07.)

Aus dem Inhalt: Das Christentum in der Geschichte. — Volk und Heimat Jesu. — Quellen des Lebens Jesu. — Glaubwürdigkeit der drei ersten Evangelisten. — Geschichte Jesu. — Das Evangelium Jesu. — Der Sünderheiland. — Die Glaubenstatsachen des Lebens Jesu. — Erlöser, Versöhner, Messias.

Das Christentum. Fünf Vorträge von Prof. Dr. C. Cornill,
Prof. Dr. E. von Dobschütz, Prof. Dr. W. Herrmann, Prof. Dr. W. Staerk, Geheimrat Prof. Dr. E. Troelsch. 168 S.
Geheftet Mark 1.—   In Originalleinenband Mark 1.25

Mit dem Glauben an einen unvergänglichen Inhalt des Christentums, aber in kritisch-historischer Darstellung wird in diesen 5 bedeutungsvollen Studien Entstehung und Wesen des Christentums geschildert.

Inhalt: Israelitische Volksreligion und die Propheten. Griechentum und Christentum. Judentum und Hellenismus. Luther und die moderne Welt. Die religiöse Frage der Gegenwart.

Die evangelische Kirche und ihre Aufgaben. Von Prof.
Dr. F. Niebergall. 160 S. Geh. M. 1.—. In Origb. M. 1.25.

Es sind die Grundfragen unseres kirchlichen Lebens, die hier von berufener Seite in strenger Objektivität behandelt werden. Die einzelnen Kapitel enthalten:

I. Die „auswärtige" Politik der Kirche. Die äußere Mission. Die römische Kirche. Die anderen evangelischen Kirchen. Kirche, Staat und Volkstum. Kirche und Kultur. II. Die „innere" Politik der Kirche. III. Das Ideal der lebendigen Gemeinde. IV. Das gottesdienstliche Leben. V. Der Religionsunterricht. VI. Der Pfarrer.

Schleiermacher, Buchschmuck von Bruno Héroux. Aus: Unsere religiösen Erzieher.

Philosophie und Pädagogik

Die Weltanschauungen der Gegenwart in Gegensatz und Ausgleich. Von Prof. Dr. C. Wenzig. 8°. 158 Seiten.
Geheftet Mark 1.—   In Originalleinenband Mark 1.25

„Ein vortreffliches inhaltreiches Büchlein, mit wissenschaftlichphilosophischer Strenge geschrieben, das infolge seiner leichtverständlichen Darstellungsweise von einem größeren Publikum mit Erfolg gelesen werden kann. Der Verfasser stellt sich die Aufgabe, die Entwicklung der verschiedenen Weltanschauungen historisch-kritisch zu beleuchten und zu zeigen, wie die Gegensätze in ihnen durch falsche Anwendung an sich richtiger Prinzipien entstanden sind.“

J. Köhler. Archiv f. d. ges. Psychologie. Bd. XI. 2.

Einführung in die Ästhetik der Gegenwart. Von Prof. Dr. E. Meumann. 8°. 154 Seiten.
Geheftet Mark 1.—   In Originalleinenband Mark 1.25

„Deshalb wird man eine so klar geschriebene kurze Zusammenfassung aller ästhetischen Bestrebungen unserer Zeit mit lebhafter Freude begrüßen müssen. Die gesamte einschlägige Literatur wird vom Verfasser beherrscht. Man merkt es seiner elegant geschriebenen Darstellung an, wie sie aus dem Vollen schöpft. Gerade für den, der in die behandelten Probleme tiefer eindringen will, wird Meumanns Werkchen ein unentbehrlicher Führer sein.“   Straßburger Post, 6. Dez. 1907.

„Es werden darin die Hauptprobleme der Ästhetik und ihrer Methoden, nach denen sie behandelt werden, dargelegt. Jeder, der sich mit diesem Gegenstande befaßt, muß zu dem vorliegenden Buche greifen, denn eine Autorität wie Meumann kann nicht übergangen werden.“ Schauen und Schaffen, 2. Februarheft, Jahrgang XXXV

Einführung in die Psychologie. Von Prof. Dr. H. Dyroff

160 S. Geh. Mark 1.— In Originalleinenband Mark 1.25

Ein wirklich elementar gehaltener, großzügiger Überblick über die wichtigsten Erscheinungen des Seelenlebens (Sinn, Vorstellungen, Träume Phantasie, Gedächtnis, Gefühl, Denken und Sprechen, Wille und Aufmerksamkeit 2c.) und eine Einführung in die tiefer liegenden Probleme der Psychologie, ihre Aufgaben und Richtungen.

Charakterbildung. Von Privatdozent Dr. Th. Elsenhans.

8⁰. 160 S. Geheftet Mark 1.— In Originalleinenband Mark 1.25

Von der großen Bedeutung der Charakterbildung für unsere Zeit ausgehend erläutert der Verfasser zunächst auf Grund eines geschicht- lichen Rückblickes das Wesen des Charakters in seinen verschiedenen Beziehungen, schildert sodann seine Entstehung, wobei auch der ange- borene Charakter eingehende Behandlung erfährt, und bespricht zuletzt in dem Abschnitt „Die Erziehung des Charakters" die Art, wie die Er- ziehung im Dienste der Charakterbildung ihre Aufgabe zu erfüllen hat.

Die moderne Erziehung in ihren praktischen Tendenzen.

Von Direktor Dr. A. Pabst. 8⁰. 150 S. mit zahlr. Abbildungen. Geheftet Mark 1.— In Originalleinenband Mark 1.25

Die zeitgemäßesten Fragen unseres Erziehungswesens werden in diesem Bändchen behandelt. Insbesondere hat Verfasser die Einrichtungen des Auslandes (Engl., Amerika, Schweden 2c.) zum Vergleich herangezogen.

Aus dem Inhalt: Anfänge, Ziele, Macht und Grenzen der Er- ziehung. — Zögling und Erzieher. — Spiel und Beschäftigung. Kinder- garten. — Die Schule. — Zeichnen, Handarbeiten 2c. — Erweiterung der Aufgabe der Schule. — Arbeitsschule. — Arbeitsmaterial der Schule und Hilfsschule. — Schule und Leben.

Rousseau. Von Prof. L. Geiger.

8⁰. 160 S. mit einem Porträt. Geh. M. 1.— In Originalb. M. 1.25

„Das kleine Büchlein hat einen reichen Inhalt. Es zeichnet uns den ehemaligen Franzosen, von dem ein so großartiger Einfluß ausgegangen ist, kurz und treffend, so daß wir das Buch allen Lehrern angelegentlich empfehlen können.

H. O. Preuß. Lehrerzeitung. 1908. No. 5.

Jean Jacques Rousseau.
Aus Geiger.

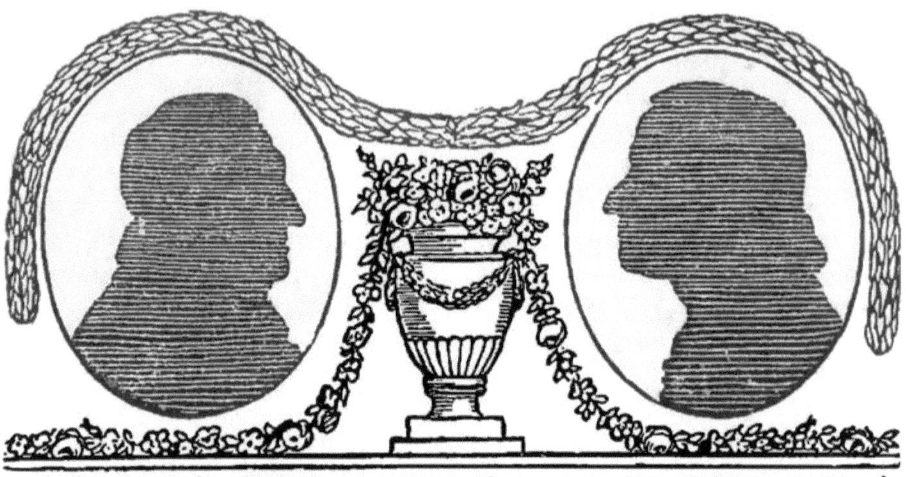

Schiller und Goethe, Buchschmuck von Bruno Héroux. Aus: Unsere religiösen Erzieher.

Sprache · Literatur · Kunst

Unser Deutsch. Einführung in die Muttersprache. Von Geh. Rat Professor Friedrich Kluge. 8°. 150 Seiten. Geheftet Mark 1.— In Originalleinenband Mark 1.25

„In jedem der zehn Essays erkennen wir den hervorragenden Gelehrten, der hoch über der Sache steht, der überall aus dem vollen schöpft und mit vollendeter Darstellungskunst die Ergebnisse ernster wissenschaftlicher Forschung in einer Form bietet, die jedem Gebildeten die Lektüre des Buches zu einer Quelle des Genusses macht." Südw. Schulbl. Nr. 2, 1907.

Inhalt: 1. Das Christentum und die deutsche Sprache. — 2. Sprachreinheit und Sprachreinigung. — 3. Die Grenzen der Sprachreinheit. — 4. Die Entstehung unserer Schriftsprache. — 5. Standes- und Berufssprachen. — 6. Geheimsprachen. — 7. Studentensprache. — 8. Seemannssprache. — 9. Weidmannssprache. — 10. Ein Reichsamt für deutsche Sprachwissenschaft.

Lautlehre. Von Prof. Dr. Sütterlin. 192 S. mit zahlr. Abb. Geheftet Mark 1.— In Originalleinenband Mark 1.25

Inhalt: Wege und Mittel der Lautwissenschaft, Sprachwerkzeuge, Bildung der Sprachlaute, Lautbegriffe, Silben, Aussprache, Schreibung. Bühnen-, Gesangs-, Umgangssprache.

Ein Grundriß für alle Sprach- und Gesangslehrer, Schauspieler, Studierende der Sprachwissenschaft, Psychologen und Physiologen. Unentbehrlich für jeden Lehrer.

Der Sagenkreis der Nibelungen. Von Prof. Dr. G. Holz.

8⁰. 132 S. Geheftet Mark 1.— In Originalleinenband Mark 1.25

Verfasser behandelt die über die ganze germanische Welt des Mittelalters, besonders über Deutschland und Skandinavien verbreiteten, vielbesungenen Erzählungen von Siegfrieds Heldentum und Tod, sowie von dem ruhmreichen Untergange des Burgundenvolkes durch die Hunnen. Entstehung und Weiterbildung der Sage werden geschildert, ein Einblick in die Quellen gewährt und die nordische wie germanische Überlieferung auf Form und Inhalt untersucht.

„Es ist ein Genuß, die beweiskräftigen und scharfsinnigen Ausführungen zu lesen." M. A. Lau. Schul=Museum, 4. Jg. Nr. 6.

Lessing. Von Geheimrat Prof. Dr. Werner. 160 Seiten.

Geheftet Mark 1.— In Originalleinenband Mark 1.25

Leuchtend tritt uns Lessings bahnbrechende Tätigkeit auf literarischem, künstlerischem und religiösem Gebiete in diesem feinsinnigen literarischen Porträt entgegen, das aus der Feder eines unserer besten Kenner stammt und in lebensvoller Darstellung weiteste Kreise mit Lessings Werken und Wirken vertraut zu machen sich bemüht.

Heinrich von Kleist. Von Prof. Dr. H. Roetteken. 8⁰. 152 S.

Mit einem Porträt des Dichters. Geh. Mark 1.— Geb. Mark 1.25

„Verfasser gehört seit langem zu den besten Kennern unseres großen Dichters .... Die in jeder Hinsicht von tiefem psychologischen Verständnis und feinem ästhetischen Empfinden getragene Darstellung sei hiermit allen Freunden unserer Literatur auf das wärmste empfohlen." Badische Schulzeitung, 21. Dez. 1907.

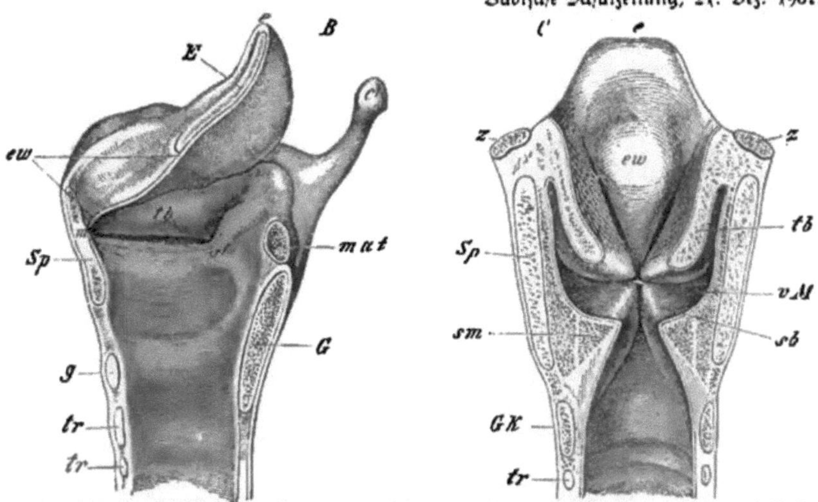

Rechte Hälfte des Kehlkopfs   Aus Sütterlin, Lautlehre.   Kehlkopf von rechts nach links.

Grundriß der Musikwissenschaft. Von Prof. Dr. phil. et. mus. Hugo Riemann. 8⁰. 160 Seiten.

Geheftet Mark 1.—   In Originalleinenband Mark 1.25

Ein phänomenales Büchlein — auf 160 Seiten eine zusammenfassende, in bewunderungswürdiger Übersichtlichkeit aufgerollte Darstellung der gesamten Musikwissenschaft, eine Enzyklopädie von nie dagewesener Konzentration eines ungeheuren Stoff- und Ideengebietes! Der berühmte Leipziger Musikgelehrte behandelt in dieser seiner erstaunlichen Arbeit den ganzen Komplex von Wissenschaften, die dienend oder selbstständig in ihrem Zusammenschluß die moderne Musikwissenschaft bilden .... Beiden, Musiker wie Musikfreund, kann Riemanns Grundriß der Musikwissenschaft als ein Buch von starkem Bildungswert nicht warm genug empfohlen werden.   Hamburger Nachrichten, Nr. 30, 1908.   F. Pf.

Beethoven. Von Prof. Dr. Herm. Freih. von der Pfordten. 8⁰. 151 S. Mit einem Porträt des Künstlers von Prof. Stuck.

Geheftet Mark 1.—   In Originalleinenband Mark 1.25

„Einen Wegweiser zu Beethovens künstlerischer und menschlicher Größe, möchten wir dieses köstliche kleine Werk nennen. Es ist von einem geschrieben, dem es ernst ist mit der Kunst und der es verstanden, Beethovens titanische Größe zu würdigen. Der Leser findet hier nicht nur eine treffliche Charakteristik dieser gewaltigen Persönlichkeit, sowie eine kurze Erzählung seines Lebens, sondern vor allem eine wertvolle Einführung in seine Werke."   Die Instrumentalmusik, Nr. 10, 8. Jahrg.

Mozart. Von Prof. Dr. Herm. Freih. von der Pfordten. 8⁰. Mit einem Porträt des Künstlers von Doris Stock.

Geheftet Mark 1.—   In Originalleinenband Mark 1.25

Ganz ähnliche Aufgaben wie in dem Beethovenbuche hat sich der Verf. hier gestellt. Neben einer kurzen Schilderung von Mozarts schicksalsreichem Leben findet der Leser hier eine Einführung in dessen größte Werke. Stets ist die Darstellung durchdrungen von dem Streben, Mozart nicht als Klassiker bewundern zu lehren, sondern ihn als Künstler und Mensch uns möglichst nahe zu bringen.

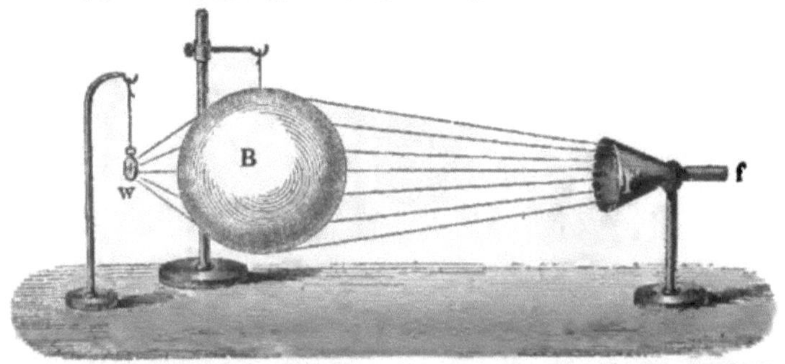

Reflexion und Brechung des Schalles. Aus Starke, Physikalische Musiklehre.

Bismarck, Buchschmuck von Bruno Héroux. Aus: Unsere religiösen Erzieher.

Volkswirtschaft und Bürgerkunde

Volkswirtschaft und Staat. Von Prof. Dr. C. Kindermann. 8°. 128 S. Geh. M. 1.— Originalleinenbd. M. 1.25

Die theoretische und praktische Behandlung dieser Wechselwirkung gehört zu einem der wichtigsten Gebiete der allgemeinen Bildung; denn wir müssen ständig zu diesen Fragen Stellung nehmen, sei es von Berufswegen oder zwecks Ausübung der bürgerlichen Pflichten, in Parlament und Partei sowie sonst in der Öffentlichkeit. — „Welches ist die Stellung des Staates zur Volkswirtschaft im Laufe der Jahrhunderte? Wie arbeitet die Volkswirtschaft mit an staatlichen Zielen im allgemeinen und speziell im Etatswesen. Welches ist anderseits die Mitwirkung des Staates an der volkswirtschaftlichen Tätigkeit entweder direkt durch Eigenproduktion oder indirekt im Wege allgemeinen Ordnens und Pflegens, sowie durch Förderung der einzelnen Stände.“ Diese Fülle von Fragen wird hier in knappen, großen Zügen von einem einheitlichen Gesichtspunkte aus behandelt.

Politik. Von Prof. Dr. Fr. Stier-Somlo. 8°. 170 Seiten. Geheftet Mark 1.— In Originalleinenband Mark 1.25

Wesen und Zweck, Rechtfertigung und typischer Wandlungsprozeß des Staates, seine natürlichen und sittlichen Grundlagen mit Hinblick auf geographische Lage, Familie, Ehe, Frauenfrage und Völkerkunde. Staatsgebiet, Staatsvolk und Staatsgewalt mit ihrem reichen Inhalt, Staatsformen und Staatsverfassungen werden geprüft und gewertet.

„Eine Fundgrube von unentbehrlichen, allgemein-politischen Kenntnissen, die dadurch an Wert gewinnen, daß alle seine Darlegungen ebenso leichtverständlich gefaßt sind, wie sie wissenschaftlich tief begründet sind!“

Regierungsrat Professor Dr. A. Cohn. Preuß. Verwaltungsbl. Jg. 28 Nr. 41.

Lagerplatz Gam-Gams. Deutsch-Südwest-Afrika. Aus Passarge, Südafrika.

Unsere Kolonien. Von Wirkl. Legationsrat Dr. H. Schnee, Vortragender Rat im Kolonialamt. 196 Seiten.

Geheftet Mark 1.—   In Originalleinenband Mark 1.25

Durch langjährigen Aufenthalt in unseren Kolonien und vermöge seiner leitenden Stellung im Kolonialamt ist der Verfasser besonders zur Abfassung einer allseitigen Darstellung in wirtschaftlicher, ethnographischer und verwaltungstechnischer Hinsicht berufen. Der erste allgemeine Teil gibt einen Abriß der Geschichte der Erwerbungen sowie einen Überblick über Land und Leute, die wirtschaftliche Entwicklung unserer Kolonien, ihre Bedeutung für die Volkswirtschaft, über Verwaltung und Rechtsprechung sowie die Tätigkeit der Missionen. Der zweite Teil behandelt die einzelnen Kolonien in erster Linie vom wirtschaftlichen Gesichtspunkt und stützt sich auf zuverläßliches, amtliches Material über den gegenwärtigen Stand der Besiedlung und Plantagenwirtschaft, des Bergbaues, des Handels, der Eingeborenenproduktion, des Eisenbahnbaues, der Finanzen und der Verwaltungsorganisation des Schutzgebietes.

Die Deutsche Reichsverfassung. Von Geh. Rat Prof. Dr. Ph. Zorn. 8°. 124 S. Geh. M. 1.— In Origb. M. 1.25

„Die vorliegende gemeinverständliche Schrift des hervorragenden Bonner Rechtsgelehrten macht den Leser in leichtfaßlicher klarer und prägnanter Darstellung mit dem Wesen der deutschen Reichsverfassung bekannt... Als willkommene Beigabe ist dem sehr zu empfehlenden, vom Verlage vorzüglich ausgestatteten und preiswerten Schriftchen ein kurzer Überblick über die Literatur des Reichsstaatsrechts angegliedert.“

Literarisches Zentralblatt, Nr. 1, 1908.

Unsere Gerichte und ihre Reform. Von Prof. Dr. W. Kisch.

8°. 171 S. Geheftet Mark 1. — In Originalleinenband Mark 1.25

„Ein prächtiges Büchlein, das Wesen und Aufgabe unserer Gerichte gemeinverständlich darstellt und zu den Reformfragen in so trefflicher, überzeugender und sachlicher Weise Stellung nimmt, daß ich es im Interesse des Ansehens und deren Organe gerne jedem Deutschen in die Hand geben möchte."　　　　Das Recht. Nr. 11. 1908.

Die moderne Großstadt und ihre sozialen Probleme.

Von Privatdozent Dr. A. Weber. 8°. 154 Seiten. Geheftet Mark 1.— In Originalleinenband Mark 1.25

„Das vorliegende Büchlein erweist sich als klar und fesselnd geschriebener Führer durch die Großstadtprobleme. Der Verfasser führt den Leser durch das Familienleben und die Wohnungen der Großstadt, bespricht die Arbeitslosigkeit und Großstadtarmut und schildert die Aufgaben, die auf dem Gebiete der Volksbildung und Volksgeselligkeit noch zu lösen sind. Die Darstellung ist streng objektiv. Licht und Schatten sind gerecht verteilt."　　　　Dr. J. Moses-Mannheim.

Zeitschrift f. Schulgesundheitspflege. Nr. 5. 1908.

Der Mittelstand und seine wirtschaftliche Lage. Von Syndikus

Dr. J. Wernicke. 8°. 160 Seiten. Geheftet Mark 1.— In Originalleinenband Mark 1.25

Die politische und wirtschaftliche Entwicklung Deutschlands in den letzten Jahrzehnten hat uns immer klarer erkennen lassen, von wie hoher Bedeutung für das Staatswohl die Erhaltung und Neubildung eines gesunden Mittelstandes ist. In diesem Bändchen werden nun streng sachlich alle jene Fragen erörtert, die zum Verständnis dieses wichtigen und interessanten Problems erforderlich sind.

Inhalt: I. Die Lage des Mittelstandes. II. Mittelstandspolitik: Mittelstandsforderungen. Der Kampf gegen die Warenhäuser und Konsumvereine. Befähigungsnachweis und Zunftwesen. Das Submissionswesen. Fabrik und Handwerk. Unlauterer Wettbewerb. III. Die Mittel der Selbsthilfe: Fortbildungswesen. Gewerbliches Genossenschaftswesen. Rabatt- und Sparvereine.

Die Frauenbewegung in ihren modernen Problemen.

Von Helene Lange. 8°. 150 S. Geh. M. 1.— Geb. M. 1.25

„Wer sich klar werden will über den organischen Zusammenhang der modernen Frauenbestrebungen, über die man so leicht, je nach zufälligen Erfahrungen, hier zustimmend, dort verdammend, urteilt, ohne sich zu vergegenwärtigen, daß eine die andere voraussetzt, eine mit der anderen in den gleichen letzten Ursachen zusammenfließt ... der greife zu diesem inhaltsreichen, trefflich geschriebenen Buche."

Elisabeth Gnauck-Kühne. Soziale Kultur. Dezember 1907.

Siegel des Königs Sargon I. Aus Winckler, Die babylonische Geisteskultur.

Geschichte und Geographie

Grundzüge der Deutschen Altertumskunde. Von Prof. Dr. H. v. Fischer. 8°. 160 S. Geh. M. 1.— In Origbd. 1.25

Zum ersten Mal wird hier von berufener Seite die Kultur der Deutschen Vorzeit auf archäologisch-ethnographischer Grundlage und im Zusammenhang mit der europäischen von den ältesten Zeiten bis zum Ausgange des Mittelalters geschildert.

Inhalt: Quellen. Land und Leute. Ansiedlung. Haus und Geräte. Kleidung und Körperpflege. Kulturpflanzen und Haustiere. Essen und Trinken. Öffentliche Verhältnisse. Familie. Gewerbe und Handel. Unterhaltung und Belustigung. Götterglaube und Gottesdienst. Zeitrechnung. Kriegswesen und Bewaffnung.

Die babylonische Geisteskultur in ihren Beziehungen zur Kulturentwicklung d. Menschheit. Von Prof. Dr. H. Winckler. 8°. 156 Seiten. Geheftet Mark 1.— Gebunden Mark 1.25

„Das kleine Werk behandelt die Fülle von Material, wie wir es nunmehr zur altorientalischen Weltanschauungslehre besitzen, in übersichtlicher und zugleich fesselnder Weise; es wird jedem Leser, der sich für diese Fragen zu interessieren begonnen hat, ungemein nützlich werden."

C. N. Norddeutsche allgem. Zeitung. Nr. 287. 1908.

Mohammed und die Seinen. Von Prof. Dr. H. Reckendorf. 8°. 158 S. Geh. Mk. 1.— In Originalleinenbd. Mk. 1.25

„Unter den in jüngster Zeit sich mit erfreulichem Fortschritte mehrenden Darstellungen der islamischen Anfänge für weitere Kreise nimmt dieses Buch eine ganz hervorragende und besondere Stelle ein. Es ist ein Versuch, die sozialen, kulturellen, wirtschaftlichen, politischen und individuellen Grundlagen des beginnenden Islam zusammenhängend zu verdeutlichen. In fließender Darstellung, die die Lektüre des Buches zu einem wirklichen Genusse gestaltet, werden hier die Berichte der verschiedenen islamischen Quellen zum ersten Mal in gedrängter, aber durchaus erschöpfender Weise zu einem farbenreichen Bilde geformt." R. Geyer. Wiener Zeitschrift f. d. Kunde d. Morgenlandes Bd. XXI.

Eiszeit und Urgeschichte des Menschen. Von

Prof. Dr. J. Pohlig. 8°. 149 Seiten mit zahlr. Abbildungen.
Geheftet Mark 1.—   In Originalleinenband Mark 1.25

„Ein Bild der prähistorischen Eiszeit stellt der Verfasser vor unserem
Geiste auf, wie es kürzer und einleuchtender dem Laien wohl selten
geboten wurde .... Einfach im Stil und doch anregend genug, um
selbst Menschen, die sich auf diesem Gebiete der Wissenschaft fremd und
unbehaglich fühlen, fesseln zu können "

R. M. Schule u. Haus. 16. Jahrg. 14. H.

Felsboden mit Gletschermarken. Aus Pohlig, Eiszeit und Urgeschichte des Menschen.

Die Polarvölker. Von Dr. H. Byhan, Abteilungsvor-

stand am Museum für Völkerkunde, Hamburg. 8°. 160 Seiten
mit zahlreichen Abbildungen. Geh. M. 1.— Originallbd. M. 1.25

Inmitten einer eigenen Welt haben sich bei den zirkumpolaren Völkern
jahrtausende alte gesellschaftliche Anschauungen und Gebräuche erhalten,
die uns der Verfasser hier auf Grund langjähriger Forschung und eigener
Anschauung erzählt. Wir lernen die natürlichen Lebensbedingungen dieser
Völker kennen, ihre soziale Stellung, Sitten und Gebräuche, religiösen
Vorstellungen, rechtlichen und wirtschaftlichen Verhältnisse, Werkzeuge
und Waffen, Schmuck und Kleidung, Wohnung und Verkehrsmittel usw.

13

Gurgl gegen die Ötztaler Ferner. Aus Machaček, Die Alpen

Die Alpen. Von Privatdozent Dr. F. Machaček. 8⁰. 146 S. mit zahlreichen Profilen und typischen Landschaftsbildern. Geheftet Mark 1.—   In Originalleinenband Mark 1.25

„Es war keine geringe Aufgabe, den gewaltigen Stoff auf 146 Seiten zusammenzudrängen, aber der Verfasser hat sie glücklich gelöst. — Die Darstellung ist sachlich und wissenschaftlich und doch verständlich, die Sprache knapp und schlicht, doch entbehrt sie, namentlich bei der Schilderung landwirtschaftlicher Schönheiten, nicht die innere Wärme. Ein Meisterstück gedrängter, raumsparender Gliederung ist die übersichtliche Topographie der Alpen."

Hermann Ludwig. Frankfurter Zeitung. Nr. 354. 1907.

Naturwissenschaften ♦ Technik Gesundheitslehre

Das Schmarotzertum im Tierreich und seine Bedeutung für die Artbildung. Von Prof. Dr. L. von Graff. 8⁰. 136 S. mit 24 Textfig. Geh. Mark 1.— In Originalleinenbd. Mark 1.25

„Der schon vielfach behandelte Stoff findet hier von einem Meister wissenschaftlicher Forschung eine ausgezeichnete klare Darstellung, wobei besonders die allgemeinen Fragen, soweit es der beschränkte Umfang gestattet, eingehend berücksichtigt werden."

Prof. Dr. R. Hesse (Tübingen). Monatsheft f. d. nat. Unterricht 1908. Nr. 6.

Befruchtung und Vererbung im Pflanzenreiche.

Von Prof. Dr. Giesenhagen. 8°. 136 S. mit 31 Abbildungen.
Geheftet Mark 1.—   In Originalleinenband Mark 1.25

„Zwei prächtige kleine Bändchen (Giesenhagen und Graff), für deren
Güte schon die Namen der beiden Autoren, bewährte Fachgelehrte,
bürgen . . . Ich wüßte keine besseren Werke zu solchen Zwecken zu
nennen."
K. Blätter für Aquarien- und Terrarienkunde.

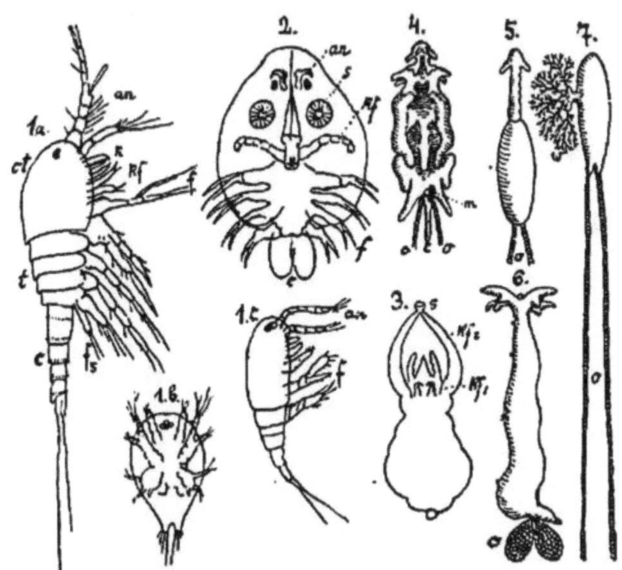

Ruderfüßer. Aus G r a f f, Schmarotzertum.

Die Bakterien und ihre Bedeutung im prak-
tischen Leben. Von Privatdoz. Dr. H. Miehe. 8°. 146 S.
mit zahlr. Abb. Geh. M. 1.—   In Originalleinenband M. 1.25

Ihre Formen, Lebens- und Ernährungsweise werden eingehend behandelt und in ihrer Bedeutung für den Menschen betrachtet, sowohl als
Helfer in der Natur und in der Industrie, wie als Feinde durch Verderben der Nahrungsmittel, Krankheitserreger usw. Ein Schlußkapitel
zeigt die Mittel ihrer Bekämpfung.

„Eine sehr geschickte kurze Zusammenstellung, die allen, welche sich
rasch über den gegenwärtigen Stand der Bakteriologie unterrichten
wollen, bestens empfohlen werden kann."
Österreichische botanische Zeitschrift. Nr. 11. 1907.

Aus Dannenberg, Pflege der Zimmer- und Balkonpflanzen.

Kryptogamen (Algen, Pilze, Flechten und Moose). Von Prof. Dr. Möbius. 176 S. Mit zahlr. Abb. Geh. M.1.— Geb. M.1.25

Zeigt allen Naturfreunden und Sammlern Verbreitung, Lebensgemein-schaften und charakteristische Merkmale der Kryptogamen, die zwar weniger bekannt wie die Blütenpflanzen, biologisch interessanter und lehrreicher sind. Das Werkchen ist berufen das s. Z. so beliebte, heute veraltete Buch von Roßmäßler, Flora im Winterkleide zu ersetzen.

Pflege der Zimmer- und Balkonpflanzen. Von Paul Dannenberg, Städt. Garteninspektor. 168 S. Mit zahlr. Abb. Geheftet Mark 1.— In Originalleinenband Mark 1.25

Aus dem Inhalt: Erdarten und Mischungen. Düngung. Be-gießen. Blumentische, Contöpfe, Pflanzenkübel. Das Blumenfenster. Pflanzen für die verschiedenen Jahreszeiten 2c. Enthält alles, was der Laie und Blumenfreund zur Pflege und Erhaltung seiner Pflanzenlieblinge wissen muß.

Das Wetter und sein Einfluß auf das praktische Leben. Von Prof. Dr. C. Kassner. 8°. 160 Seiten mit zahlr. Abb. u. Karten. Geheftet Mark 1.— In Originalleinenbd. Mark 1.25

Nach einer kurzen Geschichte der Wettervorhersage (der 100 jährige Kalender 2c.), erklärt der Verfasser eingehend die meteorologischen Grund-lagen der modernen Wettervorhersage, sowie ihrer Organisation, und legt den Einfluß des Wetters auf Handel, Industrie, Verkehr usw. und auf den Menschen selbst dar.

16

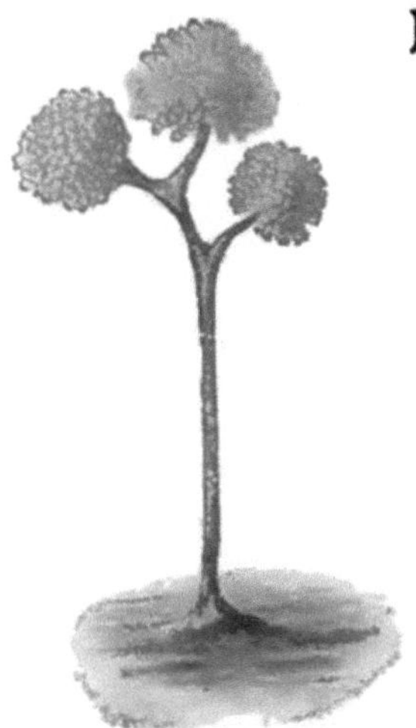

Eine Myxobakterie.
Aus Miehe, Bakterien.

Lebensfragen. Der Stoffwechsel in der Natur. Von Prof. Dr. F. B. Ahrens. 8°. 159 Seiten mit Abbildungen. Geheftet Mark 1.— Gebunden Mark 1.25

„Wissenschaftlich und populär zugleich zu schreiben ist eine Kunst, die nicht vielen gegeben ist. Ahrens hat sich als ein Meister auf diesem Gebiete erwiesen. Auch die vorliegende Schrift zeigt die vielen Vorzüge seiner klaren Darstellung und pädagogischen Umsicht. Ohne besondere Kenntnisse vorauszusetzen, behandelt er die chemischen Erscheinungen des Stoffwechsels und beschreibt die Eigenschaften, Bildung und Darstellung unserer Nahrungs- und Genußmittel. Das Buch kann aufs beste empfohlen werden."

Chemiker-Zeitung 1908. 28. März.

Ein höchst reichhaltiges Material ist hier in wenigen Kapiteln zusammengedrängt, zeigt sich aber so klar und verständlich dargelegt, wie das nur zu leisten vermag, wer sein Gebiet auf das Vollkommenste durchdringt und beherrscht.

Professor Dr. Edmund O. von Lippmann.
Die deutsche Zuckerindustrie. Nr. 42. XXXII. Jahrgang.

Der menschliche Organismus und seine Gesunderhaltung. Von Oberstabsarzt und Privatdozent Dr. A. Menzer. 160 S. mit zahlr. Abbildg. Geheftet M. 1.— In Originalbd. M. 1.25

„Wie können wir unter den Bedingungen unseres heutigen Kulturlebens eine gesundheitsmäße Lebensweise führen." Diese für jedermann bedeutsame Frage sucht Verfasser in dem vorliegenden Buche in folgenden Kapiteln zu lösen: I. Der menschliche Organismus in seinem mit unbewaffneten Auge zu erkennenden Aufbau. II. Der feinere Aufbau des menschlichen Organismus. III. Der menschliche Organismus in seinen wichtigsten Funktionen. IV. Krankheitsursachen: A. Krankheiten durch Vererbung; B. Erworbene Krankheiten. V. Die Gesunderhaltung des menschlichen Körpers.

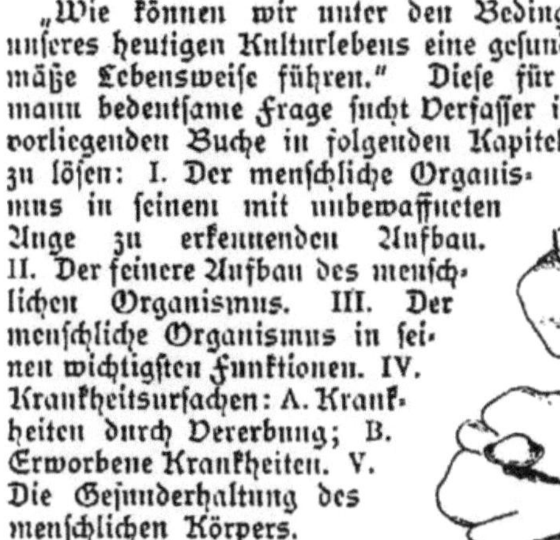

Marchantia polymorpha. Aus Möbius, Kryptogamen.

Unsere Sinnesorgane und ihre Funktionen. Von Privat-dozent Dr. med. et phil. Ernst Mangold. 8°. ca. 150 S. mit zahlr. Abb. Geh. Mark 1.— In Originalleinenband Mark 1.25

Die Sinnesorgane sind die Pforten, durch welche die Außenwelt in unser Bewußtsein einzieht. Sie sind die Werkzeuge unserer Seele. Dies erhellt die Bedeutung des vorliegenden, die Ergebnisse der modernen Forschung verratenden, durchaus gemeinverständlichen Buches. Mit einer Würdigung der Sinnesorgane und Darlegung der Beziehungen zwischen Reiz und Empfindung werden im einzelnen eingehend behandelt: Das Sehorgan, das Gehörorgan, das Geruchsorgan, das Geschmacksorgan und die Hautsinnesorgane unter besonderer Berücksichtigung der physio-logisch-psychologischen Zusammenhänge.

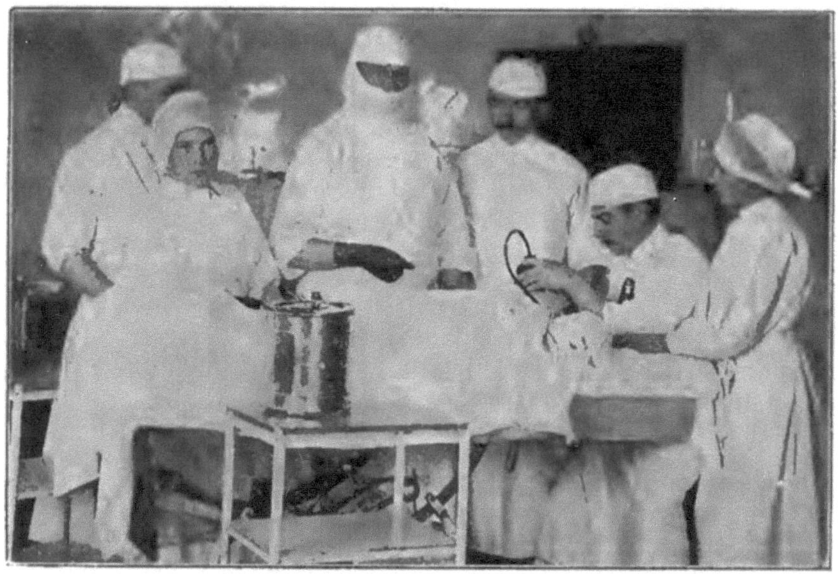

Ausführung einer aseptischen Operation. Aus Tillmanns, Die moderne Chirurgie.

Das Nervensystem und die Schädlichkeiten des täglichen Lebens. Von Privatdozent Dr. Schuster. 8°. 136 Seiten mit zahlr. Abb. Geh. M. 1.— In Originalleinenband Mark 1.25

„Verf. belehrt in diesen sechs Vorträgen vortrefflich über den Bau des Nervensystems, über die Schädlichkeiten, denen es ausgesetzt und gibt beherzigenswerte Winke, es gesund zu erhalten. Von besonderem Interesse sind die Kapitel über die Schäden des Großstadtlebens und über Schule und Erziehung." Prager mediz. Wochenschrift. 1908. Nr. 16.

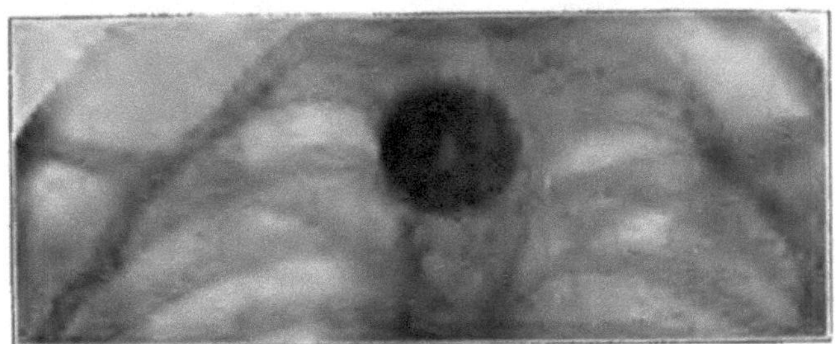

Röntgenphotographie. Ein Knopf im oberen Teile der Speiseröhre.
Aus Tillmanns, Moderne Chirurgie.

Die moderne Chirurgie für gebildete Laien. Von Geheimrat Prof. Dr. H. Tillmanns. 8⁰. 160 S. mit 78 Abb. u. 1 farb. Tafel. Geheftet M. 1.— In Originalleinenband M. 1.25

„Ein Buch wie das vorliegende kann der Anerkennung der Ärzte wie der Laien in gleichem Maße sicher sein. Es enthält genau so viel, als ein gebildeter Laie von dem gegenwärtigen Stand der Chirurgie wissen muß und soll, und es kann, wenn die darin enthaltenen Lehren auf fruchtbaren Boden fallen, dem Kranken nur Nutzen stiften."

Phil. klinische Wochenschrift. 1908. 3. Mai.

Die vulkanischen Gewalten der Erde und ihre Erscheinungen. Von H. Haas, Prof. a. d. Univ. Kiel mit zahlr. Abbildungen. Geheftet Mark 1.— In Originalband Mark 1.25

Anknüpfend an die vulkanischen Ereignisse und Erdbeben der letzten Jahre werden die Vulkane, die heißen Quellen, die neuesten Lehren über die Gebirgsbildung und die Erdbeben in knapper Darstellung vorgeführt und durch eine Anzahl Abbildungen erläutert.

Einführung in die Elektrochemie. Von Prof. Dr. Bermbach. 8⁰. 140 Seiten mit zahlreichen Abbildungen. Geheftet Mark 1.— Gebunden Mark 1.25

„Wir freuen uns deshalb, daß ein so wichtiges Forschungsgebiet, dem auch die technische Industrie eine reiche Ernte verdankt, im Rahmen einer populär-wissenschaftlichen Sammlung die ihm gebührende Berücksichtigung gefunden hat. Der Verfasser hat es verstanden gemeinverständlich zu schreiben. Von der Sprache der Mathematik wird fast kein Gebrauch gemacht. Um so größeres Gewicht wird darauf gelegt, dem Leser die fundamentalsten Gesetze verständlich zu machen . . . . die jedem Leser an Hand zahlreicher klarer Figuren einen Überblick und Einblick in die neueren Theorien der Elektrochemie und ihre Anwendungen geben und zu weiteren Studien anregen."

Zentralblatt f. Pharmazie und Chemie. Nr. 25, IV. Jahrgang.

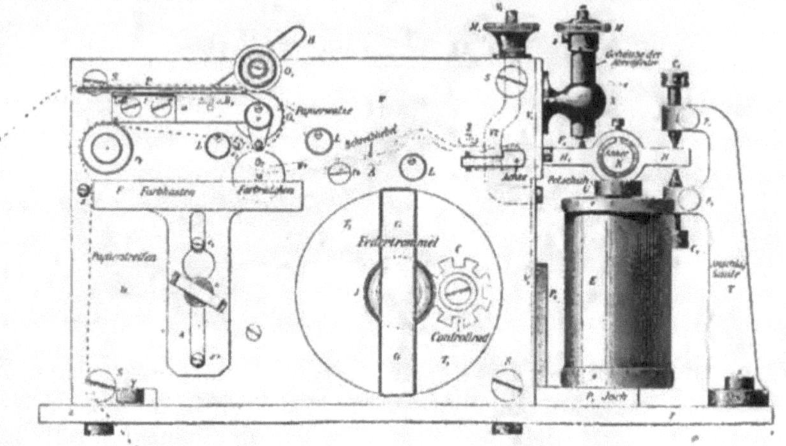

Morseapparat. Aus Hamacher, Telegraphie und Telephonie.

Die Elektrizität als Licht- und Kraftquelle.

Von Privatdozent Dr. P. Eversheim. 8°. 123 S. mit zahlr. Abb.
Geheftet Mark 1.—   In Originalleinenband Mark 1.25

„Heute ist das Verwendungsgebiet der Elektrizität ein so außer-
ordentlich ausgedehntes, daß wohl ein jeder mehr oder weniger mit ihr
in Berührung kommt. Deshalb kann man es nur dankbar begrüßen,
wenn auch dem Laien durch ein so klar geschriebenes Büchlein ein
Einblick eröffnet wird und in großen Zügen die Grundbegriffe der
Elektrotechnik dargelegt werden. . . . Die sorgfältig gezeichneten Abbildungen beleben die Darstellung.“ Elektrochemische Zeitschrift. Heft 7, 1907.

Telegraphie und Telephonie. Von Telegraphendirektor

und Dozent F. Hamacher. 8°. 156 S. mit 115 Abbildungen.
Geheftet Mark 1.—   In Originalleinenband Mark 1.25

Dieser Leitfaden will, ohne Fachkenntnisse vorauszusetzen, die zum Verständnis und zur Handhabung der wichtigsten technischen Einrichtungen
auf dem Gebiete des elektrischen Nachrichtenwesens erforderlichen Kenntnisse vermitteln, insbesondere aber in den Betrieb des Reichstelegraphen-
und Telephonwesens einführen.

Unsere Kleidung und Wäsche in Herstellung und Handel.

Von Direktor B. Brie-Berlin, Prof. Schulz-Krefeld, Dr. Kurt
Weinberg-Charlottenb. ca. 160 S. Geh. M.1.—In Origb.M.1.25

Eines der interessantesten Gebiete unseres wirtschaftlichen Lebens wird
hier von ersten Kennern geschildert. Die anziehende Darstellung führt
uns durch die Riesenbetriebe unserer ersten Konfektionsfirmen, und zeigt
uns Industrie und Heimarbeit am Werke, die Ansprüche des modernen
Menschen und die Launen der Mode zu befriedigen.

Wertvolle Geschenkwerke

Aus den Tagen Bismarcks. Politische Essays von Otto Gildemeister. Herausgegeben von der literarischen Gesellschaft des Künstlervereins Bremen. Groß 8°. ca. 240 S. mit einem Portrait Gildemeisters. Geheftet ca. Mark 4.— In Originalleinenband ca. Mark 4.80

Ausgezeichnet durch die Gildemeister stets eigene Meisterschaft der Sprache und den Ideenreichtum des Inhalts reiht sich diese Publikation würdig seinen bereits veröffentlichen Essays und Übersetzungen an. Die Aufsätze atmen den Geist jener großen Zeit, da Bismarck das Deutsche Reich begründete und nach innen ausbaute, und es ist reizvoll zu sehen, wie sich die gewaltigen weltgeschichtlichen Begebenheiten in einer so hervorragenden und eigenartigen Persönlichkeit wie Gildemeister spiegeln. Als wertvolle Dokumente zur Zeitgeschichte werden deshalb diese Aufsätze namentlich der jüngeren Generation willkommen sein.

Deutsche Kaisergeschichte in der Zeit der Salier und und Staufen. Von Prof. Dr. K. Hampe. 8°. ca. 240 Seiten. In Originalleinenband ca. Mark 3.20

Wenn irgendwo, so fehlte in der Geschichte des deutschen Mittelalters bei überreichen Einzelforschungen eine knappe und zugleich lebendige Darstellung. Diese Lücke will das vorliegende Werk ausfüllen. Es führt den Leser auf die Höhe des deutschen Mittelalters in jene Zeiten, die noch heute wie wenig andere die Phantasie zu fesseln vermögen, in die Tage der ersten Salier, des Investiturstreites, Barbarossas und Friedrich II. Unter weitgehender Berücksichtigung der Gesamtentwicklung und der bestimmenden Kulturerscheinungen wird überall ein starker Nachdruck auf das Persönliche gelegt. Für das eigene Studium werden dem Leser stets die wichtigsten Quellen und die neuere Literatur anmerkungsweise mitgeteilt. So wird dieses Buch allen Lehrern und Studierenden ein treuer Berater sein, darüber hinaus aber ein Lesebuch für weite Kreise, das geeignet ist in dem heutigen Gegenwartstreben etwas von dem tiefinnerlichen Anteil wieder zu erwecken, mit dem unsere Väter sich in die vergangene Zeit Deutscher Kaiserherrlichkeit versenkten.

Geschichte der Vereinigten Staaten von Amerika. Von Prof. Dr. Paul Darmstaedter. 8°. ca. 190 Seiten. In Originalleinenband ca. Mark 2.80.

Eine Übersicht der politischen, wirtschaftlichen und sozialen Entwicklung der großen transatlantischen Republik von den ersten Anfängen angelsächsischer Kolonisation bis zur Gegenwart, unter besonderer Berücksichtigung der wichtigsten Probleme auswärtiger und innerer Politik. Zur Erleichterung eingehender Studien ist einem jeden Abschnitt eine Übersicht über die wichtigsten Quellen und Darstellungen beigefügt.

Marianhill. Aus Passarge, Südafrika.

Südafrika. Eine Landes-, Volks- und Wirtschaftskunde von Prof. Dr. Siegfried Passarge. gr. 8°. 352 Seiten mit über 50 Abbildungen, zahlreichen Profilen und 33 Karten. Geschmackvoll brosch. Mk. 7.20 In Originalleinenbd. Mk. 8.—

„Alles in allem genommen ist Passarges Werk das beste augenblicklich über Südafrika, seine Landes-, Volks- und Wirtschaftskunde als Ganzes geschriebene Buch. Es ist ein echt geographisches Werk im modernen Sinne."

Max Friedrichsen, Bern. (Deutsche Literaturzeitung. Nr. 3, 29. Jahrgang, 1908.)

„Unter Mithilfe der neuesten Beobachtungen, sowie unter Verwertung guter photographischer Aufnahmen hat der Verfasser ein überaus klares, auf der Höhe des heutigen Wissens stehendes Gesamtbild von Südafrika zu entrollen verstanden, das sicherlich Anklang finden wird. . . . . . So ist S. Passarge wie kein anderer lebender wissenschaftlicher Geograph vorgebildet und befähigt, ein kritisches Gesamtbild dieses an Bedeutung von Jahr zu Jahr wachsenden Gebietes zu entwerfen. Dazu kommen ihm seine ärztlichen Kenntnisse für die scharfe Erfassung der interessanten anthropologischen und ethnographischen Verhältnisse der Eingeborenen sehr zu statten. . . . . Man greife zu dem Buche selbst, das wohl niemand ohne Befriedigung aus der Hand legen wird."

Univ.-Professor Dr. Fritz Regel, Würzburg. (Frankfurter Zeitung, Nr. 312.)

„Wir dürfen Passarges neues Buch als wahren Schatzkasten und als Fundgrube für die neueste Belehrung über Südafrika betrachten."

Hamburger Fremdenblatt, 3. November 1907.

Die bildende Kunst der Gegenwart. Von Josef

Strzygowski, ord. Prof. a. d. Universität Graz. 300 Seiten
mit zahlreichen Abbildungen. In Büttenumschlag geh. Mark 4.—
In Originalleinenband Mark 4.80

„In seiner temperamentvollen, rasch und fest zupackenden Art hat
Strzygowski eine Reihe von Erscheinungen herausgegriffen, an denen
er charakteristische Züge der modernen Kunstbestrebungen klarlegen zu
können glaubt. Berücksichtigt sind alle Zweige der bildenden Kunst:
Architektur, Kunstgewerbe, Ornamentik, Bildhauerei, Griffelkunst, Malerei.
Es geht ein frischer, stark persönlicher Zug durch das Buch, eine sym-
pathische, begeisterungsfähige Wärme, trotzdem der Verfasser über die
gegenwärtigen Kunstzustände keineswegs optimistisch denkt.“
Prof. Dr. Richard Streiter (Beilage der Allgemeinen Zeitung Nr. 126, 1907).

„. . . Nach so vielen Dithyramben und Pamphleten ist es wahrhaft
erfrischend, ein Buch über die moderne Kunst zu lesen, das wesentlich
vom Standpunkte des Historikers aus geschrieben ist. Strzygowski kennt
und liebt diese Kunst, er glaubt unerschütterlich an ihre Zukunft, und
er bewundert aufrichtig die Energie und Selbstverleugnung, mit der sie
ihren Zielen nachstrebt. Aber er hat auch einen scharfen Blick für das
Ungesunde und Verkehrte, das überall im modernen Schaffen hervortritt. . . .“
Prof. Semrau in Breslau.

„Die künstlerische Erziehung ist so eingehend gewürdigt worden, daß
schon dieses Kapitel genügen würde, die Blicke der Lehrerschaft auf das
Werk zu richten.“　　　　　　　　　　(Pädag. Zeitung. 32. Jahrg. Nr. 9).

Theodor Körners Briefwechsel mit den Seinen.

Herausgegeben von Dr. A. Steinberg. 8°. ca. 240 Seiten
mit zahlreichen Abbildungen. Geschmackvoll brosch. ca. Mk. 3.20
In Originalleinenband Mk. 3.80

Die vorliegende Veröffentlichung gibt nicht nur ein lebensvolles Bild
vom Leben unseres großen Dichters und seiner Familie, sondern sie ist
auch ein überaus interessanter Beitrag zur Zeit- und Kulturgeschichte
der Napoleonischen Ära in Deutschland. In frischer Unmittelbarkeit
treten uns die Mitglieder des Körnerschen Kreises entgegen: der Vater,
Schillers Freund, als verständnisvoller Berater des Sohnes, die liebevolle
Mutter, deren Wendungen zuweilen an Frau Raths Urwüchsigkeit ge-
mahnen, Emma, die Schwester usw. Im Mittelpunkt aber steht der junge
Dichter, dessen Briefe die Dokumente seiner Lebensgeschichte bilden von
seinen ersten kindlich-naiven Mitteilungen an die Seinen bis in die letzten
Tage seines kurzen doch reichen Daseins. Ein prächtiges Festgeschenk
in geschmackvoller Ausstattung.

Unsere religiösen Erzieher. Eine Geschichte des Christentums in Lebensbildern, herausgegeben von Prof. Lic. B. Beß. 2 Bände zu je 280 S. mit Buchschmuck von Bruno Héroux. Geschmackvoll brosch. je Mk. 3.80, in Originalleinenbd. je Mk. 4.40

Band I		Band II	
Vorwort	Prof. Lic. B. Beß	Luther . .	Geh. Rat Prof. Dr. Th. Kolde
Moses u. d. Proph.	Prof. D. J. Meinhold	Zwingli	. . Dekan D. A. Baur
Jesus	Prof. D. Arnold Meyer	Calvin .	. . . Prof. Lic. B. Beß
Paulus . . .	Prof. Lic. Dr. C. Clemen	Spener	Pfarrer D. P. Grünberg
Origines . . .	Prof. D. E. Preuschen	Schiller-Goethe.	Konsist. Prof. Dr. K. Sell
Augustinus . . .	Prof. D. A. Dorner	Schleiermacher	Geh. Rat Profi Dr. O. Kirn
Bernh.v.Clairvaug K R.	Prof. D. S. Deutsch	Bismarck . .	Prof. D. O. Baumgarten
Franz von Assisi .	Prof. Dr. K. Wenck	Schlußwort . .	Prof. D. W. Herrmann
Heinrich Seuse (Suso)	Lic. Dr. O. Clemen		
Wiclif u. Hus	Schulrat D. Dr. Buddensieg		

> Vom Großherzoglichen Badischen Oberschulrat, dem Großherzoglichen Hessischen Ministerium und dem Großherzoglichen Altenburgischen Staatsministerium 2c. 2c. empfohlen.

Aus Besprechungen:

„Wir meinen, daß das Buch seinem Zwecke in hohem Maße dienen wird. Es sind lebensvolle, feine in den Rahmen ihrer Zeit hineingezeichnete Bilder. Wir werden zu den Großen geführt, die in der Berührung mit Gott, auf dem Lebensboden der Religion ihre Größe erlangten. Sie führen uns alle an die eine Quelle der Kraft, zur Quelle wahren Lebens, zur Religion. Und dazu werden unsere religiösen Erzieher vielen helfen. Es ist ein Buch, das niemand ohne tiefe Anregung und inneren Gewinn lesen wird." Gocht. (Die Wartburg, Nr. 50, 1907).

‚„Den religiösen Idealismus unserer reifen Jugend zu wecken und zu befruchten, dürfte das vorliegende Werk vermöge seiner ansprechenden Darstellungen in hohem Maße geeignet sein; wir möchten es als vortreffliches Prämienbuch für unsere Primaner und Abiturienten empfehlen." Monatsschrift für höhere Schulen. Nr. 12, 6. Jahrg.

„Die ernstesten Führer auf dem Lebenswege, die den Blick zu den Sternen emporrichten, sind die großen Persönlichkeiten der Religionsgeschichte. Zu ihnen führt uns „Unsere religiösen Erzieher." Volksbildung. Nr. 1, 38. Jahrg.

„Wer diesen verschiedenen Erziehern und ihren Auslegern zu folgen bereit ist, wird in eine Fülle von Unvergleichlichem, in einen Reichtum des sieghaften Lebens hineinschauen, der das Herz mit Freude erfüllt, es aus der natürlichen Gebundenheit unseres Wesens ruft, es erquickt und es erzieht." R. W. (Evangel. protestantischer Kirchenbote Nr. 51, 1907).

Lebensziele.

Eine Einführung in die Grundfragen des religiös-sittlichen Lebens für die Jugend und ihre Freunde. Unter Mitarbeit von Lic. Gottlieb Traub und Else Zurhellen-Pfleiderer, herausgeg. von Lic. Otto Zurhellen. gr. 8°. V und 276 Seiten. Mit Buchschmuck von M. Kunz. In Originalgeschenkband Mark 4.80.

„Ein Buch für die gebildete, denkende, suchende Jugend ist es geworden, ein echtes Geschenkbuch. Nach solchem Buch war sicher ein Bedürfnis. Wir haben nach allen möglichen Richtungen Bücher gesucht, die die empfundene Lücke ausfüllen sollten. Wie manches Gute uns auch begegnete, es war doch nicht ein umfassend gezeichneter Weg für die Lebensjahre, die vor denjenigen Menschen sich auftun, die ihn selbständig und immer selbständiger suchen lassen und ihn in die ersten und oft entscheidenden Kämpfe seines Lebens bringen. Da haben Lic. Otto Zurhellen und seine Frau . . . . . zugegriffen und haben die „Lebensziele" für die erste Fahrt ins Leben aufgerichtet, und Traub hat ihnen dazu mit der liebenswürdigsten Feinheit und der Überzeugungskraft der Konsequenz die Erziehung zum sozialen Denken und Empfinden geschrieben."
Die christliche Welt, 1908. Nr. 23.

„Das Buch geht aus von der mit plastischer Meisterschaft gezeichneten Persönlichkeit Jesu, die auch in den folgenden Abschnitten (Weltanschauung, Charakterbildung, soziales Leben, die Kirche) den beherrschenden Hintergrund bildet. Es sind die Fragen und Kämpfe der Gegenwart, zu deren Lösung das Buch als treuer Freund führen will."
Die Wartburg, 15. Mai 1908.

„Ich habe lange nichts gelesen, was mich so in tiefster Seele erbaut und gestärkt hat. Eine umfassende Kenntnis unseres heutigen gesellschaftlichen Lebens auf seinen Höhen und in seinen Tiefen, mit seinen Licht- und Schattenseiten verbindet sich hier mit einem feinfühligen sittlichen Urteil."
Pfarrer Foerster. Die Gemeinde. Frankfurt a. M. VII. Jahrg. Nr. 13.

Die Weisheit Israels in Spruch, Sage und Dichtung.

Von Prof. Dr. J. Meinhold in Bonn. gr. 8°. VIII u. 343 S.
Geheftet Mark 4.40   In Originalleinenband Mark. 4.80

Die Spruchsammlungen des Alten Testaments leben auch heute noch mit ihren köstlichen, ewig wahren Sätzen im Bewußtsein unseres Volkes. Deshalb wird diese systematische mit zahlreichen Proben belebte Einführung in ihre Entstehung, ihren philosophischen Gehalt und kulturhistorischen Hintergrund jedem Gebildeten willkommen sein.

Katholizismus und Protestantismus in Geschichte,

Religion, Politik und Kultur. Von Prof. Dr. Karl Sell in Bonn.
gr. 8°. VIII u. 314 S. Geh. Mk. 4.40, in Originalleinenbd. Mk. 4.80

Eine objektive, großzügig zusammenfassende Darstellung und Würdigung des tiefen, dauernd wirkenden Gegensatzes innerhalb der Christenheit nach seinen geschichtlichen Ursachen, seiner Bedeutung für die vergangene und gegenwärtige Welt im innern und äußeren Leben, in der Politik, der Lebensführung und Kultur.

Das Werk verdient um so größere Beachtung, als zur Zeit der Kampf der Kurie gegen den Modernismus alle an unserem Geistesleben interessierten Kreise auf das tiefste erregt und jedem Gebildeten eine Stellungnahme zu den hier behandelten Fragen zur Pflicht macht.

Die religiöse Erziehung des Menschen im Lichte

seiner Entwicklung. Von H. Schreiber-Würzburg. gr. 8°.
256 Seiten. Geheftet Mark 3.—   Gebunden Mark 3.60

Eine modern-christliche Pädagogik auf dem interessanten und verhältnismäßig sicheren Untergrund der Religionspsychologie und Kinderpsychologie. Aus dem Buche spricht der erfahrene Erzieher, der aus eigener reicher Erfahrung eine Fülle interessanten pädagogischen Materials herbeischafft und in anregender, von wahrem Idealismus getragener Darstellung wertvolle Richtlinien für die religiöse Erziehung unserer Jugend gibt.

Praktische Fragen des modernen Christentums.

Fünf Vorträge von Privatdozent D. Förster-Frankfurt a. M.,
Pfarrer Jatho-Köln, Prof. Dr. Arnold Meyer-Zürich, Privatdozent Lic. Niebergall-Heidelberg, Pfarrer Lic. Traub-
Dortmund. Herausgegeben von Prof. Dr. H. Geffken-Köln.
8°. 142 S. Brosch. Mark 1.80 In Originalleinenband Mark 2.20

„Sämtliche Vorträge sind hervorragende Zeugnisse der kritisch klärenden und zugleich positiv bauenden Pionierarbeit moderner Theologen.“
Bithorn. („Die christliche Welt“. Nr. 25. 1907.)

Euckens Bücher des Lebens

Einführung in eine Philosophie des Geistes-lebens. Von Geheimrat Prof. Dr. Rudolf Eucken. gr. 8°. 205 S. Geheftet Mark 3.80   In Originalleinenbd. Mark 4.60 In Luxuseinbd. von Prof. van de Velde in Weimar „   5.—

Keine Vermehrung der zahlreichen landläufigen Einleitungen in die Philosophie, vielmehr ein durchaus eigenartiges Werk unseres Jenaer Philosophen. Es gibt einen großzügigen Überblick über die bisherige Arbeit der Philosophie, zeigt ihre wichtigsten Probleme auf, beleuchtet ihre Stellung im Ganzen des menschlichen Daseins und bietet so eine Geschichte des inneren Lebens der Menschheit, an der niemand vorübergehen kann, der zu den philosophischen Fragen der Gegenwart Stellung zu nehmen verlangt.

Der Sinn und Wert des Lebens für den Menschen der Gegenwart. Von Geheimrat Prof. Dr. Rudolf Eucken. 162 S. In Büttenumschlag Mk. 2.20 In Originalleinenbd. Mk. 2.80 Nummerierte Luxusausgabe auf Büttenpapier, mit eigenhändiger Unterschrift des Verfassers. In Halbfranzband M. 5.60

„Wir möchten die ausgezeichnete, geistvolle tiefernste Schrift allen ernsten Suchern unserer Zeit ganz besonders zueignen und empfehlen."
Literarische Rundschau f. d. ev. Deutschland. Nr. 4. 17. Jahrg.

„So bietet denn Euckens — überdies mit meisterhafter Klarheit geschriebenes — Buch einen wertvollen Beitrag zu der Erkenntnis der schweren Schäden, an denen unsere Zeit leidet, und zu deren Heilung."
Menschheitsziele 1908. Heft 6.

Spinoza. 5 Vorlesungen von Prof. Dr. A. Tumarkin. 95 S. Geheftet Mark 2.—   In Originalleinenband Mark 2.40

Verf. gibt zunächst eine feinsinnige Skizze von Spinozas Leben und entwickelt die Grundgedanken seiner Philosophie.

Biologie der Pflanzen. Von Prof. Dr. Migula. 8⁰. ca. 350 S. mit zahlr. Abb. nach Photographien u. Zeichnungen. Buchschmuck v. Gadso Weiland. Geh. ca. M. 7.— Geb. ca. M. 8.—

Die Pflanzenbiologie nimmt von Jahr zu Jahr ein gesteigertes Interesse in Anspruch; auch im naturwissenschaftlichen Unterricht fängt sie an, sich einen gesicherten Platz zu erobern. Aber für Lehrer und Lernende fehlte ein Buch, welches ohne größere Ansprüche an Vorkenntnisse zu stellen und ohne eine übermäßige Fülle an Stoff zu bringen die wichtigsten und interessantesten Erscheinungen der Pflanzenbiologie im Zusammhang behandelt. Diese hohe und schöne Aufgabe hat sich das vorliegende Werk aus der Feder eines unserer ersten Botaniker gestellt. In lebensvoller Darstellung, prächtig ausgestattet, mit zahlreichen Photographien und eigenhändigen Zeichnungen des Verfassers geschmückt ist es für jeden Naturfreund die anregendste und interessanteste Lektüre, während es allen Lehrern und Studierenden als ein unentbehrliches Lehr- und Nachschlagebuch die besten Dienste leisten wird.

Aus Migula,
Biologie der Pflanzen.

Die Entwickelung der Natur. Von Dr. P. G. Buekers. 8⁰. 350 Seiten mit zahlreichen Abbildungen. Geheftet ca. M. 3.80 In Originalleinenband ca. M. 4.40

Ein solches Werk, das den gebildeten Laien in dem auf diesem Gebiete herrschenden Wirrwarr widersprechender Meinungen und Theorien zurechthelfen soll, entspringt einem oft geäußerten Bedürfnis. Von seinem Lehrer, Professor de Vries, unterstützt, führt der Verfasser den Leser ein in die heute im Vordergrunde des Interesses stehende Kontroverse: Zuchtwahl u. Mutation und gibt an Hand zahlreicher Beispiele aus Tier- u. Pflanzenwelt eine fesselnde Darstellung vom heutigen Stande der Evolutions- und Deszendenztheorie.

Die Pflanzenwelt Deutschlands. Von Dr. Paul Graebner, Kustos am Botanischen Garten in Berlin. Groß 8⁰

Von Dr. Paul Graebner, Kustos am Botanischen Garten in Berlin. Groß 8° ca. 250 S. mit zahlreichen Abbildungen. Broschiert Mark 5.— In Originalleinenband Mark 6.--

Dieses schön ausgestattete Werk will dem Naturfreund in anregender gemeinverständlicher Darstellung alle Gründe und Bedingungen klarlegen, die für die Gestaltung und das Vorkommen unserer Flora maßgebend sind. Es werden dementsprechend die natürlichen Pflanzengesellschaften Deutschlands in ihren biologischen Verhältnissen, ihrer Abhängigkeit und Anpassung an Klima und Boden behandelt, und wir lernen die eigentümliche Vegetation der Wiesen, Wälder, Dünen, Moore und der Heide kennen.

Unsere Zierpflanzen. Von Paul F. F. Schulz, ca. 250 S.

mit 5 farbigen Tafeln nach Originalaquarellen von Kunstmaler Wolf-Maage, 7 Tafeln in photographischem Kunstdruck nach Originalaufnahmen von Georg E. Schultz, 78 photographischen Textabbildungen sowie zahlreichen Abbildungen in Federzeichnungsmanier. Geheftet Mk. 4.40 In Originalleinenband Mk. 4.80

Die Zierpflanzen stehen Tausenden viel näher als die „wilden" Gewächse in Wald und Flur. Jeder Spaziergang in die Parkanlagen, jede Mußestunde im Hausgarten bieten Gelegenheit zu intimen Beobachtungen an Zierpflanzen. Trotzdem kennt man meist nicht einmal die Namen der verbreitetsten Ziergewächse, geschweige denn ihre allgemeinen Lebensbedingungen, über die uns bisher auch die besten biologischen Lehrbücher der Botanik nur stiefmütterlich unterrichteten. Darin will das vorliegende Werk Wandel schaffen. — Die Betrachtungen sind durchwegs so eingehend gehalten, daß jeder Pflanzenfreund seine Lieblinge in allen ihren Lebensäußerungen verstehen lernt. Auch werden sie dem Lehrer eine Handreichung sein für seinen Unterricht, in dem eine weitgehendere Berücksichtigung der Zierpflanzen namentlich in der Großstadt mit Recht in neuester Zeit gefordert wird. Die reiche Ausstattung sichert dem Werk einen hervorragenden Platz in der Geschenkliteratur.

Flora von Deutschland. Ein Hilfsbuch zum Bestimmen

der in dem Gebiete wildwachsenden und angebauten Pflanzen, bearbeitet von Prof. Dr. Otto Schmeil und J. Fitschen. 5. Aufl. 338 Abb. 394 S. In Leinwand geb. Mark 3.80

„Durch ihre Vollständigkeit und Übersichtlichkeit, sowie durch die vortrefflichen Abbildungen verdient die Flora zweifellos als eine der brauchbarsten und besten Anleitungen zum Bestimmen der heimatlichen Pflanzen bezeichnet zu werden." Bot. Zentralbl. 1906, Nr. 23.

Das Buch ist auf dünnes, aber festes Papier im Taschenformat gedruckt, so daß es auf Exkursionen leicht mitgeführt werden kann.

Schönstes Geschenk für Naturfreunde!

Lehrbuch der Zoologie. Für alle Freunde der Natur. Unter besonderer Berücksichtigung biologischer Verhältnisse bearbeitet von Prof. Dr. Otto Schmeil. Mit 30 mehrfarbigen und zwei einfarbigen Tafeln, sowie 486 Textbildern nach Originalzeichnungen. 20. Auflage. XII und 555 Seiten. In Leinwandband Mark 5.— In eleg. Geschenkband Mark 6.50

Lehrbuch der Botanik. Unter besonderer Berücksichtigung biologischer Verhältnisse bearbeitet von Prof. Dr. Otto Schmeil. Mit 40 mehrfarbigen und 8 schwarzen Tafeln, sowie mit 470 Textbildern. 21. Auflage. XII und 521 Seiten. In Leinwandband Mark 4.80 In elegantem Geschenkband Mark 6.—

„Schmeil hat damit ein Werk geschaffen, das in jeder Hinsicht vollkommen auf der Höhe der Zeit steht. Man kann keine der kunstvoll und streng logisch bis ins einzelne gegliederten Darstellungen lesen, ohne davon entzückt zu sein ... kurz, das Schmeilsche Werk ist ein Buch, das eigentlich keinen Konkurrenten hat; es ist das Lehrbuch der Botanik. Daß ihm der Erfolg nicht fehlen kann, ist uns gewiß. Möchte recht bald allerorten „der Schmeil" Eingang finden. Es würde dann das Bildungsniveau unseres gesamten Volkes eine Hebung erfahren und die Veröffentlichung jener wundervollen Bücher würde zur nationalen Tat."

Aus Schmeil: Buchfinkenpaar und fein Nest.

Zeitschrift für Mikroskopie Nr. 12.

„Das „Lehrbuch der Botanik" von Schmeil ist das beste, das mir bis jetzt vorgelegen hat."

Dr. Luerssen, Prof. der Botanik, Direktor des Botan. Gartens in Königsberg i. Pr.

Beide Bände sind in mehr als 100 000 Exempl. verbreitet!

Lehrbuch der allgemeinen Botanik. Von Gustav
Anders. gr. 8°. ca. 460 Seiten mit zahlreichen Abbildungen.
Geheftet ca. Mark 3.20   Gebunden ca. Mark 4.—

Die wichtigsten Lebensvorgänge der Pflanzen werden an der Hand
zahlreicher Abbildungen erläutert, Theorien nur wo unerläßlich herangezogen, überall aber die Fülle zusammenhängender Tatsachen
in klarer, wohldisponierter Weise behandelt. Eine wertvolle Er-
gänzung zu den Schmeilschen Lehrbüchern.

Exkursionsbuch zum Studium d. Vogelstimmen.
Praktische Anleitung zum Bestimmen der Vögel nach ihrem
Gesange von Dr. Alwin Voigt. 4. vermehrte und verbesserte
Auflage. 312 Seiten. In biegsamem Leinenband Mark 3.—

Das vorliegende Buch soll den Naturfreund vertraut machen mit den
charakteristischen Weisen des Vogelgesanges. Es soll ihn befähigen, aus
dem Gesange auf die gefiederten Sänger unserer Wälder und Fluren
zu schließen, die teils hoch in den Lüften, in den Wipfeln der Bäume,
oder dem Dickicht und den Büschen ihr Lied erschallen lassen, ohne dem
Lauscher zu Gesicht zu kommen.

Kunst- und Vogelgesang in ihren wechselseitigen Be-
ziehungen vom wissenschaftlichen Standpunkte beleuchtet von
Prof. Dr. Bernh. Hoffmann. 8°. ca. 232 S. mit zahlr. Noten-
beispielen. Geh. ca. M. 3.60 In Originalleinenband ca. M. 4.—

Auf Grund nahezu 25 jähriger Beobachtungen und eingehendster
Untersuchungen ist diese für den Menschen und Ästhetiker, Naturwissen-
schaftler und Naturfreund gleich bedeutsame, grundlegende Arbeit entstanden. Sie behandelt in einem ersten Teil die Kunst im Vogel-
gesang und verfolgt in einem zweiten den Einfluß der Vogelmusik auf die
menschliche Kunst vom Anfang des 13. Jahrhunderts bis zur Gegenwart.

Dr. E. Zerneckes Leitfaden für Aquarien- und
Terrarienfreunde. Für die zweite Auflage bearbeitet von
Max Hesdörffer, Berlin. Dritte vermehrte Auflage von
E. E. Leonhardt. Mit 2 Tafeln und 185 Abbildungen im
Text. 455 Seiten. Broschiert Mark 6.— Gebunden Mark 7.—

„Dieser Leitfaden zeichnet sich vor allen anderen ähnlichen Werken
dadurch aus, daß er in knapper übersichtlicher Form alles das bringt,
was jedem Besitzer eines Süß- oder Seewasseraquariums
und eines Terrariums zu wissen nötig ist, um ihn vor Ver-
lusten zu bewahren, indem er in allen Fragen zweckmäßigste und tatsächlich erprobte Anweisungen gibt." Natur und Haus. 1. Febr. 1908.

Die moderne Physik. Ihre Entwicklung. Von L. Poincaré.

Übertragen von Privatdozent Dr. M. Brahn. 8°. 260 Seiten.
Geheftet Mark 3.80   In Originalleinenband Mark 4.40

„Der bekannte französische Gelehrte führt dem Leser in fesselnder, leicht verständlicher Darstellung ein lebendiges Bild der heutigen physikalischen Anschauung vor. Er bespricht die Genauigkeit der Messungen, die Grundgesetze, die Zustandsänderungen, die osmotische und die Jonentheorie, die Entwicklung der drahtlosen Telegraphie, die Radioaktivität, die Elektronentheorie und die neuen Anschauungen über die Beschaffenheit des Äthers." Arndt. Polytechnisches Journal. Heft 17. 1908.

Die Elektrizität. Von Prof. L. Poincaré. Übersetzt von

Dr. Kalähne, Prof. a. d. techn. Hochschule in Danzig. gr. 8°. 260 S.
Geheftet ca. Mark 3.80   In Originalleinenband ca. Mark 4.40

In der fesselnden, dem Franzosen eigenen eleganten Schreibweise erhält hier auch der mit den Grundlagen der Elektrizitätslehre weniger vertraute Leser eine großzügige zusammenfassende Darstellung der wichtigsten Errungenschaften dieser Wissenschaft und ihrer Anwendungen.

Die neueren Forschungen auf dem Gebiet der Elektrizität und ihre Anwendungen. Gemeinver-

ständl. dargestellt v. Prof. Dr. Kalähne. gr. 8°. 284 S. mit zahlr. Abb.
Broschiert Mark 4.40   In Originalleinenband Mark 4.80

„Durch diese vom Einfachen zum Komplizierten ansteigende Entwicklung wird der Leser bequem und sicher zu den höchsten Gipfeln der modernen Elektrizitätslehre hinaufgeführt. Möchten recht viele das gediegene Werk zu ihren Studien benutzen."
Aus der Natur. Heft I, IV. Jahrgang.

Physikalische Musiklehre. Eine Einführung in das

Wesen und die Bildung der Töne in der Instrumentalmusik und im Gesang. Von Prof. Dr. H. Starke. 240 Seiten mit zahlr. Abbildg. Geheftet Mark 3.80   Gebunden Mark 4.20

„So entspricht ein Werk wie das vorliegende, das eine Vereinigung der naturwissenschaftlichen wie ästhetischen Musiklehre einem allgemeineren Kreise zugängig macht, direkt einem Bedürfnis. Hier werden die Besprechungen auch komplizierterer akustischer Erscheinungen physikalischer Art allgemeinverständlich durchgeführt. Eine große Anzahl von Abbildungen beleben die Lektüre und erleichtern das Verständnis dieses auch äußerst gefälligen und empfehlenswerten Buches, das jedem Gebildeten und Musikfreund willkommen sein wird."
Deutsche Instrumentenbau-Zeitung. Nr. 19, IX. Jahrg.